伝え合いを重視した
高等学校国語科カリキュラムの実践的研究

井上 雅彦

渓水社

　　　　　　　は　じ　め　に

　小学校、中学校に比べると高等学校の授業実践記録や授業研究は数少ない。それは、それぞれの教師が独自の方法で、自らの専門性を生かした授業を行っていることに起因すると思われる。とはいうものの、入学率が97％を超え、義務教育化してきた高等学校において、多様な生徒を相手にどのような授業を行うのかは大きな課題であり、高等学校の授業実践記録や授業研究も少しずつではあるが増えてきている。しかし、その多くが１時間または１単元を対象としたものであり、１年間とか３年間といった長いスパンの実践報告や研究はあまり見られない。

　昨今、特色ある学校作り、開かれた学校作りといった観点から、多くの高等学校が自校のＨＰにシラバスを掲げるようになってきた。また、小学校・中学校に絶対評価が導入され、「指導と評価の一体化」が叫ばれるなかで、高等学校でも評価規準を年間指導計画に配し、観点別評価を行う例も見受けられる。さらに、「総合的な学習の時間」の創設、学校設定教科・科目、新しいタイプの高校の設置などにより、教科間、学校行事等との連携の必要性が叫ばれ、長期にわたる計画性のある指導が必要になってきた。このような流れは、これまで長期の学習指導計画といった意識に乏しかった高校教師に、「年間」という長いスパンの見通しをもたせるようになりつつある。けれども多忙を極める現場の教師には、学校や生徒の実態に合った年間指導計画を立てること自体が負担であり、実施月、単元名、教材名を教科書の掲載順に示し、教科書会社の作成した評価規準を利用したシラバス（年間指導計画）で間に合わせる傾向がある。

　生徒が生き生きと学び、豊かな言葉の力をつけるためには、まず、１時間１単元の国語科授業を、教師主導の一斉授業から伝え合いを重視した授業に改善し、単元間や他教科・他領域との関連を図りつつ、それを長期の学習指導計画のなかに位置づける必要がある。さらに、その学習指導計画

によって学んだ学習者がどのような言葉の力を育んだのかを多面的に検討し、カリキュラム開発を行わなければならない。

本書は、このような問題意識にもとづき、高等学校において伝え合いを重視した国語科カリキュラムをどのように構想するのかを実践的に検討し、まとめたものである。

第1章では、国語科教育の今日的な課題として、伝え合う力の育成が求められていることを明らかにする。そして、カリキュラム開発の主体が行政から学校に委譲されつつある現状を述べたうえで、下からのカリキュラム開発研究をどのように行うのかを考察する。次に、高等学校国語科カリキュラムの先行研究、先行実践として「主題単元学習」、「表現領域の学習指導」について検討し、残された研究課題が何なのかを明らかにする。

第2章においては、西尾実の「通じ合い」という概念との比較と通して、「伝え合い」とはどのような行為であり、学習指導要領に掲げられた「伝え合う力」とはどのような力なのかを定義する。次に、筆者自身が実践した伝え合う力を高める高校3年間の学習指導計画を示し、その系統性について概観する。

第3章においては、高校1年生の学習指導の実際を示す。そして教師・教材の働きかけとそれに対する学習者の反応や、学習者の相互作用を分析して、この学習指導計画のもとに学んだ学習者が、どのような言葉の使い手として成長したかについて考察を行う。さらに、評価規準と学びの振り返りをもとにして、学習者に寄り添い、成長を促す評価の在り方を探る。

第4章では、高校2・3年生の学習指導の実際を示す。そして文学の学習指導において、伝え合いをどのように組織すればよいのか、また、文学の課題探求型の学習指導において、学習課題をどのように選択し配列すれば文学が豊かに読めるのかを「舞姫」「こころ」の実践をもとにして考察する。さらに、伝え合いを重視した複眼的評価の方法についても言及する。そして最後に、高校3年間の文学の学習指導を学習者がどのように受容したのかを明らかにする。

第5章においては、国語科と「総合的な学習の時間」が連携するために、

国語科においてどのような言語能力を育成する必要があるのかを先行研究より整理する。次に「総合的な学習の時間」を支える言語技能の育成に、先の伝え合う力を高める高校3年間の国語科学習指導が有効であることを検証する。また、国語科と「総合的な学習の時間」との連携がとれたときに、どのような学びが育まれるのかを事例により考察し、この事例が国語科カリキュラム開発に示唆するものを明らかにする。
　第6章では、学習者の国語科における学びが、どのような生活背景や生活の文脈に支えられているのかを明らかにする。学びの文脈と生活の文脈とが交差する中で、一人の学習者が自らの学びを意味づけ、アイデンティティーを確立していく様相から、学習者の視点に立つ国語科カリキュラムの在り方について示唆を得る。
　2001年に『ディベートを用いて文学を〈読む〉――伝え合いとしてのディベート学習指導』(明治図書)を上梓する機会に恵まれた。20数年生徒と共に過ごした学校現場を離れて大学に職を得るにあたり、前著以降の高等学校における実践・研究を、このような形でまとめることができたのは望外の喜びである。
　本書が、実りある授業の創造に努めておられる高等学校をはじめとする小中学校の先生方、そして研究者の方に少しでもお役に立てば幸いである。

目　　次

はじめに……………………………………………………………………ⅰ

第1章　研究の課題と方法
第1節　国語科教育の今日的課題……………………………………3
　　1　伝え合う力が求められる背景　3
　　2　学習観の変化と伝え合い　4
第2節　研究の方法……………………………………………………6
　　1　カリキュラム概念の広がり　6
　　2　学校に基礎を置くカリキュラム開発　7
　　3　学校に基礎を置くカリキュラム開発の研究アプローチ　10
　　4　学校に基礎を置くカリキュラム開発のモデル（理論）の形成　13
　　5　本研究の方法　15
第3節　先行研究、先行実践の検討…………………………………18
　　1　高等学校国語科カリキュラムの先行研究、先行実践の検討
　　　　――主題単元学習を中心に　18
　　2　高等学校国語科カリキュラムの先行研究、先行実践の検討
　　　　――表現領域を中心に　26
　　3　高等学校国語科カリキュラムの先行研究、
　　先行実践に残された課題　33

第2章　伝え合う力を高める高校3年間の学習指導計画
第1節　「伝え合い」を重視した国語科学習指導の定義…………39
　　1　西尾実の「通じあい」の概念　39
　　2　伝え合い・伝え合う力の定義　41
第2節　伝え合う力を高める国語科学習指導の方向性……………43
第3節　3年間の学習指導計画と系統性……………………………45

第3章　伝え合う力を高める高校1年生の学習指導の実際

第1節　高校1年生の学習指導の概略……………………………………53
1　1年生1学期の実践　53
2　1年生2学期の実践　65
3　1年生3学期の実践　76
4　1年間の学びの振り返り　84

第2節　学びの実際——単元「人と自然」を中心に………………88
1　人間中心主義から脱人間中心主義へ　88
2　人と自然との理想的関係（小十郎と熊）の把握　89
3　人と自然との理想的関係（小十郎と熊）を壊すものの発見　91
4　「なめとこ山の熊」で捉えたことの一般化　93

第3節　学びを育む評価——1年間の学習指導を通して……………95
1　学習者が求める国語科授業と評価　96
2　評価観の変遷と個を生かす評価　98
3　言葉の学びを振り返る場を充実した学習指導　100
4　ある学習者の1年間の変容　106
5　学びの過程に寄り添う評価　107
6　個性を生かした評価の在り方　118

第4章　伝え合う力を高める高校2・3年生の学習指導の実際

第1節　高校2・3年生の学習指導の概略………………………………123
1　2年生1学期の実践　123
2　2年生2学期の実践　135
3　2年生3学期・3年生1学期の実践　142
4　3年間の学びの振り返り　146

第2節　文学の学習指導における伝え合いの組織化………………151
1　文学の学習指導における伝え合い組織化のための観点　151
2　学習指導の実際と読みの量的変容　155

3　読みの質的変容——K子の場合　171
　第3節　文学の課題探求型授業における課題の選択と配列………176
　　1　何をどの順で伝え合うのか　177
　　2　伝え合いの形態　181
　　3　学びの様相　185
　第4節　伝え合いを重視した複眼的評価
　　　　　——単元「近代と脱近代」を例として……………………200
　　1　単元目標と評価規準　200
　　2　複眼的評価の実際　202
　　3　学びの過程を重視した複眼的評価　219
　第5節　3年間のカリキュラム評価
　　　　　——文学の学習指導を中心に…………………………………221
　　1　文学の学習指導の要件　221
　　2　新しい文学教材を求める声　223
　　3　定番教材（近代小説）を支持する指導者の実践知　224
　　4　定番教材（近代小説）の教材価値　226
　　5　文学的認識を深める学習指導過程　233

第5章　国語科と「総合的な学習の時間」との連携
　第1節　「総合的な学習の時間」を支える言語技能の育成………240
　　1　「総合的な学習の時間」を支える力　240
　　2　「総合的な学習の時間」を支える力と
　　　　　　　　　3年間の国語科学習指導計画　242
　　3　「総合的な学習の時間」（全校読書会）で
　　　　　　　　　　　活用された言語技能　243
　第2節　「総合的な学習の時間」と国語科主題単元…………………252
　　1　N子の高校入学後の学習経験　252
　　2　N子の学びの足跡　253
　　3　国語科と「総合的な学習の時間」との連携の在り方　264

第6章　学習者の視点に立つカリキュラムデザイン
　　　　——生活背景と学びとの関連から
　　第1節　学びと生活背景の関連把握のための手続き……………275
　　第2節　Ａ子の言葉の学びと生活背景との関連………………277
　　第3節　Ａ子の学びを生成した国語科授業の特色……………285
　　第4節　学習者の視点に立つ
　　　　　　国語科カリキュラムデザインの在り方……………291

終　章……………………………………………………………297

　おわりに………………………………………………………302

　初出（原題・誌名）　307
　引用文献一覧　309

伝え合いを重視した
高等学校国語科カリキュラムの実践的研究

第1章　研究の課題と方法

第1節　国語科教育の今日的課題

1　伝え合う力が求められる背景

　高度な技術開発・技術革新により、現代社会は急速な変化、発展をとげている。近年の情報化社会、国際化社会、知識基盤社会への移行もその一つの現れであり、このような社会の変化に学校教育はいかに対応していくのかが模索されている。

　文部科学省は、1989（平成元）年告示の高等学校学習指導要領において、「自ら学ぶ意欲と社会の変化に主体的に対応できる能力」の育成を掲げた。また、1996（平成8）年7月の第15期中教審答申「21世紀を展望した我が国の教育の在り方について（第1次答申）」では、「自分で課題を見つけ、自ら学び、自ら考え、主体的に判断し、行動し、よりよく問題を解決する資質や能力」や「自らを律しつつ、他人とともに協調し、他人を思いやる心や感動する心」といった「生きる力」の育成を提唱した。

　これを受けて、国語科教育では、立場の違いを尊重しながらも、意見や考えを適切に表現し、的確に理解して、社会生活を円滑に営んでいく力が重要だという認識にもとづき、1998（平成10）年7月に教育課程審議会が、国語科改善の基本方針として「互いの立場や考えを尊重して言葉で伝え合う能力を育成すること」「文学的な文章の詳細な読解に偏りがちであった指導の在り方を改め、論理的に意見を述べる能力や、目的や場面などに応じて適切に表現する能力、目的に応じて的確に読み取る能力や読書に親しむ態度を育てること」を答申した。そうして、1998（平成10）年告示の学習

指導要領（高等学校は平成11年）において、小学校から高等学校まで新たに「伝え合う力」の育成が総則目標に掲げられることになったのである[1]。

また、OECD（経済協力開発機構）は2003（平成15）年に、知識基盤社会の発展を支える「キー・コンピテンシー（主要能力）」を分析、特定した。それによると、コンピテンシー（能力）とは、「単なる知識や技能だけではなく、技能や態度を含む様々な心理的・社会的なリソースを活用して、特定の文脈の中で複雑な要求（課題）に対応することができる力」と捉えている。なかでも主要なコンピテンシーとして、①社会・文化的、技術的ツールを相互作用的に活用する能力（個人と社会との相互関係）、②多様な社会グループにおける人間関係形成能力（自己と他者との相互関係）、③自律的に行動する能力（個人の自律性と主体性）という三つのカテゴリーを挙げている。キー・コンピテンシーの本質は、変化に対応する力、経験から学ぶ力、批判的な立場で考え、行動する力であり、目前の状況に対して特定の定式や方法を反復継続的に当てはめることができる力ではない。これからの知識基盤社会では、様々に変化する社会の事象に対して、一人ではなく多様な人間関係の中で協同して問題を解決していく、まさに「伝え合う力」を基盤とした「生きる力」が必要とされているのである。

「生きる力」や「伝え合う力」は、これまで高等学校で行われがちであった、教師から学習者に一方的に知識が伝達され、その結果を知識量で評価するといった形の学習指導では育てることができない。学習者を授業の主体者へ、指導者は支援者へ、知識伝達型から知識生成型の授業へ、結果の評価から過程の評価へと、学習者観、指導者観、授業観、評価観などの転換が求められる。

2　学習観の変化と伝え合い

このような動きをうけて、これまで教育現場で用いられていた「学習」という言葉が「学び」という言葉にとって代わった。「学習」という言葉は「勉強」と同様に、たった一人で教科書の知識や技能を黙々と身に付け、テ

ストにより評価されるというニュアンスをもつ。一方、昨今さかんに用いられる「学び＝まねび」という言葉は、文化の伝承と再創造という社会的過程を起源とし、自らが課題を設定して、それを他者と協同的に探究し、表現する実践という意味合いをもつ。つまり、「学習」が伝達モデルに基づく他者依存的・従属的な概念であるとすれば、「学び」は対話的モデルにもとづく自生的・自立的な概念である。

この「学習」から「学び」への言葉の移行は、社会構成主義、正統的周辺参加論に代表される心理学の状況主義の台頭により、我々がこれまでの学習観の見直しを迫られていることも背景にある。つまり、個人を単位とした閉じた学習観から、社会に開かれた系の中で知識生成過程を捉える学習観への見直しである。この新しい学習観に立つと、「知識は外側から一方的に与えられるものでもないし、社会や文化と無縁な孤独な個人のいとなみとも考えない。知識は探求の結果自らが知識を構成していくものであり、また社会的な関係でそれらとの相互作用を通して獲得されるもの」[2]となる。それは人と人の相互作用の中に学力形成の契機を求めようとする考えだと言ってよいだろう。

社会・文化的アプローチの理論的指導者であるワーチ（James V, Wertsch）の研究成果をふまえて、山元隆春は「話しことばによる〈声〉の交流が学習者の意味生成に深く関与する」と述べた上で、「教室での談話に働く力学が作品の読みを規定し、文章の産出を誘っていく過程を検討し、解明する営みを通じて、教育・国語教育における発話行為の役割とその意味とが深く問われることとなる」と指摘している[3]。伝え合いが成り立たないところに国語科の学びは成立せず、その伝え合いの様相を把握することの重要性について言及しているのである。

教室において豊かな学びを生成するためには、他者との伝え合いが円滑に遂行されなければならない。教師は単なる知識の伝達者ではなく、学習者相互の伝え合いを組織して、学びの生成過程に注目することが求められる。伝え合いを重視した学習指導を展開して、学びの「足場作り」を効果的に仕組むとき、学習者と対象との関係、学習者と学習者との関係、学習

者自身（学習以前と学習以後）の関係の編み直しが図られ、学び手としての学習者が立ち上がってくるのである。

　本書「伝え合いを重視した高等学校国語科カリキュラムの実践的研究」においては、次の２点を明らかにする。
　　○伝え合う力を高める高等学校３年間の学習指導をどのように組織するのか。
　　○伝え合う力を高める高等学校３年間の学習指導を通して、一人ひとりの学びがどのように生成し、変容していくのか、といった学習者と集団との間で展開される協同的な学びの過程。

　これらを通して、「伝え合いを重視した高等学校国語科カリキュラム」の在り方を探求し、高等学校における国語科授業と言葉の学びの理論構築に寄与するのが本書の目的である。

第２節　研究の方法

１　カリキュラム概念の広がり

　わが国においてカリキュラムという語は、「公的な枠組み」や「教育計画」というニュアンスをもち、「教育課程」「指導計画」「指導案」といったプラン（計画）と同義に用いられてきた。これは中央集権的な教育制度のもとで国家的にカリキュラムが統制されてきたからである[4]。ところが、近年になって学びの様式の変化や公教育の制度的・内容的枠組みの再編、「総合的な学習の時間」の新設などから、カリキュラムはプラン（計画）という意味よりも、「学習経験の総体」という意味を強調するようになってきた。
　田中統治は、カリキュラムという概念は多層性をもつと述べ、次のように４層に整理している[5]。

```
┌─────────────────────────────────────────────────┐
│ Ⅰ．制度化されたカリキュラム  ⎫                   │
│ Ⅱ．計画されたカリキュラム    ⎬ 意図されたカリキュラム │
│ Ⅲ．実践されたカリキュラム    ⎭                   │
│ Ⅳ．経験されたカリキュラム………… 意図されなかったカリキュラム │
└─────────────────────────────────────────────────┘
```

「Ⅰ．制度化されたカリキュラム」とは、学習指導要領に示される制度化された水準のカリキュラム。「Ⅱ．計画されたカリキュラム」とは、地方カリキュラムや各学校の年間指導計画として計画されたカリキュラム。「Ⅲ．実践されたカリキュラム」とは、教授者が授業で実践するカリキュラムである。これら三つを、田中は意図されたカリキュラムとして分類している。そして、「Ⅳ．経験されたカリキュラム」は、学習者が実際に受容し経験したカリキュラムであり、これを意図されなかったカリキュラムとして、他の三つと区別している。このように整理することによって、どの水準でカリキュラムを議論しているのかが明確になる。

田中は、この整理にもとづき、これまで「教育意図と学習経験の乖離」に研究者は無関心であったと指摘する。そして、「Ⅳ．経験されたカリキュラム」の研究が「教育意図と学習経験の乖離」現象を解明することにつながると述べるのである。これは、従来日本において意図的・計画的カリキュラムという面が強調されるあまり、学習者がそれをどのように受容したのかを明らかにして、カリキュラム研究を行ってこなかったということであろう。

2　学校に基礎を置くカリキュラム開発

先の4層の教育内容を、(1)計画、(2)実施、(3)評価、(4)改善という一連の作業過程として捉えたのが「カリキュラム開発」である。

1960年代の国家主導の大型プロジェクトとして展開されたカリキュラム開発に対する反省から、1970年代になってOECD加盟国を中心として教育分権化の政策が立てられた。これを背景にして、OECDの内部機関であるCERI

(教育研究革新センター)加盟国は、教育改革のための戦略として「学校に基礎を置くカリキュラム開発」(School-Based Curriculum Development, SBCD)に取り組んだ。これは、「教育政策的な次元からカリキュラムの意志決定権の委譲および学校の自律性、草の根運動などといわれるスローガンとして提示され、カリキュラム開発運動の一つの流れとなった」[6]。このSBCDモデルは、「(1)学校と教師のカリキュラム開発の自由と自律性を尊重するという原則に立っていること、(2)広い、機能的なカリキュラム観に立っていること、(3)学校教育の現場における教育実践を基盤にしたカリキュラム開発概念を明らかにしていることなどを特色としており、従来の研究→開発→普及という開発スタイルから、実践→評価→開発というスタイルへの転換を図ろうとする今日のカリキュラム開発の方向に適合したねらいや内容をもっている」[7]。

このSBCDが提起された後、カリキュラム開発の場を、学校と授業に求めるボトムアップ型のカリキュラム研究が強調されてきた。生きて働くカリキュラムという考え方に立ち、学校、教室、授業そして子どもたちの学習活動に基礎を置くカリキュラム開発が求められたのである。

学校に基礎を置くカリキュラム開発は、具体的な授業の文脈に即しつつ、形成的評価を包含して展開する。つまり、図1-1[8]のような「制度化されたカリキュラム」から始まり、目標の設定→教材の選択と組織化→教授・学習の実施→評価といった従来型のトップダウンで行われるカリキュラム開発ではない。それは、学校の実状や生徒の実態をもとにした「実践されたカリキュラム」から始めて、授業評価、リフレクション、そして再設計という繰り返しを通して、カリキュラムを開発する図1-2[9]のようなボトムアップ型のカリキュラム開発である。

カリキュラム開発が、学校や教室に根ざして発展するには、授業の事実から出発し、それを評価し、修正するという営みを積み重ねていくことが必要になる。言い換えれば、カリキュラム開発は、教室における一人ひとり学習経験(経験されたカリキュラム)を中核に据えながらも、その経験を生み出した意図されたカリキュラムの在り方との関連を探ることが重要

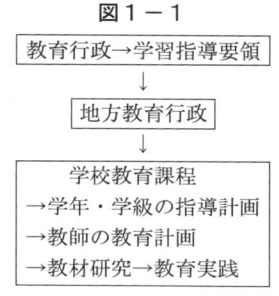

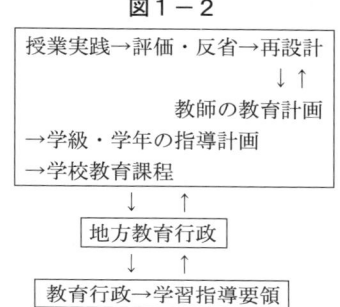

な課題となる。子どもの発達を願うカリキュラムの構想と、その意図されたカリキュラムを学習者がどのように経験し、教育意図をどう再構成したのかといった視点が求められるのである。

　この場合、教師はカリキュラムの実践者というだけではなく、開発者として専門的な力量を身に付けることが要求される。教師は自分自身の授業評価と子どもの学習評価を通して日常的に「実践されたカリキュラム」の善し悪しを検討し、「制度化されたカリキュラム」と照合しながら、カリキュラムを改善・計画していく反省的実践家 (reflective practitioner)[10] であることが不可欠になる。

　ここで浮かび上がってくるのは、教師自らが実践を客観視して、それに修正を加え、カリキュラムの改善を図ることができるのかという開発上の問題と、実践事例の記録という質的研究法[11]によって得られる研究成果は、「典型」となりえても「一般化」できるのかといった研究上の課題である。

　また、研究者が学校に基礎を置いたカリキュラム開発や研究を行うにしても、様々な障害が生じる。例えば、研究者が日々の学習成果物を蓄積して、そこから個々の学習者の学びの実態に迫ることができるのか、長期にわたって授業を観察して教師や生徒の相互作用の様相を見取り、学びの変容を通時的に追うことが可能であるのか、また、学校や生徒の全面的な研究協力体制がとれるのか、といった問題がある。

　このように様々な課題を抱えた学校に基礎を置くカリキュラム開発は、いかに進め、どのように理論化を図ればよいのであろうか。

3 学校に基礎を置くカリキュラム開発の研究アプローチ

　教育心理学者の浅田匡は、実践研究の三つのアプローチを提示している[12]。一つは、独立変数と従属変数の相関関係を数量的に分析し、その因果関係を説明するという科学的な量的研究法である。それは、仮説－検証という過程を踏み、観察可能な対象を外側から量的に分析することによって、法則の一般化を目指す。そこで得られた科学的な原理や技術は、具体的な実践に適用、あるいは応用される（Theory into Practice）。つまり、実践への理論（法則）の適用という点で、法則定立的アプローチを研究の基礎と捉え、実践研究を応用研究と位置づけるのである。これは研究対象あるいは研究領域が教育実践であるという意味で実践的だと考えられる。

　これは確かに客観性を保障し、授業という営みを科学的に解明しようとするものである。しかし、実践とは様々な要因が複雑に絡み合って成立する。その複合的で重層的なものを、量的研究法は実験的な統制によりそぎ落としてしまうのではないか、また、一人ひとりの内的な経験やその過程といった個体性を無視しているのではないか、といった「文脈」や「認知」の欠如が指摘されている。

　二つめは、研究者が実践者の経験知あるいは臨床の知[13]に着目する研究アプローチであり、いわゆる実践に関する理論を構築することが目的となる（Theory on Practice）。これは実験室とは一線を画した研究という意味で実践研究と呼べるものである。しかし、このアプローチも研究対象を外側から捉える立場に立つ。つまり、実践者の外在的視点から実践を研究するという立場である。

　これらの研究パラダイムに対する三つめのアプローチとして、浅田は実践者の内在的視点からの研究（Theory in Practice）を新しいパラダイムとして示している。それは、研究対象である実践者（被観察対象）と研究主体である研究者（観察者）との間に明確な線を引くことなく、実践者と研究者とが協同することによって、はじめて実践者がもっている実践理論

の表出（形式知化）が実現するという立場をとる。ここで表出された実践理論は一般化を目指したものではなく、実践者個々人がもっている一人ひとり固有の理論ということになる。

　この二つめと三つめの研究方法において、研究者がどのように実践に関与するのかについて、秋田喜代美は表１－１のように整理している[14]。

　実践とは漫然と何かを行う行為ではなく、目的をもった行為である。教育実践の場合は、子どもの発達支援や自己実現の援助といった目的がある。このような実践を行うためには専門的技能が必要であり、そこには実践を裏付ける理論が内在されている。この理論は実験的・統計的なアプローチから生まれた「科学の知」とは異なる「臨床の知」と呼べるものである。臨床の知は実践を対象化し、意味づける中から生まれ、実践へと返されていく。また、信頼性や妥当性よりも実用性と有効性を優先するものである。このような教師の実践知を教師自らが形式知化できればそれに越したこと

表１－１

	型・名称	研究者と実践の場との関連	研究対象としての実践の位置づけ	実　例
1	観察調査フィールドワーク（非関与観察）	一時的ストレンジャー　透明人間	実践についての研究(Theory on Practice)	観察研究
2	参与観察フィールドワーク	継続的ストレンジャー　異文化者	実践についての研究(Theory on Practice)	エスノグラフィー
3	アクションリサーチ（コンサルテーション）	実践作りへの間接的支援コンサルタント	実践を通しての研究(Theory in Practice)	校(園)内研究、ケースカンファレンス、発達相談、巡回指導
4	アクションリサーチ（カウンセリング、介入研究）	特定の問題場面での実践者　カウンセラー、指導者	実践を通しての研究(Theory in Practice)	認知カウンセリング、教育指導
5	アクションリサーチ（実践者自らによる研究）	日常的継続的な全面的実践者	実践を通しての研究(Theory in Practice)	教師や親自身による教育実践と研究

はない。しかし、実践者自身がそれを相対化しにくい場合、実践の価値を見抜く研究者の視点が必要になる。

　稲垣忠彦は、1960年代から70年代にかけて流布した授業の「科学的研究」、「工学的アプローチ」に対するアイズナー（Elliot W. Eisner）の批判をふまえて、多くの教師の参加、実践者と研究者との対話によって、授業という広がりと奥行きをもった事実の特質を捉えようとしている[15]。このように現場で生起する具体的な事象を複数の視点から検討する授業研究は、教育実践の中で内在的に機能している理論（実践の中の理論）を参与観察、アクションリサーチ[16]という方法によって、実践者と研究者とが協同で抽出していこうとする立場である。

　このような授業研究として、稲垣忠彦・佐藤学の「授業カンファレンス」、澤本和子らの「授業リフレクション研究」、藤岡完治の「カード構造化法」、吉崎静夫の「ビデオ再生法・ビデオ中断法」などが挙げられる。授業の実践研究において、研究者と実践者とが協同する質的な事例研究が注目され始めていることがわかるであろう。

　佐藤学は事例研究を基礎とするカリキュラム開発研究について、次のように述べている。

> 　<u>事例研究を基礎</u>とするカリキュラム開発の研究は、教育課程制度の硬さと教育研究の観念的性格を反映して、わが国では、なお緒の段階にすぎない状況である。しかし、この領域の研究は、<u>教室の豊かな事実をベースとして教師と共同研究を行う魅力的な研究</u>であり、初学者でも参加しうる間口の広さと方法的吟味を重ねて到達しうる奥行きの深さとを兼ね備えた研究である。同時に、それは、マクロな視野にある<u>教育改造の原理的な基礎を具体的な教室において実践的に検討し支える研究</u>でもある。今後この研究が、教室での子どもの学習の質をより価値の高いものへと変えうるか否かは、われわれの事例研究の創意的な発展にゆだねられている。[17]

（引用中の傍線は筆者による。以下同様。）

学校に基礎を置くカリキュラム開発研究の多くは事例研究に頼らざるをえず、それはこの指摘のように教室の具体的な事例をベースとして、方法的吟味を重ねるしか方法はない。教室という実践現場に根ざしつつ、教師が研究者としての視点をもつとき、また教師と研究者との共同研究が可能になったとき、カリキュラム開発とその研究は奥行きと深さを備えたを魅力的なものとなりえるのである。

4　学校に基礎を置くカリキュラム開発のモデル（理論）の形成

　佐藤は教科教育学の実践的研究スタイルとして、次のような例を挙げている。

> 　数学教育の研究者のマグダリン・ランパートや社会科教育の研究者のスザン・ウィルソンらは、午前中は小学校の教師、午後は大学の教授という二つのポジションを往還しながら実践的研究を進めている。臨床医学の研究者が病院と大学の往還の中で研究を推進しているのと同様である。<u>教科教育学の研究や授業研究は、このような実践者としてのスタンスを研究スタイルにおいて内在化させることなしには、実りある成果をもたらさないのではないだろうか。</u>[18]

　佐藤は研究者にも実践者としての視点が必要であることを述べている。また、浅田匡はこの指摘とは逆の立場から、実践研究における教師は、「研究者としての教師（Teacher as researcher）」と言われるように、実践者であると同時に研究者であることが求められると指摘している。

> 　教育実践における目標の設定、その目標を達成するための指導法などの実践者による工夫、あるいはその背景にある教育理念やその段階での子どもの理解や学級に対する評価など、多様な要因が実践に関連しているために、実践を改善することができる、また、実践としての

成果を上げることができるような形で、研究者は実践者を十分に理解することはできない。同時に、実践者は主観的になり、ややもすれば独善的になることも考えられる。したがって、実践者が実践的な主観性と実践を対象化できる客観性を併せもつことが求められる。(19)

心理学者の下山晴彦は、「実践的研究」と「科学的研究」の２種が循環的に連携する心理学の統合的な枠組みを、図１－３のようなモデルとして提示している(20)。

図１－３

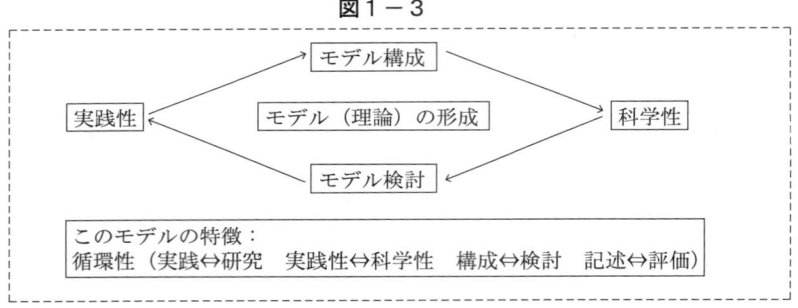

下山のモデルが意味するのは、現場の実践に立脚して記述されたものから仮説や理論を生成し、それを科学的に検討する、逆に、科学的に検討されたモデルを現場に応用し、自己の枠組みを再構成するという実践性と科学性との循環的な関係である。

これは、学校を基礎に置くカリキュラム開発の研究においても、教師は、教師と「研究者としての教師」との間を、また研究者は、研究者と「実践者としての研究者（Researcher as practice）」の間を行きつ戻りつして、研究の実践性と科学性を循環して、協同してモデル（理論）の形成に努めなければならないことを示唆している。

しかし、ここでいうモデル（理論）とは、実践的状況の外に立つことによって獲得される認識ではない。実践者と研究者が具体的な状況の内に身をおき、具体的な問題解決において機能し形成する認識なのである。それは、実践におけるあらゆる問題に解決を与えるものではないが、実践的解

決の前提を準備する見方や考え方の枠組みである。実践研究における理論をこのように理解すれば、すべての教育実践は、目の前に横たわる問題の解決への道筋をデザインし実践するという、「枠組み＝理論」のたえまない構成と再構成の過程だと言えるのである。

5　本研究の方法

　学校に基礎を置くボトムアップ型のカリキュラム開発研究は、実践者である教師が担うのが望ましい。授業の事実から出発して、カリキュラムを計画、実施し、それを評価、改善するという営みを日常的継続的に積み重ねていけるのは教師自身にほかならないからである。教師はカリキュラムの開発者、実践者であるとともに、自らの実践を客観視し、カリキュラムの修正・改善を図る「研究者としての教師」としてのスタンスを身に付けることが求められる。そして、アクションリサーチを積極的に起こし、遂行することが期待されるのである。

　また、研究者は「実践者としての研究者」の視点をもちつつ、具体的状況のなかで教師をサポートし、協同して実践者固有の内在的理論の表出に努める必要がある。そこから生み出されたカリキュラム開発モデル（理論）は、普遍性はないものの、多くの教師にとって問題解決のための「枠組み」を与えてくれるはずである。

　筆者は、生徒が互いの読みや考えを伝え合い、自己の学びを振り返り、言葉の力を豊かに育むことができる授業を創造しようとしてきた。そして、その目標を達成するために、課題意識をもって実践を重ね、それを記録し、論文としてまとめてきた。

　その実践研究の多くは、問題や仮説、その実験変数をあらかじめ明確に設定することなく自然条件下で行ったものであった。担当した教室における具体的な学習者の内面を日常的継続的に洞察し、発達過程を見取りつつ、自らの指導と学習者の反応との関係を見つめて仮説や理論の生成に努めたのである。それは、1時間の授業に限られたものではなく、1単元、1年

あるいは3年といった長期のスパンで、実践と学習者の発達との関係を見取り、学びの文脈をすくい取ろうとするカリキュラム開発へ通じるものでもあった。そこには、実践者として埋没してしまうことなく「研究者としての教師」の視点をもち続け、実践を通して得られた仮説や理論を次の実践に応用して、その枠組みを再構成しようとする筆者自身がいたことは確かである。

　さらに、筆者の実践は、時に大学院の指導教官であった研究者堀江祐爾との協同的な対話によって、意味づけられ、洗練されることもあった。その過程で、実践者としての筆者が意識できずに内在的にもっていた理論は外化された。また、筆者が実践を通して形成した理論は、研究会・学会等の場において批評・評価され、次の実践へと生かされることになったのである。

　本研究は、代替不可能な一人の教師（筆者）が、「日常的継続的な全面的実践者」として具体的な授業の中に身をおき、課題の解決を図りながら、その中で生成した実践理論の有効性と実用性を探ろうとした実践者自らによるアクションリサーチと呼べる研究方法をとっている。

　表1-2は、筆者が前任校の兵庫県立小野高等学校に勤務した10年間において、どの学年の授業を担当したのか、その時の校務分掌は何であったのかをまとめたものである。そして、本書のもとになった実践がどの年度に実施されたのかを横に示した。

　前任校に赴任した1996（平成8）年4月に、伝え合いを重視した学習指導を行うという漠然とした目標を立て、年間指導計画を立てた（第6章 p. 228、229参照）。その時、学校の実態、生徒の状況、他の教師との関係などを考慮したことは言うまでもない。そして、それをもとにして1996（平成8）年度と1997（平成9）年度と2、3年生の授業を行った。この2年にわたる実践を振り返り、カリキュラムを修正し、それに1年生の学習指導計画を新たに付け足したものが、本書の核となる「伝え合う力を高める高校3年間の学習指導計画」（第2章 p.46、47参照）である。

　この「計画されたカリキュラム」を、1998（平成10）年度〜2000（平成

表1-2

年度	授業担当学年	校務分掌	
平成8	50回生　2年	担　　任	第6章「学習者の視点に立つカリキュラムデザイン」 第4章第3節「文学の課題探求型授業における課題の選択と配列」
平成9	50回生　3年	担　　任	第6章「学習者の視点に立つカリキュラムデザイン」 第4章第2節「文学の学習指導における伝え合いの組織化」
平成10	53回生　1年	担　　任	上下に示した以外
平成11	53回生　2年	担　　任	:
平成12	53回生　3年	担　　任	:
平成13	54回生　3年	学　年　外	第4章第4節「伝え合いを重視した複眼的評価」
平成14	57回生　1年	学　年　外	第3章第3節「学びを育む評価」
平成15	56回生　3年	学年副主任	
平成16	59回生　1年	学　年　主　任	
平成17	59回生　2年	学　年　主　任	

12)年度に実践し(実践されたカリキュラム)、学習者の「経験されたカリキュラム」を明らかにしていった。そして再度、授業の進行とともに調整を加えて、2000(平成12)年度末に高校3年間の国語科カリキュラムがほぼ開発できたのである。2001(平成13)年度、2002(平成14)年度はそれと「制度化されたカリキュラム(学習指導要領)」との関連を図りつつ、評価の在り方を検討した。このような7年間にわたる実践と理論との往還を通して結実したのが、伝え合いを重視した高校3年間のカリキュラムである。

　次節においては、先行研究・先行実践を検討し、高等学校国語科におけるカリキュラム開発の課題を明らかにする。そして、第2章から学校に基礎を置いて実践者自らが開発した「伝え合いを重視した高等学校国語科カリキュラム」について、詳述し、検討を加えていく。

第3節　先行研究、先行実践の検討

　多くの高等学校では、教材〈を〉教えることはあっても、教材〈で〉教えるという意識が乏しかったのではないか。例え、教材〈で〉教えることを意識していても、教科書に掲載された教材を前から順に用いて授業を展開し、言語活動や言語技能の系統性を図った学校独自の年間指導計画を立てるということは少なかったように思われる[21]。まして、その年間指導計画を実施して、評価、改善を加え、実践の向上を図っている例となると、その数は限られていると言えよう。

　しかし、これまで高等学校においても長期的な展望にもとづき学習指導計画を立てて実践し、その改善に尽くしてきた事例はあった。一つは主題単元学習、もう一つは表現領域の研究・実践である。

　本節では、この二つの分野における先行研究・先行実践について、管見の限りで検討し、高等学校国語科におけるカリキュラム開発の課題を明らかにする。

1　高等学校国語科カリキュラムの先行研究、先行実践の検討
　　　——主題単元学習を中心に

(1) 先行研究、先行実践分析の視点

　大内善一は、国語科の作文領域における指導内容について、次のような区分を提起した[22]。

- 教科内容……「国語科という一教科が担うべき指導事項」
- 教育内容……「教科の枠組みを超えて育成されていく」もの。「返事の仕方から人間としての生き方までことごとく含まれてくる」もの。

　この区分を、鶴田清司は「理解領域（文学）にも十分適用できる原則的な区分である」と述べ、次のように教材内容、教科内容、教育内容という

三つの概念を三層構造で設定することを提案している[23]。
　a 教材内容……作品固有の文学的世界（題材・筋・人物像・心情・主題・思想・文体など）
　b 教科内容……国語科固有の言語活動や文章表現に関する科学的・普遍的な概念・法則・原理・技術。「読む・書く・話す・聞く」に関わる言語技術。
　c 教育内容……一般的・普遍的な価値観（人生観）。例えば文芸研の「認識の方法」（観点・比較・順序・変化・類別・条件・関係・構造・仮説・関連・相関・矛盾……）およびそれを通して明らかになった「認識の内容」（思想）

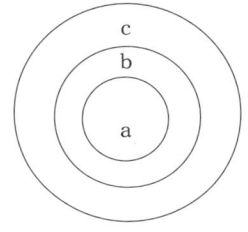

そして、このような区分を設定することによって、「何を学ばせ、どういう力を育てるのかという観点が明確になる」と指摘する。また、単元学習は、広範囲にわたる「教育内容」を想定しているために、「ともすると『教育的情念』が先行し、高邁で茫漠としたねらい（全人的発達、人間教育など）をもつものとなりやすい」と述べる。しかし、単元学習や文学教育における指導目標の記述、実践の分析・評価に、この分類が役立つと主張するのである。

この鶴田の３区分と第１節に示した田中統治のカリキュラムの４区分を用いて、これから主題単元学習の先行実践・先行研究を、カリキュラム開発という観点から検討する。

(2) 広島大学附属高校、遠藤和子実践の検討

主題単元学習とは、一つの主題（テーマ）を探究するために、複数教材を用いて情報を収集し、活用して、討論あるいは発表などの表現活動を行うものである。複数教材を用いることや学習者の主体的な活動に重きを置くことから、１単元の時間数は多くなる。さらに長期の学習指導計画を作成して、各主題の関連を図り、学習者の人間的な成長を目指そうとする。

第１章　研究の課題と方法　19

これはカリキュラム開発と重なり合う部分が多い。

　主題単元学習の一例として、まず広島大学附属高校において1980（昭和55）年、1981（昭和56）年に行われた実践を取り上げて検討する。これは1978（昭和53）年の学習指導要領告示に伴う「総合化」の実践として行われた。この実践について斎藤義光は、次のように考察している。

　　　五十五年度は、「国語Ⅰ」の基本的性格の検討、共通理解からはじまり、主題単元の調整研究を行い、同年は「自然」を、五十六年度は「愛」を主題にした単元学習を、現代文・古文・漢文の実践授業を通してまとめている。同校の研究法の重要な点は次の三点になろう。<u>第一は主題相互の関係を明確に図式化したこと、第二に、単元学習の全体構造をとらえたこと、第三に、主題選定の理由を両年とも三点にしぼったことである。</u>[24]

　広島大学附属高校における実践は、主題相互の関連をもたせて、あるテーマについて認識を深めさせようとしている点に注目したい。例えば、1980（昭和55）年度の「自然」というテーマについては、図1－4のように過去から未来への人間の営為である「歴史」の流れを現在で裁断して、「自然」と「文化」を対置し、その全的なものとして「社会」「他者」を想定する。また、それに対する個的なものとして、「家」「自己」を設定する。その結果、主題単元のテーマとして「歴史」「自然」「文化」「社会」「家」「自己」などを導き出した。

　1981(昭和56)年度の「愛」というテーマについては、図1－5のように主題に関連性をもたせている。[25] 主題を思いつきで配置するの

図1－4　「自然」の図式

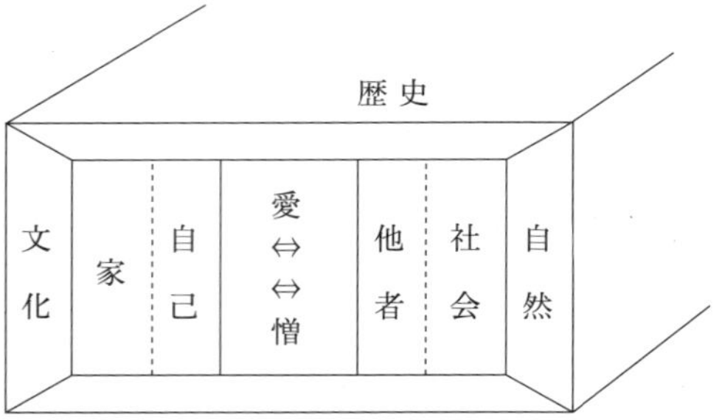

ではなく、その関連を図ろうとしている点に見るべきものがある。

図1－5 「愛」の図式

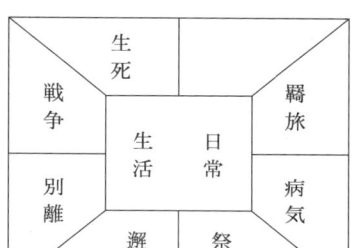

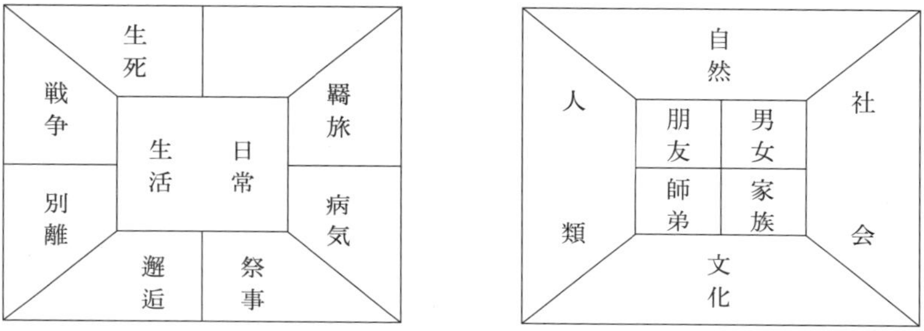

同様に、主題相互の構成原理を見出し、高等学校3年間の主題単元学習を構想しようとした例として遠藤和子の研究がある。遠藤は、「これら一つ一つ（例えば、親子の愛、友情、恋愛、自然、環境、文明、戦争、生命、宇宙等）を主題とする教材による単元を組む授業は、高校生の問題意識、興味関心の根幹と考えられる、『自分とは何か』『生きるとはどのようなことか』という『問い』を中心に据えた授業になり得ると考える」[26]と述べ、表1－3のように、生命の意味、自我の確立、自立への道へとつないでいく主題（テーマ）の系統案を示している。

表1－3

1年・命の不思議	2年・命のかけがえなさ	3年・命を生かしきる
誕生（親子）自分とは 友情 自然（命・宇宙） 公害、環境	親子（葛藤、愛） 恋愛 人間存在・心・エゴ 戦争	生きる・生き方（自立） 結婚（男と女、夫婦） 老い・死・医療 文明・世界

鶴田の3区分を援用して、広島大学附属高等学校の実践と遠藤和子の研究を分析すると、これらは、複数教材をもとにして「教育内容」の系統化を図り、長期の学習指導を構想しようとするものである。学習者の発達段

階に応じた主題を設定し、その系統性を図るというのは重要な視座となる。しかし、「教材内容」を押さえつつ「教育内容」の系統化が図れても、「教科内容」をどのように指導するのかという点が明確にされていない。田近洵一も単元学習が「教材内容」の系統化に流れ、言語技能つまり国語科の「教科内容」の系統化を見落としがちになることを、次のように指摘している。

> 単元学習と系統学習とは、レベルの違う問題であり、矛盾し合うものではない。しかし、教育界の大勢は、単元学習における学習内容とその系統性とを系統学習の観点から明確にするよりも、学習内容の系統を直接的に教材の系統の上に求める形の、教材本位の系統学習へと進んでいったのである。これは国語科に限ったことではない。しかし、教科書教材中心に発展しがちな国語科には、特にこの傾向が強かった。そして、「単元」の名は、教科書や教案の上に残ったものの、実質的には、教科書に準拠した教材中心単元（教材単元）としてのみ残ってきたのである。[27]

言語の教科である国語科においては、どのような言語活動を通してどのような言語能力を身に付けさせるのかという「教科内容」を明確にして、その系統化を図ることが重要であろう。主題（テーマ）の系統化と言語能力の系統化を矛盾なく併存させる長期にわたる学習指導を構想することが求められるのである。

(3) 片桐啓恵実践の検討

片桐啓恵の実践「『青年期の視点』－自分史を作る三年間の継続学習」は、主題面と言語活動面との両面から単元を構想した数少ない実践の一つである[28]。

まず、主題面では、現代青年の発達の特性を考慮して、自分を取り巻く最も身近な家族の問題から出発して、自分と社会との関わりを考えさせたうえで、個人の内面の葛藤の問題にもどってくるように主題を配列する。

具体的には、歴史、文化的伝統、変化（生活や価値観など）の時間軸と、同時代の地球上の様々な問題（平和、環境、人権など）という空間軸を設定して、自己認識を深めるように教材を配列する。

また、言語活動面では、表1－4のように3年間の見通しを立てて、その系統化を図っている。1年生では、学ぶ力の土台作りのために、グループ学習、図書館での演習、発表などを重視する。読むことの領域では、書かれていることを正確に、かつ豊かに読む力をつける「課題読み」から始まり、自分の考えとつきあわせて読む「批判読み」へと進む。読むことと関連するノートの取り方は、構造図を作ることに力を入れる。話すこと・聞くことの領域では、声で表現することに慣れさせる朗読から始め、2年生ではそれに朗読や群読を取り入れ、討論、インタビューへと発展する。書くことの領域では、1年生で生活文、随筆、空想文といった比較的気軽に書ける文章から取り組み、2年生では意見文、小論文といった論理的な文章の作成へと向かう。また、新聞・通信といった人とつながるための力をつけさせる。そして3年生ではこのような各領域の力を積み上げて、それらを総合的に使う主体的な授業へと展開するのである。

このように、片桐実践は、3年間を通して「教育内容」「教材内容」「教科内容」を系統的に位置づけた学習指導計画を構想している点で卓越した

表1－4

3 年	2 年	1 年	
自分たちで行う授業	批判読み	グループ学習活動　図書室での調査、資料づくり　発表のしかた　構造図をつくりながら　課題読み　読みとりの力をつける	読
	朗読・群読	話すこと、聞くこと　声で表現すること（朗読）	聞話
卒業レポート　個人文集	意見文　小論文　創作　新聞・通信	聞き書き　生活文、随筆、空想文　意見文	書
	読書生活をつくる　図書館について知る		

第1章　研究の課題と方法　23

ものである。しかし、この学習指導計画（計画されたカリキュラム）がどのように実践されたのか（実践されたカリキュラム）については、3年生最初の単元「青年期の視点」しか記されていない。また、3年間の学習指導計画をもとに、学習者がどのような学びを育んだのか（経験されたカリキュラム）も紙幅の関係で示されていないのが残念である。

(4) 加藤宏文実践の検討

最後に、加藤宏文の実践した主題単元学習について、『高等学校　私の国語教室－主題単元学習の構築－』(29)をもとに検討する。

加藤は六つの大きな柱を設定している。それは①自己との出会い、②自然をみつめる、③こころとことば、④愛、⑤世と死、⑥文明と社会である。これらをもとにして、加藤は1984（昭和59）年〜1986（昭和61）年の3年間で15（内1つは卒業作品）の主題単元を構想している。具体的には以下のとおりである。

【第1学年「国語Ⅰ」】
 1、自己をみつめる
 2、青春とは、何か
 3、ことばと文化
 4、生と死
 5、風刺には、どんな力があるのか

【第2学年「国語Ⅱ」】
 1、人は、なぜ旅をするのか
 2、発想を変えたら、何が見えるか
 3、ことばの美しさとは、何か
 4、文明は、何をもたらしたか
 5、文学を生み出す力とは、何か

【第3学年「国語表現」】
　1、ことばにとって、沈黙とは何か
　2、私たちにとって、自然とは何か
　3、今、なぜ、愛が求められるのか
　4、歴史としくみの中を、生きぬこう
　5、（私の卒業作品）

加藤は自身の行った主題単元学習について、次のように語っている。

　　<u>技能学習を踏まえて持ち始めた自らの「主題」</u>意識は、新たな教材や相互批評の力に触発されて、とどまることを厭う。中で、学習者は、自らの「主題」への思考と認識の形を豊かにしていく。そこでは、「理解」を確かめるための「表現」、「理解」を深めるための「表現」、自らの思考・認識の成果を創出するための<u>「表現」が、「理解」活動と統合されなければならない。</u>[30]

　加藤の主題単元は、前記の15の主題をもとに展開される。学習指導は表現活動を軸にして進められ、理解活動との統合が図られる。また、その基盤として「技能指導」があることが上記引用よりわかる。具体的には、学習者の文章表現をもとにして教科書教材の理解度を評価し、それに合わせる形で補助教材を用意するという構成をとる。このように学習者の実態に沿って展開される実践である。また、学習者の主題（テーマ）への探究が大きな壁にぶつかったときは、学習者間の相互批評によって自らを相対化して、その壁を乗り越えさせようとしている点にも注目したい。表現を中心に据えて「教育内容」「教材内容」「教科内容」の統合を図ろうとする実践である。
　また、学習指導計画の大枠が決められ（計画されたカリキュラム）、それを修正しつつ実践が繰り返されている（実践されたカリキュラム）。さらに、3年間の学習指導によって学習者がどのような経験をしたのか（経験され

たカリキュラム）を２人の学習者の事例を通して追い、自らの主題単元学習（カリキュラム）を省察し、評価している。非常に柔軟で行きとどいた実践だと言えよう。

　課題を挙げるとすれば、授業が具体的にどのように展開されたのかがわかりにくいこと、どのような言語技能を身に付けさせようとしているのかが明確に記されていないことである。

２　高等学校国語科カリキュラムの先行研究、先行実践の検討
　　　——表現領域を中心に

(1) 渡海俊明実践の検討

　次は表現領域を中心に、高等学校国語科カリキュラムの先行研究、先行実践の検討を行い、カリキュラム開発の課題を明らかにする。表現領域であることから、鶴田の３区分ではなく大内の２区分と田中のカリキュラムの４区分を用いて分析する。

　まず渡海俊明の実践[31]から検討する。渡海は、表１－５のように論理的な文章表現力の向上を目標に、１年間に三つの単元と補充単元、練習学習を設定して、年間指導計画を作成している。そして、年間指導計画作成上の留意点として、次の五つを挙げている。

　　①論理的な文章表現力の向上を目標にする。
　　②文章表現に関する興味・関心や、生徒の好む題材・文種等の実態を把握する。
　　③学習指導要領の指導事項を分析し、指導すべき作文技能を具体的に把握する。
　　④他の言語活動、特に「読むこと」との関連を十分図るようにする。
　　⑤教科書の作文単元の系統性を把握する。

　③のように「制度化されたカリキュラム」との整合性を図りながら、そこから導き出した作文技能（「教科内容」）を、学習者の実態に応じて（②）、

系統化した「計画されたカリキュラム」の作成を目ざしている（⑤）。また、この「計画されたカリキュラム」は「書くこと」の領域だけではなく、④のように「読むこと」の領域との関連を図っている点も見落としてはならない。

　三つの単元のうち１学期に実施された単元「題材と論旨」の「実践されたカリキュラム」の詳細を記し、単元後のアンケート調査、また１年間を通した作文指導についてアンケートを試み、「経験されたカリキュラム」の把握に努めている。このように、カリキュラムの４区分を押さえた実践であり、「教科内容」の系統化も意識されているように思える。ただ、「経験されたカリキュラム」がアンケートを用いた数値把握に終わっているため、学習者の学びの内実が見えないのが残念である。

(2) 田中宏幸実践の検討

　田中宏幸は、系統的な「国語表現」の年間指導計画を作成している[32]。田中は1991（平成３）・1992（平成４）年度の２年間の指導を終え、学習者に集中力が継続しないという実感を得た。その実態をふまえて年間指導計画の大幅な改善に努めた。結果、1993（平成５）・1994（平成６）年度は虚構の作文を優先させるという方針を立て、表１-６のような年間指導計画を作成した。そして次の四つの目標を掲げている。

　　①書くことへの抵抗感を軽減すること
　　②個性豊かな表現を目ざそうとする意欲を喚起すること
　　③自己を対象化する目を育てること
　　④ものごとを多面的にとらえる姿勢を育てること

　１学期は「自己紹介（四字熟語や折句による自己紹介）」「言葉の定義（『悪魔の辞典』のパロディー）」「続き物語づくり（小説の続きを想像して書く）」「物語の創作（絵本を発想の契機とした物語創作）」といった言葉遊びの要素を含んだ課題や、想像力を働かせて書く課題など、自由な創作活動から始める。そうして学習者が伸びやかに自己表現に取り組むようになったこ

表1-5 「作文」の年間指導計画 — 高等学校 [国語Ⅰ]

学期	月	単元			学習		補充		練習学習	
		単元名	指導目標 指導内容 指導上の留意点 処理	題材 文種	評価 計画	時間	教材名	単元 目標・文種・表現活動の内容	時間	指導事項	時間
1学期	4	表現Ⅰ	【目標】 ・文章表現過程に沿って、文章作成の方法を学ぶ。 ・題材メモの作り方を学ぶ。 【内容】 ・教科書教材「題材と論旨」を読んで、取材（題材・集材・選材）及び構成の方法を知る。 ・題材メモを作る。	題材と論旨（6月）		7	論説「青春の道」の中の、るかか公述、徳川家康の遺訓	2段構成の意見の書き方を知る。	1	原稿用紙の使い方を知る。	1
	5		【題材】 ・自分のことや学校のことに関するもの。 【文種】 ・意見文（600字） 【処理】					遺訓に対して賛成か反対か、立場を明確にして意見を述べる。(400字)			
	6		・補助教材「推敲について」(解説文）を参考にして推敲し、相互に感想を書き合い、意見交換の後、学級の文集にする。 【留意点】 ・文章作成過程において、常に教材文を参考にさせるようにする。なお、年間を通して常に参考にするようにする。 ・作文に対して、意欲が向上するように指導する。 ・作文力の実態を把握するための資料にする。							句読点、特に読点の打ち方	1
	7										
夏休み		読書感想文を書く。 ・推薦図書を読んで、そのうちの一冊について感想文を書く。 ・補助教材読書感想文の書き方」（作文ノート）を参考にする。								
		手紙文を書く。 ・小学校・中学校時代の恩師、現在の学級担任、現況報告を兼ねて手紙、又はハガキを書く。 ・補助教材「手紙・ハガキの書き方」（作文ノート）を参考にして書く。									
2学期	9	表現Ⅱ「描写と説明」	【目標】 ・描写と説明の方法を知る。 【内容】					教科書の課題・2により、描写、説明それぞれの文を書く。	1	一文の長さ、主語と述語、修飾語と被修飾語。	1
	11	表現Ⅲ「文章の構成」	【目標】 ・4段落構成（序論・本論1・本論2・結論）の文章を学ぶ。 【内容】 ・教科書教材「文章の構成」を読んで、基本的な文章構成を知る。								

28

		教材		
10		・主題の焦点化の方法。集材・選材の方法を知る。 ・補助教材「意見文の書き方」（解説文）を読んで、意見文作成上の留意点を知る。		副詞の呼応、接続語の使い方。 1
11	7	[題　材] ・人生問題又は社会問題に関するもの。 [文　補] ・意見文（600字） [処　理] ・グループで読み合って代表を決め、LHRの時間に学級で話し合って、お互いの意見交換の材料にする。		
12		説明文「木の年はかぞえられるか」（補助教材）	説明文の書き方、段落構成の方法。	「わが校の校風について」の説明文を書く。（400字） 1
		[留意点] ・意見文の書き方を身につけさせるとともに、充実した学校生活を送るための資料とさせる。		
		特設単元名　「説明の方法」（1月）		
1		[目　標] ・説明文を書くことを通して、段落及び文章の構成の仕方を学ぶ。 [内　容] ・段落の構成の仕方、文章の効果的な構成の仕方を知る。 ・説明のための図表・写真等の効果的な使い方を知る。		
2	6	・補助教材「構想メモの作り方」（解説文）を読んで、構想メモを作る。 [文　補] ・理科・歴史・文学等に関するもの。 [処　理] ・意見文（1,200字）	表現Ⅳ 「文章の研究」	小説の文章研究の方法を知る。（構想・意図） 意見文等説明文等論理的な文章との違いを確認し、冒頭文や終末の文等を書いてみる。 1
3		・グループで批評し合い、代表的なものについて専門の先生から批評していただく。 [留意点] ・共通経験の中から題材を選び、取材メモ・構想メモのとり方を指導する。 ・段落構成を中心として、文章構成の方法を指導する。	当学年で学んだ各種の論説文。	論説文の文章展開の型をまとめる。 それぞれの型の特徴を理解し、どれか一つの型で短作文を書く。 題のつけ方、書き出しと結びの文。 1

第1章　研究の課題と方法　29

表1-6　「国語表現」1年間の授業展開（第3学年の場合）

文種と配当時間	テーマ・学習目標	活動内容と作品処理	指導の工夫	教材・参考文献
紹介文① 2時間	オリエンテーション「自己紹介文」	ア　創作四字熟語で自己紹介文を書く。（40〜50字） イ　折句で自己（学校）紹介文を書く。（40〜50字） ウ　全員の作品を紹介する。	・心理的負担の軽減 ・課題の新鮮さ ・相互交流	○指導者自身のモデル作文 ○松谷英明『ひとり学びのプリント50』（学事出版）
短作文② 2時間	「言葉の定義」 ・表現に関心を持つ。	ア　風刺とユーモアを生かして言葉を定義する。（字数自由） イ　優秀作を投票で決定する。	・着想の重視 ・視点の転換 ・相互批評	○A・ビアス『悪魔の辞典』（岩波書店） ○藤本英二『ことばさがしの旅』（高校出版）
物語文① 1時間	「見えない隣人」 ・物語の続きを書く。	ア　短編小説の続き物語を書く。（B5サイズ縦罫のみ）	・接続語句の提示 ・優秀作の紹介	○黒井千次『見えない隣人』 ○松谷英明『ひとり学びのプリント50』（学事出版）
基礎練習① 3時間	「悪文治療タイム」 ・言葉を正確に使う。	ア　文のねじれ、読み取りにくい文の実例を挙げ、その原因と治療法を考える。	・表現原理の探究	○三省堂教科書『国語表現』 ○岩瀬悦太郎『新版悪文』等
物語文② 5時間	「私のかけら物語」 ・物語を創作する。	ア　絵本の感想を書く。（200字程度） イ　絵本を発想の契機として、物語を創作する。（800字程度） ウ　優秀作にコメントを書く。（全員） エ　コメントに返事を。（一部生徒から全員に）	・虚構の文章 ・映像教材の活用 ・課題設定の多様化 ・書き出しの提示 ・表現の交流 ・ペンネーム使用	○シルヴァスタイン・倉橋由美子訳『ぼくを探しに』（講談社）
中間考査と処理 2時間	「便利そうで不便なもの」 ・随筆を書く。 ・言語事項の習得。	ア　言語事項（同音異義語等）の知識の確認。 イ　枠組み作文。指定された書き出しと結びの文の型を用いて、短作文を書く。（200〜300字） ウ　発想法を身につける。	・範文の型の利用 ・優秀作の紹介	○『寺田寅彦随筆集』（岩波書店）
基礎練習② 1時間	事実文と意見文を書き分ける。	ア　事実文と意見文の違いを知る。 イ　事実文と意見文を書き分け、その説明文を書く。 ウ　紛らわしい例を取り上げ、共同で検討する。	・生徒作品の活用	○『力のつく作文学習50のアイディア』（三省堂）
意見文① 6時間	「私の友情論」	ア　教材文『青春論ノート』を読み、感想を書く。 イ　カードに、想起される体験や意見を書き留める。 ウ　カードを用いて文章構成を考える。 エ　「私の友情論」を書く。（800字以内） オ　優秀作の紹介。	・感想一覧の提示 ・意見の交流 ・カードの活用 ・文章構成法の習得 ・優秀作の紹介	○右遠俊郎『青春論ノート』（青木書店）

一学期　24時間

	文壇と配当時間	テーマ・学習目標	活動内容と作品処理	指導の工夫	教材・参考文献
一学期 24時間	期末考査 1時間	「りんご」あるいは「灯台風景」の描写。・言語事項の習得。	ア 言語事項の知識の確認。 イ 写真（リンゴ/灯台）をみて描写文を書く。（200字）	・映像教材の活用	○『基礎からの国語表現の実践』（京都書房）
	私の本作り 1時間	あとがき作りと製本。	ア あとがきを書く。（200字程度） イ 表紙作りと製本作業。（文書整理法を身につける。）	・成就感の獲得	
二学期 26時間	意見文② 8時間	「男は仕事、女は家庭か」・小論文を書く。	ア 四コマ漫画のストーリーを予測し、文章化する。 イ ディベートの録画を見て、判定する。 ウ 新聞の投書を読み、意見を書く。 エ 各種データを説明する文を書く。 オ 書き出しに工夫を凝らす。 カ 文章構成の基本型を再確認する。 キ 小論文を書く。（800字以内） ク 優秀作にコメントを書く。	・映像教材の活用 ・相手意識の自覚化 ・視点の転換 ・反対意見の予想 ・書き出し研究 ・相互批評	○サトウサンペイ「フジ三太郎」 ○NHK教育テレビ「青春トーク＆トーク」 ○学研『小論文の基本テクニック』 ○向田邦子『父の詫び状』
	手紙文 2時間	「恋文にお断りの返事を」・手紙を書く。	ア 芥川龍之介の恋文にお断りの返事を書く。 イ 手紙の形式を知る。 ウ 優秀作の紹介。	・虚構の文章 ・相手意識 ・優秀作の紹介	○筑摩書房『新編国語Ⅰ』
	基礎練習③ 2時間	敬語の学習	ア 敬語の知識を確かなものにする。		○大石初太郎『敬語』（ちくま文庫）
	中間考査と処理 2時間	「遺書に返事を」・手紙を書く。・敬語の習得。	ア 戦没者に現代日本の状況を知らせる手紙を書く。 イ 敬語の知識の確認。	・虚構の文章 ・相手意識 ・優秀作の紹介	○『きけわだつみのこえ』（カッパブックス）
	ディベート 10時間	「未成年者の犯罪も名前を公表すべきである。」 「ニュースは新聞よりテレビの方が優れている。」 「外来語の氾濫は日本語をだめにする。」 「原子力発電所は作るべきではない。」	ア ディベートの目的と概要を知る。 イ チーム編成を行い、テーマを選ぶ。 ウ 立論を立てる。支える根拠を探す。 エ 相手への質問・反論を用意する。 オ ディベートを実施する。 カ 担当したテーマで小論文を書く。（800字以内） キ ディベートで学んだことを振り返る。	・テーマ選びの工夫 ・発言の手引き ・審査ノート ・作戦会議の開催 ・ディベートのまとめ	○『ディベート・ハンドブック』（東京法令出版）
	期末考査 1時間	説明文を書く。・言語事項の習得。	ア データを読み取り、説明する文を書く。（200字） イ 言語事項の知識の確認。	・図表の活用	○『自己評価式基礎問題集国語表現』（第一学習社）
	私の本作り 1時間	あとがき作りと製本	ア あとがきを書く。（200字程度） イ 表紙作りと製本作業。（文書整理法を身につける。）	・成就感の獲得	
三学期 3時間	アンソロジー作成 2時間	『私の本』アンソロジー作成	ア 自分の最も優れた作品を選び出し、推敲する。 イ 文集を作成する。	・成就感の獲得	
	学年末考査 1時間	『国語表現』受講を勧める」推薦文を書く。	ア 推薦文を書く。（600字） イ 一年間の授業を振り返る。	・相手意識 ・目的意識	

とを踏まえて、2学期からは意見文の指導へと入る。それは、個人的な体験を踏まえて論じられるテーマから始め、次第に社会的問題に広げられるように配置する。また、分量も200字程度から800字まで次第に増やしていく。そして学期の最後にはディベートあるいはスピーチを行い、意見文指導で養った論理的な思考力に磨きをかけた。

　3学期はこれまでの作品をまとめた「私の本」作りを行う。これは1、2学期に書かれた作品の中から最も優れたものを選び、推敲してクラス全体で1冊のアンソロジーを作成するという活動である。その後、後輩に宛てて「国語表現」の授業の受講を勧める文章を書かせる。この3学期の学習活動は、蓄積ポートフォリオをもとにして学びを振り返り、自己評価する活動だとも言えよう。

　田中は言語活動を易から難へと系統的に組織し、単元ごとに学ぶ「教科内容（言語技能）」を示した「計画されたカリキュラム」を作成した。表現領域であることから、これに「教材内容」が示されていないことは当然としても、書くことを通して、自己を見つめ、社会に対する認識を深める「教育内容」を押さえた実践も組織されている。そして、それをもとに「実践されたカリキュラム」が詳細に記録されている。さらに、アンソロジー作り、後輩への推薦文を通して、1年間の学びの足跡を振り返る場を持たせて「経験されたカリキュラム」を明らかにしようとしている。課題としては「制度化されたカリキュラム」との関連が明確に示されていないこと、高校3年生の1年間に限ったものであることである。

(3) 堀江マサ子実践の検討

　堀江マサ子は、1981（昭和56）年に『高校作文教育の実際』、1995（平成7）年に『高校作文教育の探究』（いずれも溪水社）を刊行しており、著書をまとめるに際し、過去の自分自身の実践を振り返る機会をもった。それが1997（平成9）年からの3年間の年間指導に生かされて、2001（平成13）年に『高等学校作文教育の創成』（溪水社）として結実した。

　1年生は作文に慣れさせることを目標にして、短作文から作文を経て小

論文へと進む。また、「現代文」の分野では、読むことから書くことへとつなげる指導を行い、次に図書館にある本を活用して作文を書く指導へと発展する。「古典」の分野においては、教材の一部分を対象にした作文から、作品全体を考慮した作文を書くというように段階的・系統的に指導している。そして２、３年生になると、論旨の通った個性豊かな小論文が書けることを目標に言語活動が組織されて、「教科内容」の系統化が図られている。この「計画されたカリキュラム」は、読むこと領域との関連において、「教材内容」と「教育内容」を捉えさせるように意識されている。

　また、「実践されたカリキュラム」も板書の内容、学習活動等が詳細に記述されていて把握しやすい。さらに、学習者の書いた文章や３年生の最後に書かせた「国語と私」という振り返り作文によって、「経験されたカリキュラム」の把握もおおよそできる。ただ、この実践も一人の学習者が年間を通してどのように学んだのかという通時的な記述がなく、学習者の成長の過程が見えにくい。

３　高等学校国語科カリキュラムの先行研究、先行実践に残された課題

　このように見てみると、「制度化されたカリキュラム」との関連を図りつつ「計画されたカリキュラム（年間指導計画）」を構想し、そこに「教材内容」「教科内容」「教育内容」を系統的に配した高等学校国語科のカリキュラムの先行研究・実践はそう多くないことが理解できる。また、その「計画されたカリキュラム」がどのように実践されたのかという「実践されたカリキュラム」を詳細に記述し、その実践によって、学習者が何をどのように学んだのか（「経験されたカリキュラム」）を学びの「履歴」として明らかにしたものはほとんど見受けられなかった。

　そこで次章からは、「伝え合いを重視した高等学校国語科カリキュラム」の在り方を探るために、次の４点を明らかにしていく。

１，「制度化されたカリキュラム」と「計画されたカリキュラム」をどのように関連させるのか。

（第3章第3節「学びを育む評価」、第4章第4節「伝え合いを重視した複眼的評価」）
2，教材内容、教科内容、教育内容を系統的に配した「計画されたカリキュラム」をどのように構想するのか。
　　（第2章第3節「3年間の学習指導計画と系統性」）
3，「計画されたカリキュラム」をどのように「実践されたカリキュラム」へと移していくのか。
　　（第3章第1節「高校1年生の学習指導の概略」、第4章第1節「高校2・3年生の学習指導の概略」）
4，「実践されたカリキュラム」を通して学習者は何をどのように学び、成長していくのか。つまり、「経験されたカリキュラム」の内実はどのようなものか。
　　（第3章第2節「学びの実際」、第4章第2節「文学の学習指導における伝え合いの組織化」、第4章第3節「文学の課題探求型授業における課題の選択と配列」、第4章第5節「3年間のカリキュラム評価」、第5章「国語科と『総合的な学習の時間』との連携」、第6章「学習者の視点に立つカリキュラムデザイン」）

注
(1) 井関義久「声の学習と文字の学習」日本学術会議教科教育学研究連絡委員会編『新しい「学びの様式」と教科の役割』（東洋館出版社、2001年、p. 67）において、「国語科は『伝え合う力』を高めることになった。このことは、教育課程の全体構造のなかで、『国際化、情報化、科学技術の発展等、社会の変化に対応する教育』や『生きる力の育成』といった、第15期中教審答申に深くかかわっている」という指摘がある。また、次期学習指導要領においても「生きる力」という理念は受けつがれ、国語科の学習指導要領に引き続き「伝え合う力を高める」ことが目標として掲げられる見込みである。
(2) 波多野誼余夫編『認知心理学5　学習と発達』東京大学出版会、1996年、p. 241。心理学研究は、行動主義、認知主義、状況主義と変遷をたどってきた。それぞれの立場によって学習観も違った様相を帯びる。その特徴を、松村賢一は『対話能力を育む話すこと・聞くことの学習──理論と実践──』（明治図書、2001

	行動主義	認知主義	状況主義
学習とは	刺激に対する正しい反応	知識の能動的構成	文化的実践への参加 他者との相互作用の結果、社会的に構成される
キーワード	反復強化	情報処理	正統的周辺参加
学力の中心	理解力&暗記力	構造化された知識、思考力	コミュニケーション能力
典型的学習形態	教師の教え込み	学習者の主体的学び	共同的学習
授業の目標	できる	わかる	わかり合う
典型的学習資源	教科書、問題集	小説、論文	地域社会、級友、新聞、インターネット

年、p, 25）において、次のように整理している。
(3) 山元隆春「話し―聞くという関係性の内省と自覚化」『戦後国語教育研究の到達点と改革課題』教育科学国語教育7月号臨時増刊、明治図書、1996年、p.70
(4) 佐藤学『カリキュラムの批評』（世織書房、1996年、p.48）において、「中央集権的な教育制度の伝統を背景とする国では、カリキュラム概念は、わが国の『教育課程』の用語のように制度的概念であり、計画、プログラムなどの公的な枠組みを示す傾向がみられる。それに対して、教育制度が地方分権の伝統をもつ国では、英米にみられるように、カリキュラム概念は学校・教室レベルの概念であり、計画・プロジェクトを示すだけでなく、それにもとづく教師の働きかけと子どもの学習経験の総体、およびその評価までも含む包括的な概念となっている」という指摘がある。
(5) 田中統治「教育研究とカリキュラム研究――教育意図と学習経験の乖離を中心に――」山口満編著『現代カリキュラム研究』学文社、2001年、p.23
(6) 鄭榮根「SBCDによるカリキュラム開発の方法――日・韓学校教育の状況を踏まえて――」山口満編著『現代カリキュラム研究』学文社、2001年、p.58
(7) 山口満「カリキュラム開発の今日的課題と方法――今日の学習指導要領の改訂と関連させて――」山口満編著『現代カリキュラム研究』学文社、2001年、p.14
(8) 澤本和子「教材を研究する力」藤岡完治、生田孝至、浅田匡『成長する教師』金子書房、1998年、p.30
(9) 同上。学校に基礎を置くカリキュラムは、パブリックコメントやヒヤリング、学会等の刊行物によって行政に反映されることになる。
(10) ドナルド・ショーン（Donald A. Schon）は、『専門家の知恵』（ゆみる出版、2001年）に、これまでの専門家は「科学的技術」を合理的に適用する技術的熟達者であるのに対して、現代の専門家は「活動過程における省察」を原理とする「反省的実践家」として専門性を発揮すると主張した。
(11) 平山満義『質的研究法による授業研究』（北大路書房、1997年、p.5、16）に

は、「質的研究法」と「量的研究法」の特性を、次のようにまとめている。
【質的研究法の特性】
　①自然条件下での文脈および環境を重視した観察を行う。
　②問題や仮説、その実験変数をあらかじめ設定するのではなく、観察過程において逐次それらを決める。
　③集団の平均的状態をとらえるのではく、個々人の内面状態、認知処理過程を重視した生態的・現象的分析を行う。
【量的研究法の特性】
　①統制された条件のもとでの観察、実験または調査
　②仮説一検証のための観測（独立）変数と効果（従属）変数の設定
　③表出行動または認知的データの数量的分析による一般性・法則性の発見
　これらの特色は、自然条件／統制した条件、仮説なし／仮説あり、個を扱う／集団を扱うという対比で捉えることができよう。
(12) 浅田匡「実践研究における理論の探究——実践の改善プロセスにおける研究とは」鹿毛雅治『教育心理学の新しいかたち』誠信書房、2005年、pp. 227-228
(13) 中村雄二郎は『術語集』（岩波書店、1984年、p. 189）において、科学の知に対して臨床の知＝実践知という概念を対置している。さらに、山本力『心理臨床家のための「事例研究」』（北大路書房、2001年、p. 9）において、山本は「科学の知」と「臨床の知」の比較を次のように試みている。

	パラダイムⅠ：科学の知	パラダイムⅡ：臨床の知
特徴比較	1，科学者と対象分離（非関与） 2，独立変数の統制と操作 3，多数の標本の抽出と測定 4，反復・再現可能な量的データ 5，数量化による客観性の保持 6，価値の排除	1，研究者の対象への関与 2，研究者を含む文脈（状況）の明確化 3，少数事例の選択と叙述 4，再現困難な質的データ 5，合意による妥当性確認 6，価値の実現

(14) 秋田喜代美「学校教育における『臨床』研究を問い直す」日本教育方法学会編『新しい学びと知の創造』図書文化、2003年、p. 117
(15) 稲垣忠彦「授業研究の歩み　一九六〇—一九九五年」評論社、1995年、pp. 418-419
(16) 参与観察は、可能な限り教師の実践に介入しない立場で、厳密な分析モデルの仮説を立てないで教室の出来事を観察し、対象の特徴を個性的に記述して概念化するのに対して、アクションリサーチにおいては、研究者自身が教師と協同して授業の改善やカリキュラムの改革に関与し、その関与と変革の過程それ自体を研究対象とする方法として区別される。
(17) 佐藤学『カリキュラムの批評』世織書房、1996年、pp. 78-79

(18) 佐伯胖、宮崎清孝、佐藤学、石黒広昭『心理学と教育実践の間で』東京大学出版会、1998年、p. 50
(19) 浅田匡（2005）前掲書、p. 237
(20) 下山晴彦「心理学の新しいかたちを探る」下山晴彦、子安増生編著『心理学の新しいかたち』誠進書房、2002年、p. 33
(21) 多くの高等学校の教科書はジャンル単元の体裁を取っている。その中で数社の教科書には一部ジャンル単元と主題単元を併用したものが見られる。例えば、桐原書店『展開　国語総合』（2003年）の現代文・表現編では、随想Ⅰ「知ることと生きること」、評論Ⅰ「自己と社会」、随想Ⅱ「共に生きる視点」、評論Ⅱ「技術と人間」、評論Ⅲ「言語の現在」、随想Ⅲ「戦争と人間」となっており、それぞれの単元で2教材を併置している。小説については主題単元名はない。また、東京書籍『新編現代文』（2005年）では、「春を旅する（随想）」、「家族のかたち（小説一）」、「考えを深める（評論一）」、「命をうたう（詩歌）」のようにして、それぞれの単元で2～4教材を併置している。しかし、これらの主題間のつながりが意識されているとは思えない。また、ジャンル単元の体裁を取った教科書指導書の評価規準例を見てみても、それぞれの言語技能や技術の関連を図っているものはない。
(22) 大内善一『見たこと作文の徹底研究』学事出版、1994年、p. 30、p. 163
(23) 鶴田清司「文学の授業で何を教えるか――教材内容・教科内容・教育内容の区別―」、『国語科教育』第四十二集、全国大学国語教育学会、1995年3月、pp. 83-92
(24) 斎藤義光『高校国語教育史』教育出版センター、1991年、p. 170
(25) 『国語科研究紀要』第十一号～第十四号、広島大学附属中・高等学校
(26) 遠藤和子「教材の調査・開発研究――高等学校国語科の単元構成を求めて――」平成四年度兵庫教育大学修士課程学位論文
(27) 日本国語教育学会編『国語単元学習の新展開Ⅰ　理論編』東洋館出版社、1992年、p. 55
(28) 日本国語教育学会編『国語単元学習の新展開Ⅵ　高等学校編』東洋館出版社、1992年、pp. 47-57
(29) 加藤宏文『高等学校　私の国語教室――主題単元学習の構築――』右文書院、1992年
(30) 同上、p. 1
(31) 渡海俊明「題材を選び主題を焦点化する――『国語Ⅰ』の作文指導」大平浩哉編『新しい授業の工夫20選』大修館書店、1986年、pp. 104-111
(32) 田中宏幸『発見を導く表現指導』右文書院、1998年

第2章　伝え合う力を高める高校3年間の学習指導計画

　「伝え合い」は、複数の人が相互に何かを伝えるというニュアンスをもち、コミュニケーションと同意に用いられることもある。しかし、「伝え合い」という用語は広辞苑にも出ておらず、熟していない印象を受けることは否めない。

　そこで本章では、「伝え合い」という用語の内実を明らかにしつつ、「伝え合いを重視した国語科学習指導」の定義を試みる。また、伝え合う力を高めるための学習指導計画をどのように構想するのかを先行研究をもとに明らかにする。そして、筆者自身の3年にわたる高等学校の年間指導計画を示し（計画されたカリキュラム）[1]、その系統性について概観する。

　なお、第1章第2節において述べたように、この「計画されたカリキュラム」は、1996（平成8）～1997（平成9）年度の授業実践の評価・反省を踏まえ、再設計した2、3年生の学習指導計画に、新たに1年生の学習指導計画を付加したものである。この「計画されたカリキュラム」は1998（平成10）～2000（平成12）年度の実践を経て、再度、修正し、2001（平成13）～2002（平成14）年度には「制度化されたカリキュラム（学習指導要領）」との関連を図りつつ、実践された（第3章第3節、第4章第4節）。

第1節　「伝え合い」を重視した国語科学習指導の定義

1　西尾実の「通じあい」の概念

　国語教育の分野で「伝え合い」と近似の用語として、戦後すぐに西尾実

が「通じ合い」という語を用いたことは周知の事実であろう。
　次に示したように、西尾は『言葉とその文化』において、コミュニケーションという用語が一方的な「伝達」と訳されたため[2]、その社会的機能を見失ったと指摘している。そして、コミュニケーションを双方向性をもつ言語行為と捉え直している。

　　コミュニケーションが「伝達」と訳されたために、一方的な働きとして受取られてしまって、それが「通じ合い」という、社会的機能として、はっきりとらえられなかったところに、不備を残し、われわれにおける言葉の実体把握を十分なものにし得ていなかったように思われる。[3]

　また、『書くことの教育』の冒頭に、コミュニケーションという用語を「社会的通じあい」に置き換え、言葉を「社会的通じあい（コミュニケーション）」の一手段として捉える。

　　<u>ことばの機能は、社会的通じあい（コミュニケーション）の一手段たるところにある</u>。その機能は、話し・聞き・書き・読む、四つの形態をとって発揮せられる。この各形態を関連的に経験させ、こういう本来の機能を、十分に伸展させることが、現在の国語教育に課せられている任務である。そのようにいうと、ある人は、いうであろう、それは、ことばを社会的必要の面からのみ考えることで、これまで、ことばを個人的心理的に考え、それによつて、人間形成と文化の創造を任務としてきた国語教育に対立するものであると。が、それは、大きな誤解である。ことばを個人的心理的な機構で考えただけでは、まだ、人間形成も文化の創造も、未熟未完成たるを免れない。そのうえ、さらに社会的行動的な機能を認めることによって、それらは、はじめて可能になる。[4]

　そして、これまで国語教育が、談話生活・文章生活[5]は個人的な営みだ

とみなして、十分な意味において社会的な通じ合い（コミュニケーション）と考えてこなかったと指摘している。そういう認識から、言葉の四つの形態（話し・聞き・書き・読む）を関連的に経験させて社会的通じあいを進展させることが国語教育の任務であると記すのである。

また、西尾は言葉の社会的機能が十分に発揮されるとき、個人の思考（認識、判断、創造）が働くことになり、逆に思考（認識、判断、創造）を十分に働かせないでは言葉の社会的機能は発揮されないとも指摘する。

> もしも、この言葉の基本的な性質である<u>通じ合いを根底とした働きはと問われるならば、私は思考活動と伝達活動とに分け</u>、そのうちの思考活動は認識と判断と創造に分析されると答えなくてはならない。(6)

つまり、西尾は話し・聞き・書き・読むという言葉の四つの機能を関連させ、同時に思考（認識、判断、創造）を働かせることを通して、結果的に社会的な「通じ合い」（コミュニケーション）が達成される考えているのである。

2　伝え合い・伝え合う力の定義

教育課程審議会答申（1998年7月29日）の国語科改善方針「互いの立場や考えを尊重して言葉で伝え合う能力を育成する」を受けて、学習指導要領の総括目標に「伝え合う力」という用語が取り入れられた。では、この「伝え合う力」とはどのような力なのであろう。現行の学習指導要領の編集に中心的な立場で関わった小森茂は、「伝え合う力」を次のように定義している。

> 「伝え合う力」とは、人間と人間とのかかわりや関係のなかで、互いの立場や考えを尊重しながら、<u>国語を通して適切に表現したり理解したりする資質や能力</u>である。また、「伝え合う力」とは、<u>音声言語と文</u>

第2章　伝え合う力を高める高校3年間の学習指導計画　41

<u>字言語との両方を含む資質や能力</u>であり、音声言語を中心として使用されるコミュニケーション能力より広いものである。[7]

　「伝え合う力」とは、「適切に表現したり理解したりする資質や能力」であるとともに、「音声言語と文字言語との両方を含む資質や能力」と記していることから、それは、話すこと・聞くこと、書くこと、読むことの四つの言葉の形態を用いて、互いに表現したり理解したりする力ということになろう。
　また、安居總子は「伝え合う」という行為について、次のように述べている。

　　「伝え合う」という行為は、人が、他者から情報を得たり他者に情報を送ったりするときの、その<u>情報を自己の内なる世界に取りこみ解釈する行為</u>で、適切に表現し的確に理解する力が基礎にないと通じ合わなくなってしまう。[8]

　つまり、「伝え合う」という行為＝「伝え合い」は表現力や理解力を基礎として、受け取った情報と自分が事象を捉えたもの（認識）とを照らし合わせ、考え（判断）、新しい意味を生成（創造）して表現していく行為を指しており、思考活動までも含み込んだものということになろう。
　小森と安居の言を総合すると、「伝え合う力」とは音声言語によるコミュニケーション能力のみならず、思考力を基盤とした総合的な言語運用能力だと考えられる。そして、この「伝え合う力」を働かせ、意識的・積極的に「伝え合い」を繰り返すことによって、結果的に西尾の述べる社会的な「通じ合い」が実現できると言えるのではなかろうか。
　それでは、「伝え合いを重視した国語科学習指導」とは、どのような授業を指すのであろうか。それは、言葉を媒介にして対象を理解し、他者と伝え合うことによって、それを自己の中で解釈し直していく、「テクスト・人・自己」の三つの伝え合い（対話）の相互関連を生かした授業である。言い

換えると、「テクストと伝え合い(対話し)」、そこで生み出された読みや考えを「人と伝え合い」、それを更に「自己内で伝え合い(対話して)」[9]豊かなものにしながら、総合的な言語能力(伝え合う力)を育むことのできる学習指導となろう。

第2節　伝え合う力を高める国語科学習指導の方向性

　教師主導の教え込み式の授業では、伝え合う力は育たない。伝え合う力を高めるためには、学習者自らが課題をもち、互いに意見を伝え合うことによって解決していく主体的な言語活動の「場」が必要となろう。高木展郎は、そのような言語活動の「場」を、学習者と学習者との関係だけではなく、次のように学習者、学習材(教材)、指導者、環境の四つの要素の対話関係の成立として捉えている。

　　これからの国語科の授業は、これまでの「教師→教材→学習者」という一方向の教えるということから、授業の構成要素としての指導者・学習者・学習材・環境の四つの要素が、互いに対話する関係を成立させる学習状況を生み出さなくてはならない。この対話を行う双方向の関係をインターラクティヴな関係という。〈中略〉「伝え合う力」ということは、右(上記:筆者注)のインターラクティヴな関係性を国語科の「学び」として組織し、学習者がその関係性を経験することによって成立させることができる。[10]

図2－1
「伝え合う力」成立の要件

対話する関係性の経験

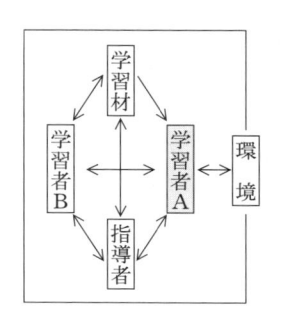

（学習材・学習者B・学習者A・指導者・環境の関係図）

　図2－1のように、高木は学習者、学習材(教材)、指導者、環境の四つ

の要素と対話する「場」を設定し、学習者に経験させることによって、伝え合う力の育成が図られると述べているのである。
　では、このような「場」を経験させるには、具体的にどのようにすればよいのであろうか。山元悦子は、コミュニケーション能力を育成するためには、国語科の教科内容を構築し直す必要があると述べ、次の４観点を示している。

　　コミュニケーション能力を育てる言葉の学習を考えるためには、まず、国語科の教科内容を次のような観点から新しく構築し直していくことが必要である。
　①問題解決のために情報を獲得し、処理する上で必要とされる言語技術や知識を、新しい教科内容として取り入れる。〈中略〉
　②聞く話すことの指導を、協調的な姿勢を基本とした対人コミュニケーションの指導として考えていきたい。〈中略〉
　③物語文の読みの授業を、作品との対話と、解釈の相互交流に重点を置いたものにする。〈中略〉　作品との対話、教室の友人との読みの交流という、二つの対話的読みが必要なのではないか。文学作品の受け止めを互いに語り合う授業を通して、自己照射と他者理解を深めたい。
　④説明文の扱いを、学習の目的に応じて柔軟にすること。例えば、内容を正しく理解し、そこに用いられている論理や認識の方法を学ぶ学習、書かれている筆者の主張についてじっくり吟味する教材、自分が追究したいテーマについて情報を得るために速読する教材など、[11]

　①は伝え合う内容を補い、整理する（情報収集、選択、整理能力）技術・知識を得るための学習領域を設定する、②は伝え合う技能、姿勢（対話能力・協調的能力）を身につけさせる学習を重視する、③は作品や他者との対話の場を設定して、自己と他者を見つめる力（自己照射力・他者理解力）

を育成する、④は教材との多様な出会いを通して伝え合う内容を生み出す方法・態度（情報理解、選択、活用能力）を育成する、と言い換えることができよう。これらを高木の指摘と合わせると、伝え合う力を高めるためには、次のような学習を行うことが求められる。

```
──── ◆「伝え合う力を高める」国語科学習指導の方向性 ────
  ①  補い、整理する 学習 ──────【環境との対話】
  ②  伝え合う 学習        ──────【学習者との対話】
  ③  見つめる 学習        ──────【教材との対話・学習者との対話】
  ④  生み出す 学習        ──────【教材との対話】
```

ただ、この四つを漫然と行ったところで伝え合う力の高まりは期待できない。伝え合う力を高めるためには、長期的な展望にもとづき、これらを系統化、総合化しながら、継続的に学習指導を展開していく必要がある。

第3節　3年間の学習指導計画と系統性

表2－1は、高校3年間にわたる伝え合いを重視した学習指導計画の概要である。〈伝え合う（音声言語・文字言語）〉〈生み出す〉〈補い、整理する〉の三つの学習を易から難へと系統的に組織している。この表には〈見つめる〉学習は示してはいない。それは〈見つめる〉力が、〈生み出す〉学習において作品と対話的に向かい合うことによって育ち、〈伝え合う〉学習において他者と協調的に伝え合うことによって育まれると考えるからである。

これら〈生み出す〉〈補い、整理する〉〈伝え合う〉〈見つめる〉の四つの学習は、相互補完関係にある。意味のある〈伝え合い〉のためには情報を〈生み出〉し、それを〈補い、整理する〉必要がある。また、〈伝え合〉った後、自己を〈見つめ〉直して成長し、成長した個が再び情報を〈生み出

表2－1　3年間の学習指導計画

テーマ	伝え合う（音声言語）[学習者との対話]	伝え合う（文字言語）[学習者との対話]	生み出す[教材との対話]	補い、整理する[環境との対話]
1年1学期　話す・聞く・書く・読むの基本	話し合いに慣れる ・バズセッション ・ペア対談 ・簡易ディベート ・群読	文章表現の基本 ・原稿用紙の使い方 ・文の長さ ・常体と敬体 ・文章構成の型	受容 ・小説の読みの技法 ・評論の読み方（対比）	情報収集の習慣づけ ・読書カード 情報収集の方法 ・図書館利用ガイダンス 学校図書館への誘い ・読書指導
2学期　人と自然	立場を変えて話し合う ・マイクロディベート	自己の力を試す ・懸賞論文への応募 意見文の基本 ・主張を支える例と論拠 ・キーワード ・キーセンテンス 様々な文章形態を知る ・新聞作り	吟味 ・俳句読み	情報収集 ・懸賞論文の実践 情報収集と整理の方法 ・ブレインストーミング ・KJ法 近隣の図書館への誘い ・図書館報
3学期　生と死	質問を予測して話す ・プレゼンテーション 伝わり方を工夫して話す ・スピーチ 対論的に対話する ・ディベート	基本の復習 レポートの書き方 ・引用、出典、小見出し 音声と文字をつなぐ工夫 ・発表用レジュメ ・スピーチ原稿 ・立論原稿	意味形成 ・主体的学習	情報収集と整理の実践 ・研究レポート 情報収集、整理の実践

易から難くと系統的に

高校3年間の学習指導計画（2年〜3年）

展開していく →

学年	学期	テーマ	話し合い・対話活動	表現活動	受容・読みの活動	情報収集活動
2年	1学期	自己の模索	意見を絡み合わせる ・ペア対談 ・バズセッション ・簡易ディベート ・ディベート的討論	他者理解のための表現 ・紙上討論 ・ひとりディベート ・往復書簡	受容と吟味 ・読みの技法の復習 ・筆者への批判読み	新たな情報収集方法の理解 ・インターネット
2年	1学期		違いを伝え合う ・プレゼンテーション ・群読 ・話し合い	自己の成長をはかる ・懸賞論文への応募		情報収集の実践 ・懸賞論文への応募
2年	2学期	近代と近代批判	目的に応じた話し合いの形態を知る ・ディベート的討論 ・プレゼンテーション ・パネルディスカッション	音声と文字とをつなぐ工夫 ・発表用レジュメ	吟味と意味形成 ・書き込み ・課題解決型学習 ・複数解教材との対話読み	
2年	3学期		問題解決のために話し合う ・パネルディスカッション	意見文の基本の復習		
3年	1学期	対話人	対論的に対論する ・ディベート	他者理解と自己照射のための表現 ・紙上討論 ・シナリオ ・続編 ・舞姫論		情報収集、整理の復習と実践
3年	1学期	とも文学	発言のための話し合い ・バズセッション ・ディベート ・プレゼンテーション ・話し合い		意味形成 ・複数教材との対話読み	情報収集、整理の実践
3年	1学期	言葉とともに	言葉の機能を理解して伝え合う ・ペア対談 ・スピーチ			

※ □□□ は、各学期のテーマに関連して伝え合う、まとめの学習活動を示す。

第2章　伝え合う力を高める高校3年間の学習指導計画

す〉。このように四つは関連し、支え合って個や集団の成長を促すのである。

(1) 目的、テーマの系統性

　学期ごとに目的、テーマを設定した。1年生1学期の導入段階は、「話す・聞く・書く・読むの基本」の習得を目的とする。伝え合う力は学習者の主体的な学習活動のなかで育まれる。主体的な学習活動へスムーズに移行するためには、導入段階において、基礎・基本を定着させることが不可欠なのである。

　また、2学期からは学期ごとにテーマ（主題）を定め、学期の終わりにテーマをめぐる伝え合いの場を設定した。テーマに関わる多くの教材を学んだ学習者は、それに触発され、豊かな伝え合いができると考えたのである。

　テーマは「人と自然」「生と死」「自己の模索」「近代と近代批判」「人と文学」と多岐にわたり、3年間のまとめは「言葉とともに」というテーマで終えるようにした。学習者の発達段階を考慮し、身の回りの事象について考えることから始め、次に自己の内面を見つめる。さらに社会へと目を向け、最後に自己の言葉を相対化して、言葉との関わりについて認識を深めるように配列した[12]。

(2) 〈伝え合う（音声言語）〉学習の系統性

　1年生は、バズセッション、ペア対談、簡易ディベート、群読といった比較的負担の少ない活動を数多く行うことによって、「話し合いに慣れる」段階から始める。次に3人で行う小さなディベート（マイクロディベート）へと進む。「立場を変えて話し合」い、多面的にものを見つめることを通して、伝え合うことの意義を知るのである。さらにプレゼンテーション、スピーチと「質問を予測し」、「伝わり方を考えて効果的に話」して、次の本格的なディベートに備えた。段階的に伝え合う技能・姿勢を身につけさせるのである。

　2年生はそうして身につけた技能・姿勢をさらに発展する段階へと移行

する。「意見の絡み合」いを前面に押し出したり、群読の声の響きに互いの違いや、違うことの良さに気づかせたりする。２学期には一つの教材を読み深めるのに、ディベート的討論、パネルディスカッション、プレゼンテーションといった三つの伝え合いの場を用意し、「目的に応じた話し合いの形態」があることを学ばせる。また、「ポストモダン（脱近代）をいかに生きるか」という未だ答えの見出せない問題を解決するために、互いに意見を出し合って、打開策を模索させたりもする。

　さらに３年生においては、テーマ「言葉とともに」のもと、言語の恣意性や分節化といった言葉の機能について学び、これまで取り組んできた多くの話し合いを振り返る機会をもたせる。互いの違いを言葉を通してどのように乗り越え、伝え合おうとするのかを考えさせる段階へと至るのである。

(3)〈伝え合う（文字言語）〉学習の系統性

　「文章表現の基本」技能、例えば原稿用紙の使い方、文の長さなどを学ばせることから始める。２学期は主張を支える例と論拠、キーワード、キーセンテンスといった「意見文の基本」を押さえ、次はそれらを利用して新聞づくりを行わせる。新聞には報告文、論説、随筆、コピーなどが掲載されている。この多様性を利用して、目的に応じた文体や言葉遣いで伝えることを学ばせるのである。その後、冬季課題の研究レポートへと発展させる。情報収集をしっかりと行い、自己の見解をまとまった分量で論理的に表現させるのである。３学期は音声による伝え合いと対応する形で、発表用レジュメ、スピーチ原稿、立論原稿などを書かせ、音声言語と文字言語の違いを意識させようとした。

　２年生になると、紙上討論、（紙上）ひとりディベート、往復書簡といった活動を通して、技能だけではなく伝え合うための姿勢を学ばせる。つまり「他者理解のための表現」へと至るのである。また、懸賞論文へ再度挑戦することにより、「自己の成長」をはからせたりもする。２学期には既習の内容を復習し、それらを確固としたものにしていく。

3年生では小説の登場人物の生き方をめぐって紙上討論させたり、登場人物の心情を推し量ってシナリオや続編を創作させたりして、「他者理解と自己照射」を目的とした文章表現活動へと発展させていった。

(4) 〈生み出す〉学習の系統性
　教材の内容を正確に理解するための学習、つまり情報の「受容」から始める。「羅生門」という技巧を凝らした短編小説を利用して、「色彩語・比喩・象徴・表記」といった小説の読み方を学ばせたり、「水の東西」という対比構造のはっきりした教材を用いて、評論文における筆者の認識の方法や論理を捉えさせる。伝え合いは情報を正確に理解することから始まるのである。
　2学期は教材の「受容」にとどまらず、その内容を「吟味」する段階へと進む。マイクロディベートの論題にもとづき、自己の立場と照らし合わせながら、多くの評論や小説の内容を「吟味」させていく。情報を無批判に受け取るのではなく、相対化して捉える姿勢を養う。
　さらに3学期は短歌・俳句の凝縮された表現や小説の多義的な表現から自分なりの意味を紡ぎ出す段階、つまり教材の内容を契機として新たな認識を獲得し、発信する段階へと発展していく。
　2年生においても「受容と吟味」「吟味と意味生成」と1年生と同じ流れを踏んで、既習の内容を確かなものにし、それを受けて3年生では最も発展的な「意味生成」の段階で終わるように学習を組織した。

(5) 〈補い、整理する〉学習の系統性
　「読書カード」を3年間継続的に提出させ、伝え合いの材料を広く教科書以外からも収集する習慣をつけさせる。〈補い、整理する〉学習は、それと並行して行う。1年生の1学期は、「情報収集の方法」を理解させるために、図書館司書の先生に図書館利用法についてガイダンスを行ってもらう。それを受けて、教科書以外の作品を読まないと解決ができないような課題を与え、学習者を「学校図書館へ誘う」ように試みる。さらに、懸賞論文

に応募して「情報収集の実践」を積ませるというステップを踏んだ。

 2学期もまた同様の流れを踏む。ブレインストーミング、KJ法といった「情報収集と整理の方法」を学ばせ、次に図書館報[13]に「近隣の図書館を歩く」という特集記事を組んで「図書館へ誘」った後、冬季課題の研究レポートにおいてその成果を確かめた。3学期は「情報収集、整理の実践」を行ってその定着を図る。この1年間の積み重ねの上に、2年生ではさらにインターネットによる情報収集の方法も学ばせ、その後、「情報収集と整理の実践と復習」を何度も繰り返しながら、学びを確かなものにしていった。このようにして身についた〈補い、整理する〉力は、伝え合う力を高めるための基礎となる。

注
(1) 本章において取り上げた年間指導計画は、1998（平成10）年度から2000（平成12）年度の3年間にわたるものである。旧課程においては、「伝え合う」というキーワードは用いられていなかったが、筆者はその頃から学習者の読みや意見をいかに引き出し、それをどのように伝え合い、高め合っていくのかを様々な角度から検討して、学習指導を展開していた。
(2) 長らくコミュニケーションは意味が一方から片方へと伝達されるものと考えられてきた（電信モデル）。その後、送り手と受け手相互の意味の交換であるという考え方（双方向モデル）がもたらされた。現在は、参加者が共同で意味を作り出す過程と捉える考え方が一般的である。このような考え方を松村賢一は「相互作用モデル」と呼び、次のように図示している。（『対話能力を育む話すこ

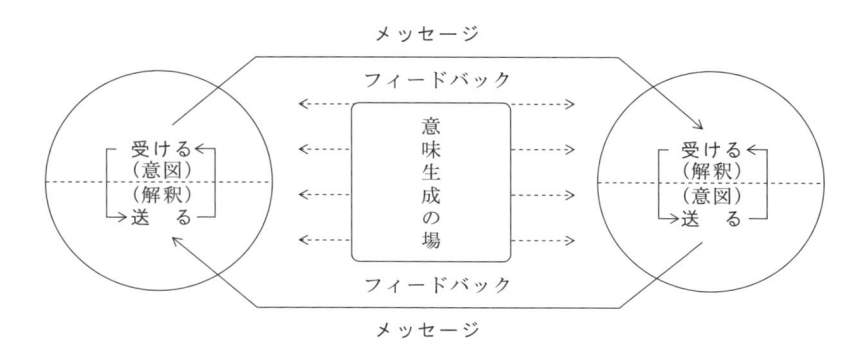

と・聞くことの学習』(明治図書、2001 年、pp. 36-37)
(3) 西尾実『西尾実国語教育全集　第四巻』教育出版、1975 年、p. 301
(4) 西尾実『西尾実国語教育全集　第三巻』教育出版、1975 年、p. 243
(5) 西尾実は『国語教育学の構想』(西尾実『西尾実国語教育全集　第四巻』教育出版、1975 年、pp. 51-56) において、言語生活の形態と内容を次のように整理した。

	関 係	談 話 生 活	文 章 生 活
個人的通じあい	1⇔1	対話・問答・対談等	通信・メモ等
	1⇔多数	会話・討議・討論・協議・会議等	記録・報告等
集団的通じあい	1⇒集団	独話・講義・講演・演説等	通達等

(6) 西尾実『西尾実国語教育全集　第六巻』教育出版、1975 年、p. 104
(7) 日本国語教育学会編『国語教育辞典』朝倉書店、2001 年、p. 276
(8) 安居總子「『伝え合う』をとらえ直し、『学び』を組織する」『教育科学国語教育』明治図書、1999 年 6 月号、p. 16
(9)「伝え合う力」を高めるためには、「読むこと」を通して伝え合う中身を豊かにすることが重要である。そういう意味で「伝え合う力」と「読むこと」との関連を述べるのは易しいが、山元隆春の次の指摘も重要である。「子どもがテクストに対して示す多様な反応を交流させることを通して、読みと解釈の複数性を感じ取らせていくことが、読むことの学習において『伝え合う』力を育てていくことにつながっていく。文章の背後に、あるいはすべての発話の背後に人間がいるという実感を、学習のなかで子どものものとすることが、言葉で『伝え合う』能力の基礎になるはずである」(「読みの複数性と読者の応答責任」『教育科学国語教育』明治図書、1999 年 6 月号、p. 70)
(10) 高木展郎「『読むこと』における授業改善」甲斐睦朗、田中孝一監修『高校国語教育』明治書院、1999 年、p. 105
(11) 山元悦子「コミュニケーション能力を育てる国語科の学習」『月刊国語教育研究』No312、日本国語教育学会、1998 年、pp. 30-31
(12) このような配列の有効性については、第 6 章に記した。また、前任校では 3 年生 2 学期以降は、受験対策として教科書を用いず問題演習を行う取り決めがあった。そのため、学習指導計画は 3 年生の 1 学期で終えている。
(13) 筆者は当時、校務分掌の一つとして図書部を担当してており、図書委員と相談して学期に 1 回「図書館報」を発行していた。

第3章　伝え合う力を高める高校1年生の学習指導の実際

第1節　高校1年生の学習指導の概略

　第2章において、伝え合う力を高める高校3年間の学習指導計画（計画されたカリキュラム）を示した。本節では、この中の1年生の学習指導をどのように展開したのか（実践されたカリキュラム）を1998（平成10）年度の実践をもとに詳述する。そして、言葉の使い手として学習者がどのように成長したのか（経験されたカリキュラム）を考察し、その有効性を確かめる。

1　1年生1学期の実践

　1年生の1学期は「話す・聞く・書く・読むの基本」を身につけることを目的とする。〈伝え合う〉学習においては、初めて出会ったクラスメートとの「話し合いに慣れる」段階と位置づけられる。

●4月　オリエンテーション①——授業方針の理解
　入学当初に、次のようなプリントを用いてオリエンテーションを行い、「表現中心の授業を行う」という高校3年間の授業方針を徹底させた。話すことと書くことに重きをおき、伝え合いを重視した学習指導を行うと宣言したのである。

```
┌───────────────── ◇「表現」中心の授業 ─────────────────┐
│  ・ 話すことの重視                                      │
│       国際化社会                                        │
│       認知心理学の成果（多くの人数で授業をうけることの意味） │
│         〈評価〉指名ではなく自主的な発言                │
│              「わかりません」は×                        │
│                                                        │
│  ・ 書くことの重視                                      │
│       情報化社会                                        │
│       小論文入試、国公立二次試験（記述）                │
│         〈評価〉ノートの提出→考査後                    │
│              プリント類の提出→授業、単元終了後         │
└────────────────────────────────────────────────────────┘
```

● 4月　オリエンテーション②——読書カード・図書館ガイダンス

　また、読書カード（B5版）の提出を3年間通して求めた。読書カードとは、定期的に推薦図書などを読み、「書名・筆者（作者）名」「出版社」「総ページ数」「心に残った箇所（引用）」「感想、意見（約200字）」「備考」をまとめるものである。

　図書館や書店へ足を運び、「情報収集の習慣」をつけさせる試みであり、また、伝え合いの基盤となる意見を、広く教科書以外にも求める目的がある。次に掲げたKさんの記述は、2年生9月に読書カード提出のために読んだ本が、3年生1学期に学ぶ単元「言葉とともに」と関わりをもつ例である。次々頁のSさんの記述は、1年生の2学期に単元「人と自然」を終えてから、それに関わる本を選択し、綴られたものである。

　このように単元の内容に関連するものや、将来の進路選択の材料となる本を推薦図書にした。

◇2年生9月　Kさんの読書カードにおける記述
　　——鈴木孝夫「日本語と外国語」
　　赤毛のアンの「みかん色の猫」という単語は実は一度読んだことがある。そのときは読み飛ばしてしまったが、「みかん色の猫」というの

資料３−１

【読書カード提出の要領】
○１カ月に２冊以上の本を読み、カードの項目にしたがって記入のうえ、提出をすること。
○別紙にて示す推薦図書の中から、１年間に最低６冊以上読むこと。なお、推薦図書を読んだ時は下の表に赤で書名を書くこと。
　→前期、後期に推薦図書の入れ替えを行うこともある。
○以下に示したもののなかには、普通の書店では入手が困難なものも含まれている（岩波書店の本など）が、○○書店にお願いして数冊は用意してもらっている。
　また、図書館にも数冊あるのでそれを利用するのもよい。
○提出日は以下に示すとおり（変更がある場合は、その都度連絡する）。

提出日	読んだ本の名前	提出日	読んだ本の名前
6/15(月)		11/9(月)	
6/29(月)		11/24(火)	
10/12(月)		2/22(火)	
10/26(月)		3/15(月)	

＜一年(前期)次推薦図書一覧表＞

☆全般
・『生きるヒント』　　　　　　　　　　五木寛之　　　　　角川文庫
・『君たちの生きる社会』　　　　　　　伊藤光晴　　　　　ちくま文庫
・『まちがったっていいじゃないか』　　森毅　　　　　　　ちくま文庫
・『みんな自分がわからない』　　　　　ビートたけし　　　新潮文庫

☆人文科学系統
・『日本語表と裏』　　　　　　　　　　森本哲郎　　　　　新潮文庫　　　　　……言語系
・『日本語は国際語になりうるか』　　　鈴木孝夫　　　　　講談社学術文庫　　……言語系
・『教えるということ』　　　　　　　　大村はま　　　　　ちくま学芸文庫　　……教育系
・『日本の歴史をよみなおす』　　　　　網野善彦　　　　　ちくまプリマーブックス……史学系
・『たかがスポーツ』　　　　　　　　　中条一雄　　　　　朝日文庫　　　　　……体育系
・『大学を問う』　　　　　　　　　　　産経新聞社編集局　産経新聞社　　　　……全般

☆社会科学系統
・『しぐさの日本文化』　　　　　　　　多田道太郎　　　　角川文庫　　　　　……全般
・『豊かさの精神病理』　　　　　　　　大平健　　　　　　岩波書店　　　　　……全般
・『豊かさのゆくえ』　　　　　　　　　佐和隆光　　　　　岩波ジュニア新書　……全般
・『紳助のサルでもわかるニュース』　　読売テレビ編　　　実業之日本社　　　……全般
・『タテ社会の人間関係』　　　　　　　中根千枝　　　　　講談社現代新書　　……全般
・『環境とつきあう５０話』　　　　　　森住明弘　　　　　岩波ジュニア新書　……環境系
・『何が不自由でどちらが自由か』　　　牧口一二　　　　　河合ブックレット　……ボランティア問題
・『ロードス島攻防記』　　　　　　　　塩野七生　　　　　新潮文庫　　　　　……フィクション
・『人間の条件１〜６』　　　　　　　　五味川純平　　　　文春文庫　　　　　……フィクション
・『風濤』　　　　　　　　　　　　　　井上靖　　　　　　新潮文庫　　　　　……フィクション
・『ワイルド・スワン　上・下』　　　　ユン・チアン著　土屋京子訳　講談社　……フィクション

☆自然科学系統
・『科学文明に未来はあるか』　　　　　野坂昭如編　　　　岩波新書　　　　　……全般
・『奪われし未来』　　　　　　　　　　シーア・コルボーン他　翔泳社　　　　……全般
・『おたん子ナース』　　　　　　　　　佐々木倫子　　　　小学館　　　　　　……看護系
・『地球をこわさない生き方の本』　　　樋田勲　　　　　　岩波ジュニア新書　……環境系

が日本人と外国人との色彩感覚の相違点をのぞかせているなんて知らなかった。日本語のオレンジと違い、英語のオレンジは赤から明るい茶色まで、幅が広い範囲をカバーするらしい。細かいところもちゃんとこだわってみると面白いものである。

◇2年生9月　Sさんの読書カードにおける記述
　　――村井吉敬「エビと日本人」
　私たちの「豊かな」生活の裏には、多くの犠牲がある、ということを強く感じる作品であった。日々、あたりまえに行っている「エビを買う」行為が、第三世界に、エビの減少、海洋汚染というような形で、ダメージを与えるのにつながっているのに驚いた。また、現地の人々の重労働、低賃金が、深刻化しているようだし、私たちにも責任はあるのだ、と気づかされた。

（※学習者の意見、感想の傍線・番号・記号は筆者が添えたものである。以下同様。）

●4・5月　小説「羅生門」――バズセッション

```
┌――――――――【学習指導過程】――――――――┐
│　第1次　　通読、初読の感想および疑問の表出　　　　│
│　　　　　　初読感想一覧をもとにした 意見の伝え合い │
│　第2次　　状況設定の把握　　　　　　　　　　　　　│
│　　　　　　下人の心理の推移から人物像をつかむ（個→小集団→全体）│
│　　　　　　―― バズセッション 　　　　　　　　　　│
│　第3次　　最後の一文の改編意図と主題について考察する│
│　第4次　　続編および読後感想をまとめる　　　　　　│
│　　　　　　続編の交流（個→全体）　　　　　　　　　│
│　　　　　　読後感想一覧をもとにした 意見の伝え合い │
└―――――――――――――――――――――――――┘
```

▼ 生み出す学習 ――小説の読み方を学ぶ
　「羅生門」は技巧を凝らした短編小説である。その特色を生かして、入門期のこの時期に次のような小説の「読み方」を学ばせた。学習者を主体的

な学習活動へと向わせる前の導入段階において、情報を正確に「受容」するための「読み方」を身につけさせておく意味は大きい。

○題名…………「羅城門」ではなく「羅生門」である理由
○設定…………「ある日の暮れ方」「ある秋」「一人の下人」と特定の時代や人物の再現を目的としない、テーマを活かすための設定
歴史小説
「羅生門（場所）」「平安末期（時代）」「晩秋（季節）」「青年（年齢）」という境界線上の設定
○対比、色彩語…「夕焼け」と「ごま」、「丹塗りの剥げた柱」と「きりぎりす」、「短い白髪」と「黒洞々たる夜」
○比喩…………「まぶたの赤くなった、肉食鳥のような」「猿のような老婆」「やもりのように足音を盗んで」他
○象徴…………「にきび」「黒洞々たる夜」
○場面…………「きりぎりすも、もうどこかへ行ってしまった」
○作者と話者……「作者はさっき、『下人が雨やみを待っていた。』と書いた。」
○人物の変化……下人の変化
○表記…………「Sentimentalism」
○心象風景………「雨は、羅生門を包んで、〜重たく薄暗い雲を支えている」

▼ 伝え合う学習（音声言語）──バスセッション
　状況設定を押さえさせた後、次の二つのメインテーマを与え、「下人の特色や性格」「にきびのもつ意味」を、グループごとにバズセッションをさせた。バズセッションは少人数の話し合いであり、その場で気軽に行える伝え合いである。「話し合いに慣れる」段階として適切な言語活動であり、教え込むのではなく、みんなで読みを作り上げることに慣れさせることもできる。

資料３－２

【下人の心理】	【契　機】
②〈楼上へ出るはしごの上で〉 （ア　　　　） ある強い感情 ＝（イ　　　　） ・恐怖が少しずつ消える エ（オ　　　　） ③〈楼上で〉 カ（キ　　　　） ク（ケ　　　　） 　（コ　　　　） ある勇気＝（シ　　　　） あざけるような声で念を押した。	・誰かが火をともしているのを知る （ウ　　　　） ・老婆の行為を見る ・老婆をねじ倒す ①・老婆の論理 ②（サ　　　　）
右の手をにきびから離して →夜の底へ	老婆 ⇅ 下人

【メインテーマ１】
●サブテーマとこの表から下人の特色や性格を読み取ろう！

〈サブテーマ〉
○なぜ下人は老婆に対して憎悪を抱いたのか。
○老婆の答えがすぐに平凡なのに失望したと書いてあるが、どのような答えを期待していたのか。
○小心者の男がすぐに老婆の上着をはぎ取るまでの悪人になれたのはどうしてか。

【メインテーマ２】
●にきびから手を離すのはどのような意味が込められているのか

各班からは【メインテーマ１】のサブテーマについて、次のような意見が出された。

　　◇なぜ下人は老婆に対して憎悪を抱いたのか。
　　　・羅生門の上で下人の髪の毛を抜くということが、それだけですでに許すべからざる悪であった。
　　　→正義感が強かった・気分的・なんとなく・先入観から
　　◇老婆の答えが平凡なのに失望したと書いてあるが、どのような答えを期待していたのか。
　　　・現実にはないようなことを言うと期待していた。
　　　・雨のこの世の中に値するような突飛な答えを期待していた。
　　　・ホラー映画のような怖い答え。
　　◇小心者の男がすぐに老婆の上着をはぎ取るまでの悪人になれたのはどうしてか。
　　　・老婆の話を聞いたから。
　　　・悪人になろうという方向にすでに少し傾いていたから。

　これらを総合すると、【メインテーマ１】の下人の特色・性格は「子どもっぽい、流されやすい、単純、思いこみが強い」という結論に達した。また、【メインテーマ２】「にきびから手を離す意味」には、各班から次のような意見が出され、結論は、「子どもから大人へ変わる象徴」とまとまった。

　　◇にきびから手を離すのはどのような意味が込められているのか
　　　・何か行動を始める意味
　　　・頭のもやもやが消えてふっきれたという意味
　　　・悪の道へ進む決心がついた

図３－１
司会、書記の育成

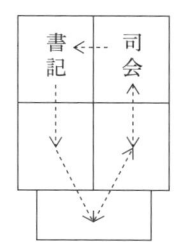

　１年を通して何度も行うバスセッションにおいて、図３－１のように司会や書記は輪番制とした。すべての学習者が司会や書記の経験を積み、それらの力をつけるようにしたのである。

▼ 補い、整理する学習 ──学校図書館への誘い

　授業のまとめにおいて、次のようなプリントを用意した。芥川龍之介の他の作品を読まないと解決ができないような課題を与え、図書館へと足を運ぶようにし向けたのである。これは入学当初に行った図書館利用方法のガイダンスをうけた学習指導であり、夏季課題に予定している懸賞論文を書く際の情報収集活動につなげようとする意図がある。

☆芥川は「羅生門」の主題をどのように深めていったのか。空欄①～④に適切な語句を入れなさい。

　○大正五年「芋粥」……人生の理想や欲望が幻滅へと転落していく悲喜劇を描いた。
　　　↓
　○大正六年「偸盗」……「羅生門」の世界を継承し、下人の行方を探究した作品。下人の切り込んで行った闇を、さらに具体的に描きだすとともに、そうした闇からの人間の救済の原理を追求している。そして「①　　」「②　　」「③　　」の三つをその答えとして導き出した。
　　　↓
　○大正七年「地獄変」…芸術至上主義の世界への到達をはかった。しかし、その結論は、芸術家としては絵を完成したものの、人間としては、（④　　　　）という形で表された。

● 6月　詩「小諸なる古城のほとり」──簡易ディベート

▼ 伝え合う学習（音声言語） ──簡易ディベート

　簡易ディベートという伝え合いの場を用意し、「詩のイメージがプラスかマイナスか」を根拠を挙げて討論させた。簡易ディベートとは、指導者が論題検討のための観点を明示して、あらかじめ学習者から出された意見を把握したうえで、指導者の指名にもとづいて行う模擬ディベートである。「簡易」であるから「話し合いに慣れさせる」基礎段階の言語活動として適切なものだと言えよう。

┌─────────────【簡易ディベートとは】─────────────┐
○指導者が論題検討のための観点を明示する。
○指導者の指名にもとづく模擬ディベート。
　・正式なフォーマット（立論、反対尋問…）を用いない。
　・チーム分けは行わない。
　・指導者の指名により普段の机の配置のままで二つの立場から意見を
　　交換する。
└──────────────────────────────────┘

　学習者は、指導者が前もって示した「心情語」「場所」「イメージ語句」「時間の推移」といった「論題検討のための観点」をもとにして根拠を探し、資料３－３のようにプリントに記入する。

　指導者はそれを集めて学習者の意見を把握した後、誰と誰の意見を絡み合わせるのか、指名する学習者とその順序を事前に決めておく。そして、一斉授業のなかで指名をもとに意見を絡み合わせ、模擬的なディベートを行うのである。次に示すのは「時間の推移」「イメージ語句」に着目した伝え合いの一部である。

　　【－派】時間の推移を考えると、昼から暮れへと進んでいるので、これから
　　　　　暗い夜に向かうという意味ではマイナスイメージだと思います。
　　【＋派】でも、夜は旅人にとっては、安らぎの時間だという意味でプラスで
　　　　　はないでしょうか。
　　【－派】しかし、「しばし慰む」とあるように、「慰む」としても、この場合
　　　　　「しばし」なんです。朝になるとまたつらい旅に出なければなりませ
　　　　　ん。それにお酒は「濁っている」。つまり、あまりいいお酒じゃないん
　　　　　です。その安いお酒を飲んでいるわびしい境遇を表すために、「濁り酒」
　　　　　「濁れる」と「濁る」を二度も出して強調していると考えました。
　　【－派】イメージ語句の「浅間も見えず」の「も」に他のすべてのものが見
　　　　　えないと言う意味が含まれていて、一連、二連のように、一旦肯定し
　　　　　ておいて、それを否定するという方法に近いものを感じます。

　暮れへと向かう「時間の推移」がマイナスイメージだと言う学習者に対して、旅人にとって暮れという時間帯は休養の時間であってプラスイメージだと言う学習者を指名した。次に、「しばし慰む」「濁り酒濁れる飲みて」

資料3-3

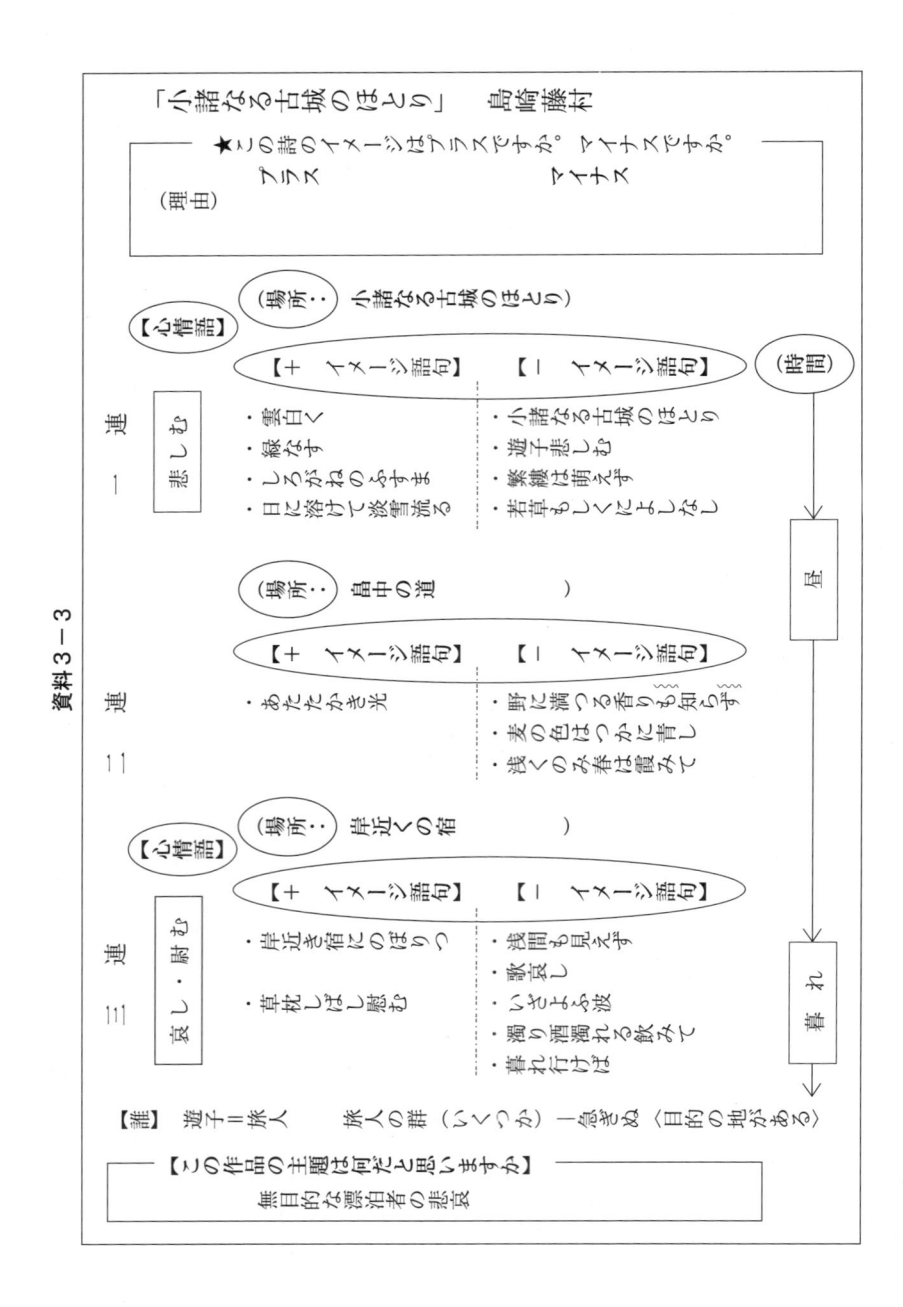

「小諸なる古城のほとり」　島崎藤村

★この詩のイメージはプラスですか　マイナスですか
　　　　プラス　　　　　　　　マイナス
（理由）

一連　悲しむ
【心情語】
（場所‥小諸なる古城のほとり）
【＋イメージ語句】
・雲白く
・緑なす
・しろがねのふすま
・日に溶けて淡雪流る
【－イメージ語句】
・小諸なる古城のほとり
・遊子悲しむ
・繁縷は萌えず
・若草もしくによしなし
（時間）
昼

二連
（場所‥畑中の道）
【＋イメージ語句】
・あたたかき光
・麦の色はつかに青し
【－イメージ語句】
・野に満つる香りも知らず
・浅くのみ春は霞みて

三連　哀し・慰む
【心情語】
（場所‥岸近くの宿）
【＋イメージ語句】
・岸近き宿にのぼりつ
・草枕しばし慰む
【－イメージ語句】
・浅間も見えず
・歌哀し
・いざよふ波
・濁り酒濁れる飲みて
・暮れ行けば
暮れ

【誰】遊子＝旅人　旅人の群（いくつか）一急ぎぬ〈目的の地がある〉
【この作品の主題は何だと思いますか】
　無目的な漂泊者の悲哀

や「浅間も見えず」という心情語やイメージ語句からマイナスイメージだと考えた学習者に意見を表明させた。その後、季節は冬から春へと変わり、宿でくつろぎの時間を過ごすというプラスの状況にありながらも、語り手はなぜ暗く、晴れない心境に置かれているのかを推し量っていった。

　このように導入段階においては、指導者が大きく関与して、絡み合った伝え合いとはどのようなものか、読みが深まっていくとはどういうことなのかに気づかせ、少しずつ話し合いに慣れさせていった。

●7月　詩「二十億光年の孤独」——群読

```
━━━━━━━━━━【学習指導過程】━━━━━━━━━━
第1次　音読、個の読みプリントの記入【個の読みの表出】
第2次　グループの読みプリントの完成【小集団における読みの伝え合い】
　　　　──── バズセッション
第3次　1、群読ビデオの視聴【活動の最終形態の確認】
　　　　2、グループ台本づくり【小集団における読みの伝え合い】
　　　　──── バズセッション
　　　　3、グループ練習【小集団における読みの伝え合い】
　　　　4、群読発表会【全体における読みの伝え合い】── 群読
　　　　［評価表の観点］○声の響き　○表現の工夫　○読みと表現
　　　　　　　　　　　　○班の協力度　○班へのコメント
```

▼ 伝え合う学習（音声言語）——群読

　1学期の終わりには、読みの違いを声によって表現し、言葉の響きを味わう群読を行った。簡易ディベートという鋭く対立した緊張感のある伝え合いの後に、みんなで声を出して作り合う開放的な読みの伝え合いを行い、「話し合いに慣れる」段階を終えたのである。

　また、群読に至るまでの過程も、単に群読の準備期間というだけではなく、群読の仕方をめぐる伝え合いの場だと言える。群読に向けて学習者は、個々の読みを出し合い、その根拠を伝え合い、読みの広がりを確認し合う。

学習者は「先生が解説するだけで終わるのではなくて、〈中略〉群読してみたりできたので、いろいろな方向から作者の心情を知れたので良かった」と、群読を通して多様な読みを伝え合い、認め合えたことを授業の感想に記している。

● 夏季課題　懸賞論文への応募
　▼ 伝え合う学習（文字言語）──自己の力を試す
　夏季休暇前になると、いろいろな懸賞論文の募集がある。その中から次の五つを選び、応募させた。

A	エネルギー小論文コンクール	1600～2000字 (財)省エネルギーセンター
B	これからのエネルギー・原子力を考える	2400字 日本原子力文化振興財団
C	地球にやさしい作文・活動報告コンテスト	1200字 読売新聞社
D	「キレる」中高生考	4000～6000字 桃山学院大学
E	学生「夢の旅」作文コンクール	2000～3200字 毎日新聞社

　これだけのまとまった分量の論文を書くのは初めての経験であると思われる。しかし、それに挑戦させることによって、この時点における自己の力を確かめさせようと考えた。そして、2年次に懸賞論文に応募するときに、1年次を振り返り、自己の力の伸長が実感できるように願った。また、五つのうち三つ「環境問題」に関係する懸賞論文を選んだ。これは2学期主題単元「人と自然」の学びに、これらの懸賞論文を書くことが生かされると考えたからである。

▼ 補い、整理する学習 ──情報収集の実践

　まとまった分量の論文を書くには、参考資料となるものを調べ、読む必要に迫られる。4月の図書館利用ガイダンス、「羅生門」における「学校図書館への誘い」を受け、「情報収集を実践」する機会になることを期待した。また、インターネットを活用した情報収集については、2年生において指導する。段階を踏んで情報収集の方法を理解させようとした。

2　1年生2学期の実践

　1年生の2学期は「人と自然」というテーマの主題単元を設定した。表3-1のように、環境問題はアニミズム的な発想に立って解決すべきだという教材と、科学技術の力によって解決すべきだという教材を読んで、マイクロディベートによって考えを深めさせた。教材の内容を「吟味」する

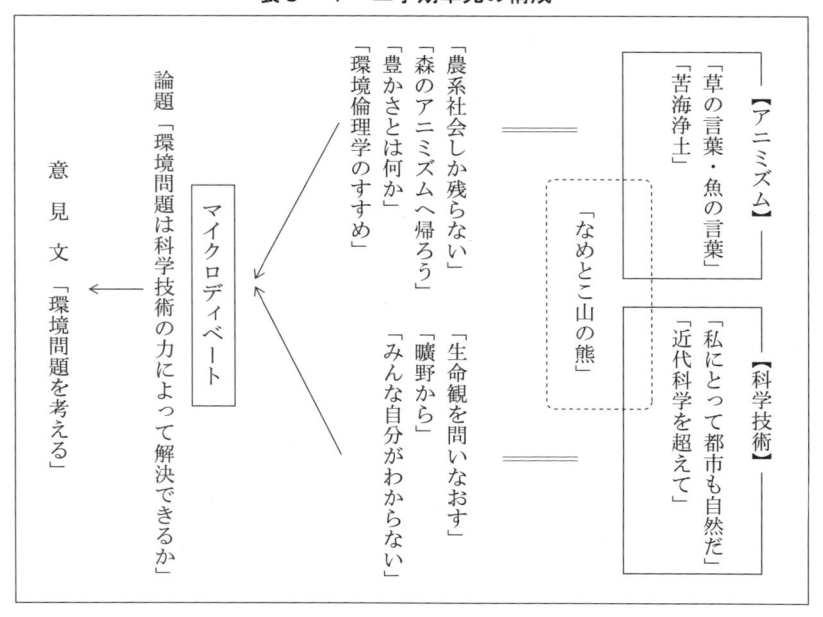

表3-1　二学期単元の構成

【アニミズム】		
「草の言葉・魚の言葉」「苦海浄土」	→	「農系社会しか残らない」「森のアニミズムへ帰ろう」「豊かさとは何か」「環境倫理学のすすめ」
「なめとこ山の熊」		↓ マイクロディベート 論題「環境問題は科学技術の力によって解決できるか」 → 意見文「環境問題を考える」
【科学技術】		
「私にとって都市も自然だ」「近代科学を超えて」	→	「生命観を問いなおす」「曠野から」「みんな自分がわからない」

姿勢と、そこから新たな情報を生み出すきっかけをつかませようとしたのである。また、深まった考えは意見文にまとめて交流して、互いの成長を確かめ合った。

9月、10月に評論文（「草の言葉・魚の言葉」「苦海浄土」／「私にとって都市も自然だ」「近代科学を超えて」）を併せ読みさせて、対立する主張を「吟味」させた後、11月には、小説「なめとこ山の熊」を用いて「人と自然」との関係について考えさせた。なお、「私にとって都市も自然だ」においては、要約の学習を行い、「主張を支える例と論拠」「キーワード」「キーセンテンス」について学ばせた。

● 11月　小説「なめとこ山の熊」──バズセッション・新聞作り

┌───────【学習指導過程】───────┐
第1次　通読、初読の感想と課題の表出
第2次　個による課題の解決
　　　　小集団における課題の解決───── バズセッション
第3次　課題の読みを盛り込んだ 新聞作り
第4次　新聞による課題の交流（新聞大賞の選定）

▼ 生み出す学習 ──吟味する

「なめとこ山の熊」の学習は、学習者が学習課題を設定し、個→小集団→全体と読みを伝え合うことによって深めていく課題探求型によって行った。

小集団で検討した課題の読みは新聞の形にして[1]全体の場で伝え合うことにした。例えば、次に示したある班の新聞記事には、学習課題『『おお、小十郎おまえを殺すつもりはなかった』と言ったとき、熊はどのような気持ちだったのか」に対する読みが、傍線部に書き込まれている。「殺すつもりのない相手を殺してしまった後悔」という学習者の読みが虚構を交えて楽しく表現されている。このように新聞記事の形にして学習課題の読みを伝え合った。

今日未明、岩手県（なめとこ山）猟師殺害事件で指名手配されていた熊容疑者が、食糧不足のため、なめとこ山付近のコンビニエンスストアーで牛乳を買っているところを警察に取り押さえられ、署に連行された。取り調べをしたところ、「オラ、やってねえだ。」としか言わず、警官がカツ丼を出して母親の声のテープを流すと、<u>「オラがやったんだ。でも、あれは事故だ。殺すふりをしただけだ」</u>と言ったきり、何も話さなくなった。それからしばらくすると、容疑者は煙草をくわえ、不機嫌そうに　帰っていった。近いうちに再度取り調べを行う予定。

「なめとこ山の熊」における主な登場人物は、「小十郎」「荒物屋」「熊たち」（「小十郎が射止めた熊」「母子の熊」「二年の猶予を要求した熊」「小十郎を殺した熊」）である。学習者から出された課題から、これらの人物像や人物関係、作品の全体像が浮かび上がる課題を選択し、配列した。資料３－４はその一覧である[2]。

▼ 伝え合う学習（音声言語） ──バズセッション
　新聞は次の手順を踏み、班で相談しながら作成した。
　　①新聞の内容を決める。
　　②割り付けを決める。
　　③担当の記事を書く。
　　④個々が書いた記事の内容を班員で検討する。
　　⑤新聞としてまとめ、発行する。
　記事の内容検討をはじめ、割り付け、表現方法など、「こうすればもっとよくなる」「この工夫が楽しい」などと班員全員で話し合い、互いの良さや改善点を伝え合った。次の新聞による伝え合いを成功させるためのバズセッションである。

▼ 伝え合う学習（文字言語） ──様々な文章形態を知る
　新聞を作るにあたって、資料３－５を用いて新聞には様々な記事があることを知らせ、それぞれの特質を理解させた。例えば、「事件記事」は５Ｗ

資料3-4

```
◆学習課題
  【形象】課題一　小十郎の人物像を探る
            ○外見　○家族構成　○経済状況
          課題二　荒物屋の主人の人物像を探る

  【構造】課題三　荒物屋の主人と小十郎との関係を探る
          課題四　小十郎と熊との関係を探る
            ①【小十郎が射止めた熊】
              ○「やい。この次には熊なんぞに生まれるなよ」とい
                う言葉は、小十郎のどのような気持ちから発せられ
                たのか。
              ○「自分もぐんなりしたふうで」という姿には小十郎
                のどのような気持ちがうかがえるか。
            ②【母子の熊】
              ○小十郎は母子の熊をなぜ撃たなかったのか。
            ③【二年の猶予を要求した熊】
              ○小十郎はなぜ、二年の猶予を許したのか。
              ○「う、うとせつなそうにうなっ」たのはなぜか。
              ○二年後になって、なぜ自ら死んで小十郎の前に現れ
                たのか。
  【主題】  ④【小十郎を殺した熊】
              ○「おお、小十郎おまえを殺すつもりはなかった」と
                言ったとき、熊はどのような気持ちだったのか。
              ○「熊ども許せよ」と言ったとき、小十郎はどのよう
                な気持ちだったのか。
              ○小十郎の死体の周りにいたのは何だろうか。そのも
                のたちの気持ちは？
          課題五　宮沢賢治は何を訴えたかったか

  【表現】課題六　この作品における表現
```

資料3-5

```
◆新聞作りを通して様々な文章形態を知る
○事件記事……報告文（5W1Hを押さえた客観的な文章）
              ・事件の経過（フィクションが入っていてもよい）
              ・解説（課題についての読みを盛り込んでいく）
              ・インタビュー形式の取材記事
                 （例：熊や荒物屋へのインタビュー）
              ・人物紹介（例：絵を描く。家系図に表す）
○社　　説……論説文（主張と論拠）
              （例）なぜ切れない？荒物屋と小十郎との関係
○コラム……随想（引用や体験を交えて、肩の力を抜いて自分の考えを述べる）
              （例）表現法、作者、他の作品について
○広　　告………一語で言い当てたキャッチコピー
○四コママンガ……起承転結の構成
```

１Hが書き込まれ、客観的に書かれた報告文であること、また、事件の背景やその意味といった解説記事が添えられることがあること、「社説」は新聞の主張を正面から述べるものであり、十分練られた論理的な文章でなければならないこと、などを説明した。

そのうえで、学習課題の内容に応じた記事を書くように指示した。つまり、主題に関わるような重い課題の読みは社説に、表現法や作者についてといった軽い内容の課題はコラムにという具合に変化をもたせるのである。この新聞づくりを通して、学習者は目的に応じた文章形態があることや、「様々な文章の書き方」を学んでいった。

次に示したのは、ある班の新聞の事件記事である。５Ｗ１Hが最初に示されていることがわかる。また、（　）の部分は、班員が記事を訂正した部分である。どのようにすればより伝わりやすくなるのかを互いに検討し、校正を行い、伝え合う〈技能〉を高めている様子がうかがえる。

　　「二年間の空白」
　　　　二年前に予告
　　　　　死因は毒キノコか
　八月十三日、淵沢氏の家の前で一頭の熊が死んでいるのが発見された。その日(当日)は風が激しく、他殺の可能性はきわめて薄く(い。)捜査にあたっている警部によると、死因は毒キノコによるものらしい。熊捕りの名人の淵沢小十郎氏が熊を発見したのは十三日の朝。風が激しいので(ため)外に出たときである。熊に外傷はなく、自殺であることは確定しそうである。驚くべきことに淵沢氏は、二年前にこの熊と遭遇していたらしい。さらにその時、二年間殺すのを待つようにその熊に言われて(懇願されて)いたらしい(もよう)。
　二年の間、熊が何をしていたのかは不明。しかし、捜査本部の意見では、子育ての可能性が高いとして調べを続けている。〈略〉
　　　　　　　　　　　　　　　　　　　　　　　　（霊界通信社）

このようにしてできあがった資料３−６のような各班の新聞は、クラス全体で読み合い、良い点、質問や改善点などを伝え合った。その後、次の評価項目によって新聞大賞を選定した。

資料3-6

```
┌───────〈新聞大賞評価項目〉───────┐
│ ○各課題が新聞記事に盛り込まれていたか。          │
│ ○記事にあった書き方がされていたか。            │
│ ○見やすいレイアウトであったか。              │
│ ○楽しいオリジナリティあふれる内容だったか。        │
│ ○(    )班へのコメント                │
└─────────────────────────┘
```

● 12月　評論・マイクロディベート

　12月には2学期のテーマ「人と自然」のまとめとしてマイクロディベートを行った。論題は「環境問題は科学技術の力によって解決できるか」である。

　▼ 補い、整理する学習 ──情報の収集と整理の方法

　既習の教材だけではなく、さらに次のような対立する内容の評論文を与えた。それらから論拠を抜き出して情報収集を行わせた後、図3－2のようにして論拠となるものを付箋紙に書き込み、ＫＪ法的な手法により整理させた。

対立
「農系社会しか残らない」（内藤正明）
「森のアニミズムへ帰ろう」（梅原猛）
「豊かさとは何か」（暉峻淑子）
「環境倫理学のすすめ」（加藤尚武）
　　　　　　↕
「近代科学を超えて」（村上陽一郎）
「生命観を問いなおす」（森岡正博）
「みんな自分がわからない」（ビートたけし）
「曠野から」（川田順造）

図3-2 学習者の論理構築プリントの一部（ブレインストーミング・KJ法）

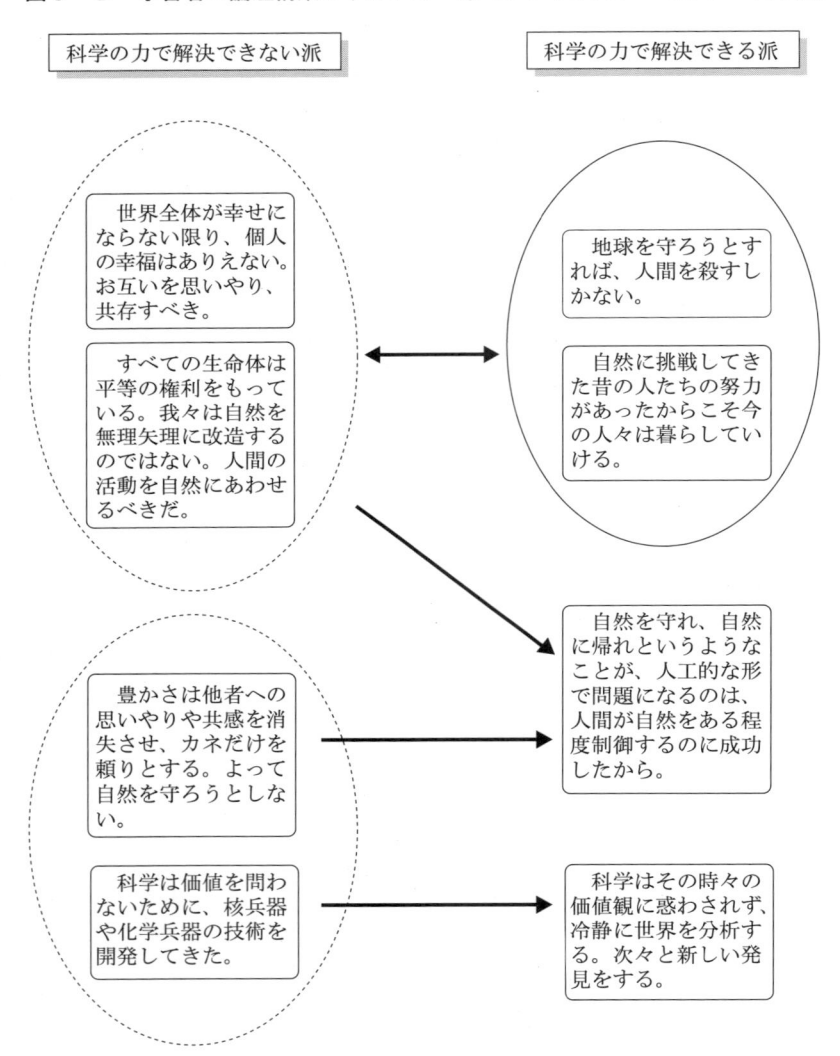

【科学の力で解決できない派】

- 世界全体が幸せにならない限り、個人の幸福はありえない。お互いを思いやり、共存すべき。
- すべての生命体は平等の権利をもっている。我々は自然を無理矢理に改造するのではない。人間の活動を自然にあわせるべきだ。

- 豊かさは他者への思いやりや共感を消失させ、カネだけを頼りとする。よって自然を守ろうとしない。
- 科学は価値を問わないために、核兵器や化学兵器の技術を開発してきた。

【科学の力で解決できる派】

- 地球を守ろうとすれば、人間を殺すしかない。
- 自然に挑戦してきた昔の人たちの努力があったからこそ今の人々は暮らしていける。

- 自然を守れ、自然に帰れというようなことが、人工的な形で問題になるのは、人間が自然をある程度制御するのに成功したから。
- 科学はその時々の価値観に惑わされず、冷静に世界を分析する。次々と新しい発見をする。

▼ 伝え合う学習（音声言語）──立場を変えて話し合う

マイクロディベートは3人ディベートとも呼ばれ、右図のように、3人の学習者が肯定側、否定側、審判と三つの立場を交替して話し合う。3人で行うため、1対1の焦点化した伝え合いができる。また、1人の学習者が三つの立場を経験するため、二つの対立を止揚した、豊かな考えを生み出せる。物事の多面性に気づき、他者理解の姿勢を育むことができるのである。

多くの文献の中から論拠となるものを抜き出し、関連づけ、整理したものを携えて学習者はマイクロディベートを行う。マイクロディベートは指導者の指名ではなく、正式なフォーマットのもと学習者が主体的に話し合う点において、1学期に行った簡易ディベートより本格的なディベートに近づいた形だと言えよう。

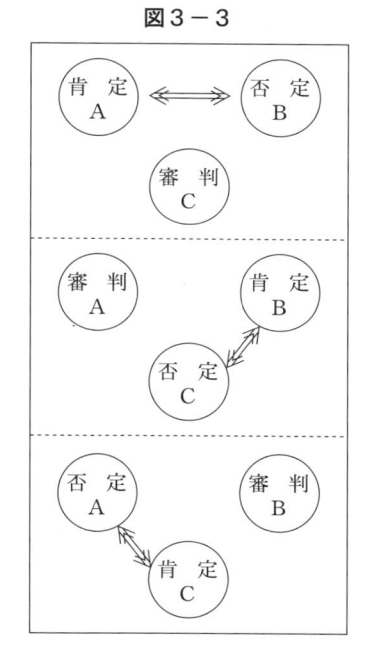

図3-3

● 冬季課題　研究レポート

2学期に学んだ「なめとこ山の熊」に関連させて、冬季課題に宮沢賢治に関する研究レポートを課した。冬季休暇という比較的余裕のある時期を利用して、情報を収集、整理して、まとまった量の文章を書かせようとしたのである。

▼ 伝え合う学習（文字言語）──レポートの書き方

レポート作成に際して、まずテーマ設定の四つの方向性を示した。

> 【テーマ設定の方向性】
> a、宮沢賢治の作品を深く探る（一つの作品に関する複数の論文の内容を比較し、自分なりの意見をまとめる等）
> b、宮沢賢治という作家について（作家と作品との関わり等）
> c、宮沢賢治の作品群を読む
> 　　　　（複数作品をいくつかのテーマに分類する等）
> d、宮沢賢治の表現を分析する（比喩、色彩表現等）

　そして、「テーマ設定の方法」「テーマ分析の方法」「文章構成の方法」「引用、参考文献の示し方」など、レポート作成の要領を、プリント（資料３－７）を用いて解説した。

　また、提出されたレポートの中から優秀なもの数編と、良いレポートの条件（①参考文献をうまく利用している　②オリジナルな結論が導き出せている　③テーマの設定から考察、結論へ一本の筋が通っている）を載せたプリントを配布して、自己のレポートと比較させて、振り返る場を与えた。

　なお、これらレポートの中から、２年生１学期に行う「永訣の朝」の授業に関連するものを取っておいた。それを「永訣の朝」の授業において、発表用レジュメとして加工して、学習者にプレゼンテーションさせた。

▼ 補い、整理する学習 ——情報の収集と整理の実践

　このレポート課題と同時に、資料３－８のように図書館報に「近隣の図書館を歩く」という特集記事を組み、学習者が図書館へ足を運ぶ意欲を高めようとした。

　完成したレポートは、図書館などで十分な情報収集を行ったうえで作成されており、参考文献として挙げられたものは平均２冊以上、なかには７冊を超える者もいた。

　このように〈生み出し〉〈補い、整理する〉という〈伝える〉内容を豊かにする学習は、〈伝え合う〉力を高めるための基礎学習になっている。〈伝える〉内容が豊かでなければ、豊かな〈伝え合い〉はできないのである。

資料3－7

【レポート作成の要領】
① テーマ設定の方法
　市町村の図書館において「宮澤賢治」で検索したり、大きな書店に足を運びます。また、インターネットで検索しても多くの関連図書が見つかります。その中から、ガイドブック的な要素の強い本を選び、どのようなテーマを設定するのか決めることが最初の大切な作業となります。
　　（例）テーマ「宮澤賢治作品における風の役割について」

② テーマ分析の方法
　次は自分の探求するテーマを意識して、できるだけ多くの賢治作品や論文を読みます。そして、そこから見えてきたものを自分なりに整理、分析します。
　　（例）分析「『風の又三郎』における風は…」「『注文の多い料理店』における風は…」「『狼森と笊森、盗森』における風は…」「『○○』における風は…」

③ 文章構成の方法
　多くの作品や資料を読んで、自分なりの結論を導き出せたら、次はそれをどのような順序で、どのように読み手に伝えていくのか、レポートの「構成」、「小見出し」を考え、「題名」を決めます。

```
┄ ☆「構成」の基本パターン ┄
　Ⅰ、表題・クラス、出席番号、氏名
　Ⅱ、序論―テーマ設定の動機、理由
　Ⅲ、本論―テーマについての考察、分析
　Ⅳ、結論―テーマについての結論、まとめ
　Ⅴ、参考文献一覧
```

　　（例）結論「賢治作品における風は次のような役割を果たしている。……」

④ 引用、参考文献の示し方
　原稿用紙5枚（2000字）程度、横書き。原稿用紙に各自表紙をつけ、「自分の設定したテーマ」「クラス」「番号」「名前」を書きます。最後に、レポート作成のうえで参考にした「著者名」、「書名、論文名」、「出版社」を次の要領で書きます。
　　（例）続橋達雄『宮沢賢治・童話の軌跡』（桜風社）
　　　　　天沢退二郎『宮澤賢治の彼方へ』（筑摩書房）

資料3-8

3　1年生3学期の実践

　1年生の3学期には、短歌・俳句の読みをプレゼンテーションによって伝え合い、豊かにする。その内容と小説「城の崎にて」を併せ読みして、自分にとって「生と死」のもつ意味を考えスピーチをする。1学期の導入、2学期の基礎段階を経て、3学期は短歌、俳句、小説といった情報をもとにして新たな意味世界を作り上げ、発信していく応用段階に入る。

　次のような教材を用いて、プレゼンテーション、スピーチ、リライト大賞の選定、短歌創作と多くの伝え合いの場を設定した。

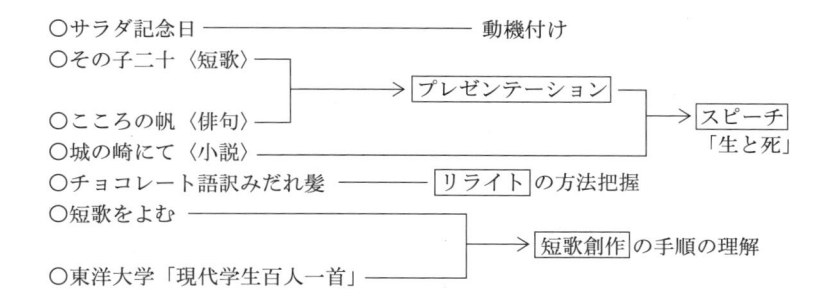

```
○サラダ記念日 ──────────── 動機付け
○その子二十〈短歌〉─┐
                    ├─→ プレゼンテーション ─→ スピーチ
○こころの帆〈俳句〉─┤                          「生と死」
○城の崎にて〈小説〉─┘
○チョコレート語訳みだれ髪 ──── リライト の方法把握
○短歌をよむ ────────┐
                    ├─→ 短歌創作 の手順の理解
○東洋大学「現代学生百人一首」─┘
```

● 1月　短歌・俳句──プレゼンテーション・短歌創作

▼ 伝え合う学習（音声言語） ── プレゼンテーション

　次の①〜⑤のように、プレゼンテーションに至るまでには、個人で生み出した短歌、俳句の解釈をグループで伝え合い、それをもとに発表用レジュメを作成し、プレゼンテーションするという過程を踏む。

　　①個によるすべての短歌・俳句の解釈（個）
　　②グループ発表希望の調査
　　③グループ担当の歌・句について個別レジュメ作成（個）
　　④個別レジュメを交流してグループ発表用レジュメ作成（小集団）
　　⑤プレゼンテーション（全体）

　資料3－9は、短歌「隣室に書よむ子らの声聞けば心に沁みて生きたかりけり」に関する、あるグループのプレゼンテーション資料の概略である。また、資料3－10は、そのプレゼンテーションをもとに、「書読む子とは誰なのか」「声とはどのようなものなのかを」をめぐって伝え合い、深め合っている様子である。

▼ 伝え合う学習（文字言語） ── 短歌創作

　プレゼンテーションにより俳句・短歌の読みを伝え合った後は、学習者が自己の思いを短歌にして伝え合う学習を行う。図3－4は、ある学習者の短歌創作の過程である[3]。このようにして作った短歌を、グループにおいて読み合い、一押し作品を選んで、その推薦文を考える。そして、個々

第3章　伝え合う力を高める高校1年生の学習指導の実際　77

の生徒作品とグループの推薦作品を一覧にしてクラスで交流する。伝え合うことにより言葉に敏感になり、表現を磨く姿勢を身につけさせていくのである。

資料3－9

短歌「隣室に書よむ子らの声聞けば心に沁みて生きたかりけり」

【発表内容の概略】
　歌意解釈
　　病院で死しか考えることのできなかった作者であるが、隣室で病気と闘いながら、今度学校へ戻ったときに、授業に遅れをとらないようにと教科書を読んで勉強し、生きようとしている子どもたちの声がする。それを聞き、心をうたれて生きたいと思った。声が部屋の壁を越え、作者と子供達の立場の壁を越えた。

　語句読み
　・書……教科書

　表現上の特色をとらえる
　　「隣室」は部屋の壁という意味と、作者と子供の立場を分ける壁という意味の二つを表している。「書よむ子ら」から輝かしい子供の生命力が感じられる

　鑑　賞
　　作者は小学校の教員をつとめていたため、教える立場にいた。しかし、逆に子供達から生きる希望をうけとめる立場にいる。

資料3-10　質疑応答

※（発学）は発表班の学習者。（質学）は発表班以外の学習者。（指）は指導者。

「書読む子」とは誰なのかをめぐる討論

(質学)　今の発表を聞いていると、「子」というのは、自分と関係のない子どもというように解釈していたと思うんですが、私たちの班では「子」は自分の子どもか孫というように受け取りました。なぜ、そのように解釈したのですか。

(発学)　作者が小学校の教員をしていたと知ったのと、「書」という言葉があるからです。

(質学)　「書」を辞書で引くと「①書物　②手紙　③学問、特に文学」となっていました。だから教科書だととる必要はないと思います。

(発学)　でも小学校の先生をしていたのだから、「子」はそのほうがいいのではないですか。それに病院の「隣室」というと自分の子どもがいるのは、おかしいと思います。

(質学)　別に病院ととる必要はないと思います。この時代は自分の家にいて闘病生活をすることが普通だと思うので、「子」は自分の子どもだと解釈しました。他人の子どもが元気にしているから生きたいと思うか、自分の子どもが元気にしているから生きたいと思うか、どちらが強いかを考えると、自分の子どもだと思います。

「声」とはどのような声なのかをめぐる討論

(指)　「子」が自分の子どもだとするといくつくらいの子どもでしょうね。幼稚園くらいの子どもだと思う人。はい。小学校くらいだと思う人。中学校。高校。うん、小さい子どもだというイメージが強いようですね。実は、高校生くらいの子どもだったらしいんです。どちらが生きたいと思うだろうね。やっぱり小さい子どもかな？
じゃあね。高校生くらいの子どもだとしたら、この「声」というのは、どんな本を読んでいる声だと思う。

(発学)　勉強をしていて、漢文か何かの教科書を声を出して読んでいる「声」だと思います。

(質学)　英語の教科書を音読している。

(指)　この「声」の大きさはどの程度の大きさなんだろうね。

(質学)　元気な「声」を出していると思います。

(発学)　私もしっかりと勉強しようとする元気な「声」だと思います。それを聞いて自分も頑張ろうとしたんだと思います。

(質発)　私は逆で小さな「声」だったと思います。隣でもうすぐ死を迎える父のことを気遣いながら本を読んでいる方がいいと思います。

(質発)　私も同じで、父を気遣う気持ちを感じたからこそ、よけいにこんな良い子どもともっと一緒に生活をしたいと感じたのだと思います。

図3－4　個別創作（三首）

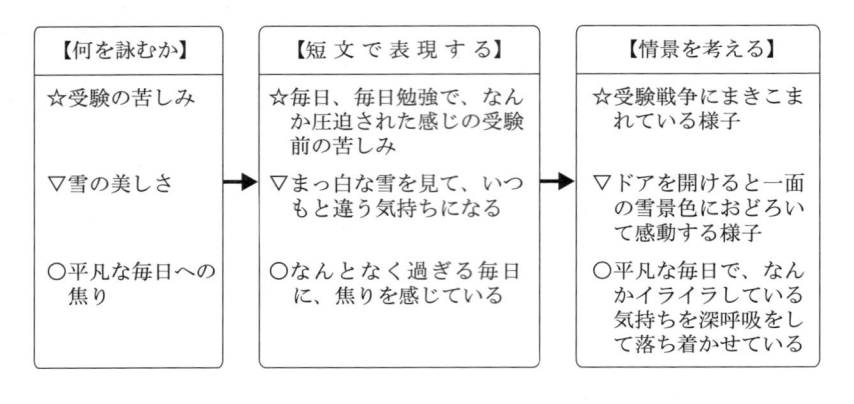

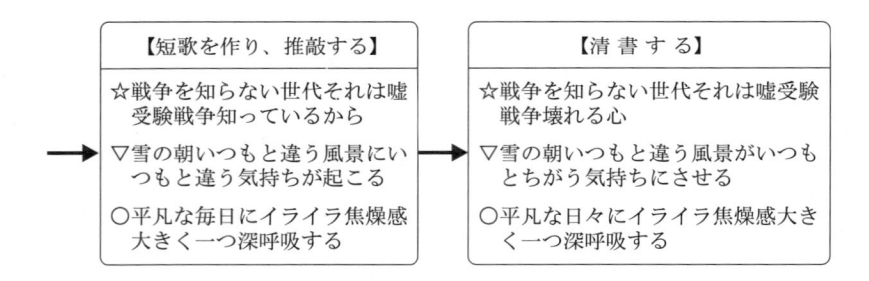

【何を詠むか】	【短文で表現する】	【情景を考える】
☆受験の苦しみ	☆毎日、毎日勉強で、なんか圧迫された感じの受験前の苦しみ	☆受験戦争にまきこまれている様子
▽雪の美しさ	▽まっ白な雪を見て、いつもと違う気持ちになる	▽ドアを開けると一面の雪景色におどろいて感動する様子
○平凡な毎日への焦り	○なんとなく過ぎる毎日に、焦りを感じている	○平凡な毎日で、なんかイライラしている気持ちを深呼吸をして落ち着かせている

【短歌を作り、推敲する】	【清書する】
☆戦争を知らない世代それは嘘受験戦争知っているから	☆戦争を知らない世代それは嘘受験戦争壊れる心
▽雪の朝いつもと違う風景にいつもと違う気持ちが起こる	▽雪の朝いつもと違う風景がいつもとちがう気持ちにさせる
○平凡な毎日にイライラ焦燥感大きく一つ深呼吸する	○平凡な日々にイライラ焦燥感大きく一つ深呼吸する

● 2月　スピーチ

▼ 伝え合う学習（音声言語）

　生と死を素材とした短歌・俳句に続いて小説「城の崎にて」を学んだ学習者は、3学期のまとめとして「生と死」という題でスピーチを行った。個々が書いたスピーチ原稿を持ち寄り、グループで読み合い、一番良い原稿を書いた者がグループ代表者に選ばれる。そして、その原稿をどのように音声表現すれば、みんなに思いが伝わるのかについて話し合った。音声表現と文字表現の違いを意識するのである。

　3学期のまとめにスピーチを行ったのは、この後に行う本格的なディベートを支える次の技能を身につけさせる目的がある。

○時間を意識しながら一人で話す力。
○根拠（併せ読みの内容）をふまえて主張する力。
○伝わり方を工夫してみんなの前で話す力。

　このような学習の積み重ねによって、〈生み出す〉〈補い、整理する〉〈伝え合う〉〈見つめる〉と様々な力をつけた学習者は３月の全校読書会に臨む。

●３月　全校読書会（ディベート）
　１年生にとって３月に行われる全校読書会は、１年間の高校の学習指導を経た活動であり、伝え合いを重視した１年間の国語科学習指導の到達点を示していると言えよう。この全校読書会の記録を通して、学習者がどのような言葉の使い手に成長したのかをＡさんを中心に考察する。
　全校読書会は、全校生を対象に図書部主催で実施される本格的なディベート大会である。次のような約３ヶ月の準備期間を経て行われる。

【１月】
　①作品のあらすじ掲示、作品希望及び立場選択のアンケート実施
　②作品、立場、グループ分け、班長、担当教員の発表
　③作品の通読
　④班長会議――ディベートについての説明
【２月】
　⑤予備集会
　　・各係（司会者、記録者、タイムキーパー）の決定
　　・ディベートの概略、論理構築の方法の説明
　⑥論理構築の開始
【３月】
　⑦全校読書会――各教室　50分×２作品

【ディベートのフォーマット】
〈立　　論〉　肯定側　２分
　　　　　　　否定側　２分
〈作戦タイム〉　　　　２分
〈反対尋問〉　否定側　３分
　　　　　　　肯定側　３分
〈論　　戦〉　　　　15分
〈作戦タイム〉　　　　２分
〈最終弁論〉　否定側　２分
　　　　　　　肯定側　２分
〈判　　定〉

また、作品および論題は以下のとおりである。

```
┌──【作品および論題一覧】────────────────┐
│【一年生用】              │【二年生用】
│・『注文の多い料理店』（宮沢賢治）│・『うたかたの記』（森鴎外）
│　「山猫は自然の化身である」　　│　「ロオレライの絵は完成したか」
│                         │
│・『山椒魚』（井伏鱒二）　　　　│・『沈黙』（遠藤周作）
│　「作品改稿前と改稿後とで、どちら│　「ロドリゴは棄教すべきである」
│　が良いか」              │
│                         │・『生命観を問いなおす』（森岡正博）
│・『李陵』（中島敦）         │　「環境保護と産業開発の両立は可能で
│　「李陵は強い人間か、弱い人間か」│　ある」
│                         │
│・『夕鶴』（木下順二）       │・『法の中の子どもたち』（後藤弘子）
│　「つうと与ひょうは別れて当然である」│　「少年法は改正すべきである」
│                         │
│・『伊豆の踊り子』（川端康成）  │・『教育改革〜共生時代の学校づくり〜』
│　「わたしと踊り子の関係は恋愛関係│　　　　　　　　　　（藤田英典）
│　と言える」              │　「学校週５日制は是である」
│                         │
│                         │・『新ゴーマニズム宣言―戦争論―』
│                         │　　　　　　　　　（小林よしのり）
│                         │　「著者の主張は是である」
└─────────────────────────┘
```

▼ |生み出す学習|・|補い、整理する学習|

　図３－５はディベートマッチに備えた論理構築の一部である。自説側の論拠を考え、他説側の論拠を予測して付箋紙に記入し、それをＫＪ法的手法により整理している。

　二重線で囲まれた読みはＡさん一人が考えた論拠、一重線で囲まれたのが他の班員が一人で考えた論拠、そして点線で囲まれたのが互いに話し合うことにより生み出された論拠である。このようにしてＡさんはグループで伝え合い、話し合うことによって、一人で生み出した意見を〈補い、整理〉して、ディベートマッチに臨む。

図3-5 「注文の多い料理店」論理構築の一部

（※丸数字はディベートマッチの発言に対応している）

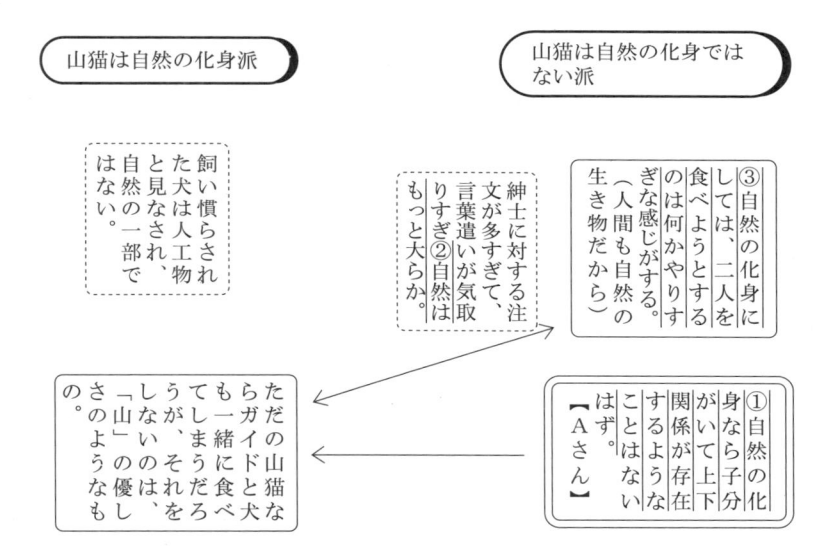

【山猫は自然の化身派】　　　【山猫は自然の化身ではない派】

飼い慣らされた犬は人工物で、自然の一部とは見なされない。

紳士に対する注文が多すぎて、言葉遣いが気取りすぎ②自然はもっと大らかか。

③自然の化身にしては、二人を食べようとするのは何かやりすぎな感じがする。（人間も自然の生き物だから）

「山猫とガイドの犬がそろえば食べろ」というのはさながら一緒に、優しいもののようなもの。

①自然の化身なら子分において上下関係が存在するようなことはないはず。【Aさん】

▼ 伝え合う学習（音声言語）

次は、「注文の多い料理店」ディベートマッチの記録の一部である。

【非自然（Ａさん）】
　そちらは、さきほど、山猫が犬やガイドを一緒に食べないのは、山猫がただの本能で行動する動物ではないからだとおっしゃいましたが、だったら、山猫が子分に偉そうにするのはなぜですか。①<u>自然に上下関係があるというのはおかしいような気がします。</u>②<u>自然はもっと大らかなものだと思うのですが……。</u>

【非自然】
　それに料理の名前は「サラド」「フライ」だし、店の名前が英語で書いてあります。しかも、近代化を取り入れた西洋料理店であるのも自然であるならおかしいと思います。

【自　然】
　山猫が人間と同じ上下関係をつくったり、西洋かぶれだったりするのは、人間の世界を皮肉っているからだと思います。

【非自然（Ａさん）】
　③皮肉る程度ならいいと思うんですが、二人を食べようとまでしています。二人は狩りに来て、実際に何もしていないのに少し③ひどいと思います。
【自　　然】
　それは二人が自然を大切にしない、西洋文化を軽々しく取り入れようとするものだからです。実際、みのぼうしをかぶり、団子を買うような猟師は、騒動には巻き込まれていません。

　Ａさんは自分一人で考えた「自然に上下関係があるのはおかしい（①）」という考えに、グループで考えた「自然はもっと大らか（②）」という論拠を取り込みながら発言している。それに対して相手から「人間世界を皮肉っている」という反論があるが、「皮肉には程度がひどすぎる（③）」と他の班員が考えた意見を用いて再度反論している。
　このように、Ａさんは考えを〈生み出し〉〈補い、整理〉して、自分の声でしっかりと〈伝え合う〉力を身につけていると言える。このような伝え合いができるようになるまでには、これまでに示した４月からの系統的、総合的な学習指導計画にもとづく学びの積み重ねがあったのである。

　４　１年間の学びの振り返り

　１年間にわたる伝え合う力を高める学習指導を、学習者はどのように捉えたのであろうか。学びの振り返りによって考察する。

▼ 生み出す力

　　私が一番興味をもった授業の内容は二学期にやった「人と自然」との関係のところです。私はそれまで環境問題とか自然保護とか騒がれている世の中では、そういうことを述べている評論しかないと思っていましたが、別の見方もできることを知ってすごく興味がわいて楽しかったです。
　　　　　　　　　　　　　　　　　　　　　　　　　　（Ｋさん）

Kさんは2学期に行ったマイクロディベートにおいて、多くの教材を併せ読みして「吟味」することを経験した。この学習から情報を「受容」するだけではなく、既存のものの見方を相対化して、違った視点から見つめる姿勢を身につけようとしている。この姿勢が、伝えられた情報から新たな意味を生み出していく力につながっていくのである。

> 　1年を通していろいろなことができてよかったと思います。群読、新聞づくり、ディベートなどです。自分が思ったこと感じたことを表現する場があってとても楽しかったです。筆者によって一つの問題についての考え方がこうも違うのかという驚きもありました。人の考えていることと、自分の考えていることの違いから新しい発見もしました。一つの文章でこうも違った考えができるとはと感心したりもしました。どれもこれもみんなの考え方を一つのプリントにまとめたりして、それについて話し合ったりしたおかげだと思いました。ありがとうございました。
> 　　　　　　　　　　　　　　　　　　　　　　　　　　（Fさん）

　Fさんは1年を通して表現する場があったことが非常に楽しかったと記している。その楽しさの内実は、互いの読みや考えを伝え合うことによって、他者と自己との差異に気づき、新たな発見ができたことにある。それはクラスメートとの伝え合いだけではなく、筆者との伝え合いにもあったと指摘している。多くの文章を「吟味」し、自分の考えを照らし合わせ、新たな考えを生み出す（「意味生成」）ことができたのである。

▼ 補い、整理する力

> 　中学校では1年に1冊しか本を読まなかった私が、強制的にではあるが1ヶ月に2回本を読むようになったし、新聞も少しは読むようになったし、日記を月に何度かだけど書くようになった。つまり、かなり自分の意見をもつことの練習ができたわけだ。
> 　　　　　　　　　　　　　　　　　　　　　　　　　　（Uさん）

　Uさんは読書カードの提出が読書の習慣をつけ、それをきっかけにして

他の〈補い、整理する〉活動も習慣化していったと述べている。そして、それが伝える中身を豊かにすることになったと自覚している。

> 班ごとに調べて発表することは中学のときはめったになかったけれど、何回もあったし、また発表するだけでなく意見をだしたりもした。
> 　　　　　　　　　　　　　　　　　　　　　　　　　　　　　　　　　　　　(U君)

〈補い、整理する〉方法を理解していても、実践する場がなければそれを活かすことができない。「なめとこ山の熊」の新聞作り、宮沢賢治レポート、短歌・俳句のプレゼンテーションといった調べ、発表する場があったことをU君は指摘している。このような場において、〈補い、整理する〉方法を活用してその力をつけることができたと思われる。

▼ 伝え合う力

> 　次に気づいたことは、班で話し合うという作業でした。この作業を通して、自分はなんて独りよがりな読みをしているんだろうと痛感しました。他の人の意見を聞き、読みを深めていくことの大切さを知りました。
> 　　　　　　　　　　　　　　　　　　　　　　　　　　　　　　　　　　　　(M君)

M君は伝え合うことにより自己の位置を知り、自己の読みが独りよがりであることに気づいた。そして、自己の成長のためには他者の意見を認めること、つまり協調的な姿勢が不可欠であることを認識している。

> 　まず、高校と中学での大きな違いは、文章一つ一つの読み込み方だった。中学ではわかりにくい所は先生がすぐに解説してくれていたので、自分で深く考えることはあまりできなかった。でも、ここでの授業では友達との話し合いや発表で、自分では考えもしない発想を知ることができた。
> 　　　　　　　　　　　　　　　　　　　　　　　　　　　　　　　　　　　　(N君)

高校の授業は教師主導ではなく、友達同士が伝え合い、高め合う授業であったとN君は指摘している。講義式の授業では学習者が主体的にものを

考え、それを伝え合うことは難しい。伝え合う場のある授業において、N君は多面的な理解の仕方を学び、新たな発想を手に入れることができたと記している。

▼ 見つめる力

> 自分の意見をもつことはとても大事だし、自分と違った意見を取り入れ、また、<u>自分の考えを見つめていくことは楽しかった</u>です。　（T君）

> クラスのみんなが持っているさまざまな意見を聞いて、レベルの高さも感じました。それらを聞いたことによって、<u>私の現代文に対する思考の幅も広がった</u>と思うし、現代文が好きになれたと思います。　（Aさん）

　学習者は〈生み出す〉〈補い、整理する〉〈伝え合う〉力の高まりを自覚したのであるが、それだけではない。T君は上記のように、伝え合うことによって他者の視点に立ち、自己を〈見つめ〉ていく姿勢を身につけている。また、Aさんは伝え合い、他者と関わることによって、自己を〈見つめ〉、自己の位置を知り、思考の幅を広げることができるようになったと記している。このように学習者は伝え合うことによって自己を〈見つめ〉、自立した言葉の使い手へと成長しつつあると自覚している。
　入学当初、学習者は自己の思いが伝わらないことの「はがゆさ」、「もどかしさ」を口にしていた。しかし、これらの感想に見られるように、1年間の伝え合いを重視した学習指導において、伝え合おう、分かり合おうとする経験を繰り返し、伝え合う力を高め、自立した豊かな言葉の使い手へと成長するきっかけをつかんだと言えるであろう。

第2節　学びの実際——単元「人と自然」を中心に

　本節においては、2学期の主題単元「人と自然」に焦点をしぼり、一人の学習者（M子）が、伝え合うことによってどのように学びを深めていったのかを考察する。これは「経験されたカリキュラム」を明らかにすることになる。本実践も1998（平成10）年度のものである。
　先述したように、2学期は「人と自然」に関連する多くの教材を読んで、伝え合う内容を〈生み出し〉、〈補い、整理して〉、マイクロディベートによって〈伝え合った〉。そして、深まった考えは意見文にまとめて交流し、自己や他者の言葉を〈見つめた〉。この過程において、学習者の環境問題に関する認識がどのように変容していったのかを明らかにする。

1　人間中心主義から脱人間中心主義へ

　次に示したのは、M子が単元最初の教材「草の言葉・魚の言葉」を学んだ後に書いた文章と、本単元の終わりに書いた意見文「環境問題を考える」である。

◆単元最初の教材を学んだときの考え
　私は人間のエゴを利用して、自然と共存していくのがいいと思う。自然を破壊すると、人間にも害があるのをしつこく説明して、自然を守ることがよりよく生きる道だと理解させて、自分達のために、また、よりよく生きるために、自然を大切にしていくようにすればいいと思う。

◆単元すべての学習を終えたときの考え
　〈略〉地球を守ろうとか環境破壊を止めようとか、それは地球のためでも環境のためでもなく、自分たち人間のために言っているようにしか聞こえません。そんな人間中心主義の考え方を持っている限り、科学がいくら発達しても、どんなにすごい技術を開発してもダメな気がします。自然の大

> きなサイクルから見ると、人間こそが悪です。人間がいなければ地球は真っ青できれいなままだったんだと思います。〈中略〉一日も早く私たちの生活を自然のサイクルに合わせていかないと私たちの未来はないでしょう。

　M子は最初、「自分達のために」環境問題を解決しなければならないと啓蒙する必要性を感じていた。そこには、「人間のエゴを利用」しなければ、環境問題の解決はないという悲観的な見方が支配していた。しかし、単元の終わりに書いた意見文では、最初の考えを大きく覆した。「人間のために」環境問題を解決しようとする姿勢は、「人間中心主義」であると批判して、自然のサイクルに人間の生活を合わせていかなければならないと述べたのである。この大きな変化はどのようにして生じたのであろうか。

2　人と自然との理想的関係（小十郎と熊）の把握

　次にあげたのは、M子の「なめとこ山の熊」の初読感想である。

◆「なめとこ山の熊」初読の感想

> 　小十郎の熊への愛情、そして熊の小十郎への愛情がとてもよく伝わってきた。だから、生活のために熊を殺す小十郎の辛さもよくわかった。また、その熊の毛皮をたった二円で買う旦那が憎らしかった。<u>小十郎は熊に殺されてしまったけど、最後まで熊を憎まず、むしろ熊たちに謝って死んでいった。熊もまた、最後まで小十郎を憎まなかった。</u>そこに私はとても感動し、悲しい気持ちになった。〈略〉

　M子は、小十郎と熊とが殺し殺される関係にありながらも、互いに憎み合うことのない姿に「とても感動し、悲しい気持ち」になったと記している。「なめとこ山の熊」との出会いが、単元最初のM子の悲観的な考えを変えるきっかけになったと思われる。
　初発の感想を書いたM子は、次に学習課題について考え、班で話し合い、

読みを深めていく。下に掲げたのは、M子が右記の課題四(小十郎と熊との関係)について話し合い、その読みを新聞記事の中に盛り込んでまとめたものである。

【課題四】…小十郎と熊との関係
○「おお、小十郎おまえを殺すつもりはなかった」と言ったとき、熊はどのような気持ちだったのか。
○「熊ども許せよ」と言ったとき、小十郎はどのような気持ちだったのか。
○小十郎の死体の周りにいたのは何だろうか。そのものたちの気持ちは?

◆M子の書いた新聞記事

　大正十六年、一月二十日未明、白沢のあたりで小十郎が熊に殺害された。本紙では容疑者の熊にインタビューすることができた。熊は少し元気のない様子で、こう語った。「おれは殺すつもりなんてなかった。おれたちはみんな、小十郎が好きだった。小十郎はおれたちを一番よく理解していてくれたんだ。憎んでいないものを殺してしまった。悲しい……。辛い……。(①)」それっきり熊は黙ってしまった。
　また、本紙独自の取材で二つの情報を得ることができた。一つは熊に殺されるとき小十郎は「熊ども、許せよ」と言ったらしい。この言葉は、今まで熊を殺してきたことに対する謝罪の意味が含まれている(②)。そして、殺されたから熊を憎むのではなく、むしろ、もう熊を殺さなくてすむのでホッとした(③)気持ちが表れている。二つ目の情報は、小十郎の死体のまわりに黒い大きなものがいたというものだ。それはおそらく熊たちだと思われる。小十郎に最期の別れを言い、みんなで死体を見守っていたものと考えられる。どの熊も寂しい気持ちだったに違いない(④)。

　小十郎と熊はその生命を維持していくために、憎みもしない相手を殺さなくてはならなかった(①)。また、他の生のために自己の生を犠牲にする試練も引き受けなければならなかった(②)。そこには命を賭けた闘いの厳しさがある。小十郎も熊も生きることの尊さを知っているが故に、生きるものを殺すことの罪深さを知っている(③)。そのせつなさと悲しみとを引き受け、心に刻みながら生きていこうとする者たちだけにわかりあえる世界がある(④)。課題四について考えていくなかで、このような小十郎と熊との関係をM子は把握した。

3　人と自然との理想的関係（小十郎と熊）を壊すものの発見

　各班が作成した新聞を全体の場において交流して、それについて意見を伝え合った。次に示したのはある班の新聞記事をめぐる質疑応答の一部である。根拠を挙げてしっかりとした伝え合いが行われている。

◆八班新聞記事「荒物屋の主人の人物像」をめぐる伝え合い

　　　　　　　　　　　※（質）は質問者、（応）は新聞作製班の班員を表す。
（質）八班の新聞の「主人の人物像」という欄に、「でも反面、小十郎の熊の皮をいらないのに買ってくれるのは、やさしい。」とありますが、荒物屋の主人には「やさしい」面はないと私たちの班では考えました。
（応）でも、必要がないのに小十郎のことを思って安い値段だけど熊の皮を買ってやっているし、お膳も出してやっています。
（質）それは何か策略のような感じがします。
（応）どうしてですか？
（質）二円で熊の皮を買うと本当に安いので、膳を出してやっても十分儲けはあります。安くで買っておいて、小十郎に膳を出してやって他の荒物屋へ行かないような人間関係をわざと作っているような気がします。
（応）でも、話し相手のいない小十郎にとっては、こうして荒物屋の主人とお酒を飲みながら話をするのがほんの些細な贅沢だし、楽しい時間なんだと思います。そんな気分にさせてくれる荒物屋は優しいと思います。
（質）それが、本当の優しさならいいのだけど、善意ではないから、いやらしい男だと思います。それは、教科書にもあるように小十郎が店へやってくると、「また来たかというようにうす笑っている」とあります。また策略に乗りに来たというような感じの笑いです。そして、まずは熊の皮を買い渋っておいて、小十郎がいくらでもいいから買ってくれと頼むと、しめたという感じで「にかにか」笑ってしまうのをそっと隠して二円を渡します。そして、そんな安い値でも小十郎がうれしそうに受け取るのを見て、主人は今回も作戦がうまくいったと機嫌がよくなります。そして、いつものように酒を振る舞い、人間関係を作っておいて、次も自分の店へ来るようにし向けようとしています。だから、優しいなどという面は全くなく、腹黒い、金儲け主義の人間だと思います。

この「荒物屋の主人の人物像」をめぐる話し合いを聞いて、M子は課題プリントの読みを次のように訂正した。小十郎は「主人のずるがしこさを知ってはいるが」という部分を消去したのである。

◆課題三「荒物屋の主人と小十郎との関係を探る」の読みの変化
　　荒物屋の主人が小十郎よりかなり上の立場に立っている。小十郎は~~主人のずるがしこさを知ってはいるが~~、ほかの人へは売らない。なぜか情けなくペコペコしている。お酒とかがもらえるからだろうか。小十郎は家族を養うために、安い値をわかっていても主人に売る。主人もそれを知っていて無理と安い値段にする。

　小十郎が荒物屋の主人をずるがしこい奴と思いながら訪れているのか、そうでないのかで、二人の関係はまったく違った様相を見せる。小十郎が荒物屋のずるがしこさを自覚しつつもつき合っていたならば、それは何か特別な利点があるからだとしか考えられない。M子は最初それを、酒を振る舞ってもらえるからだと捉えていた。
　しかし、話し合いを聞いたM子は「主人のずるがしこさを知って」いるという部分を消去する。小十郎は荒物屋のずるがしこさを、意識せずに熊を売りに行っていると考えるようになるのである。M子は「荒物屋の主人の人物像」をめぐる話し合いを通して、生きるためにしかたがなく動物を殺す小十郎と、自分の利益や欲のために純粋な小十郎を食いものにし、多くの動物を殺させる荒物屋という対照的な印象を鮮明に抱いたことがわかる。
　「なめとこ山の熊」の読み深めを終えたM子は、友人の初読感想の中から気になるものを選び、次のような意見を書いた。

◆M子が「なめとこ山の熊」学習後に友人の初読感想に対して書いた文章
　　（友人Ⅰ）自然は漁民や農民などに負け、それらの人間は社会的にも経済的にも優位な立場にいる人間に負け〈略〉

　　（M　子）自然は漁民や農民に負けるんじゃないと思う。自然と漁民たちの間には、<u>小十郎と熊のような関係があるから、負けるというのはおかしい（①）</u>。自然と漁民たちだけの世界ならうまくいくけど、そこに<u>荒物屋の主人のような人がいるからおかしくなっていくんだ（②）</u>と思う。

　友人Ⅰが自然と人間が「勝ち負け」という関係で成り立っていると書いたことに対して、M子は「おかしい」と書き、小十郎と熊のように勝ち負けを超越した理想的な人間と自然の姿があると考える（①）。そして、この理想的な関係を壊すのが荒物屋のように商業主義に侵され、エゴイズムにもとづいて行動する人間であると捉え、彼らがいなければ世界がうまくいくと記す（②）。
　このようにM子は、人間だけが特別な存在だと考えるのではなく、他の生命に畏怖と慈しみをもって接すれば、小十郎と熊のような関係を築くことが可能になると考えた。また、そのような関係を壊そうとするのは荒物屋に象徴されるような人間の拝金主義であり、エゴイズムであると認識したのである。
　この後、M子は数多くの評論文を読み、「環境問題は科学技術の力で解決できる」という論題でマイクロディベートを行った。

４　「なめとこ山の熊」で捉えたことの一般化

　次に示したのは、M子が「環境問題は科学技術によって解決できない」という立場に立って行ったディベートマッチの一部である。これまでの学習活動の成果をふまえて、絡み合った、深まりのある伝え合いが行われている。

◆M子の否定側ディベートマッチ

※（M）はM子、（相）は肯定側の対戦相手を表す。
(相) 科学の力では環境問題は解決できないと言いましたが、人間は科学の力によって自然と闘っています。現実に地震や台風などを予知しているのは科学の力だし、科学がなければ何も人間はできません。だから環境問題も科学の力で解決するしかないのではないですか。
(M) 自然の大きなサイクルから見ると、人間がいるから環境破壊をおこしています。①人間が便利さを求めて科学を生み出し、それによって地球を破壊しているのです。
(相) そんなに科学を目の敵にするのではなく、人間も含めて地球の環境を守る方向に使えばいいと思います。
(M) 地球を守ろうとか環境破壊を止めようとか、それは地球のためでも環境のためでもなく、自分たち人間のために言っているようにしか聞こえません。そんな②人間中心主義の考え方を捨てることが必要だと思います。
(相) しかし、現実に私たちは便利な生活に慣れて生きています。それをどうすればいいと考えていますか。
(M) 自分たちの力で何もかもできると思っていることが思い上がりで、人間の力では自然は操れないということに気づき、③エゴを捨て、自分の生活を見直さないといけないと思います。
(相) じゃあ、具体的にどうすれば環境問題を解決できるんですか。
(M) 私たちの④生活を変えていくしかないと思います。今の生活を捨てろと言われれば厳しいものがあります。でもそれをしていかないと、環境破壊は止まらないと思います。

　M子は多くの評論文を読むなかで、「なめとこ山の熊」の学習で考えたことを「人と自然」との関係に一般化して捉えるようになった。科学技術は人間の欲望を満足させるものであり、科学技術を認めるということは自然に対する人間のエゴイズムを認め、自然破壊につながることになると考えた（①）。逆に、科学技術に頼りすぎず、自己の欲望を抑えることによって初めて（③④）、人間中心主義から脱し（②）、自然との共生を目指すことが可能になるという考えを確立したのである。
　2学期の最初、M子は「人間自身」が滅びないために、自然環境を保護していかねばならないという人間中心主義にもとづいた考えを記していた。

そこには、自然物に対する畏怖や慈しみという視点が欠けていた。しかし、新聞作り、マイクロディベートといった様々な伝え合いを繰り返すことによって、より広い視野から物事を見つめることができるようになった。

このように、多くの教材を読んで、伝え合う内容を〈生み出し〉、〈補い、整理して〉、それを〈伝え合う〉ことによって自己や他者の言葉を〈見つめ〉、自然と人間の関わりについて学びを育むことができたのである。

第3節　学びを育む評価——1年間の学習指導を通して

教育課程審議会答申「児童生徒の学習と教育課程の実施状況の評価の在り方について」（2000年12月4日）に、「これからの評価においては、観点別学習状況の評価を基本とした現行の評価方法を発展させ、目標に準拠した評価（いわゆる絶対評価）を一層重視するとともに、児童生徒一人一人のよい点や可能性、進歩の状況などを評価するため、個人内評価を工夫することが重要である。」と記された。これは、これからの教育評価の基本は、「目標に準拠した評価」と「個人内評価」であると明示したものであり、戦後の「相対評価」と「個人内評価」という二重構造からの転換を目指す提起であったと考えられる。

「目標に準拠した評価」を行うためには、評価規準[4]を設定して、その授業において、生徒に何を獲得させるのかを明確にしなければならない。また、自分が何ができて、何ができなかったのかを生徒に意識させることが重要になる。つまり、評価規準をもとにして、教師と生徒が学びの姿を丁寧に把握しつつ、個々の力の伸長を図っていくことが求められるのである。

本節では、評価規準をもとにして学習者をどのように評価し、学びを育み、言語能力の伸長を図っていくのかを明らかにする。

1　学習者が求める国語科授業と評価

　図3-6は、国語の授業に対する好悪感を、学習者が明確に意識するようになった時期を表している（小野高校57回生351名に対して、2002年入学時に実施したアンケート結果より）。国語の授業を好きだと感じている学習者の多くは、小学校の頃からそのような感情を抱き、嫌いだと答えた多くの学習者は小学校高学年から中学1年生にかけて嫌悪感を抱いたことがわかる。

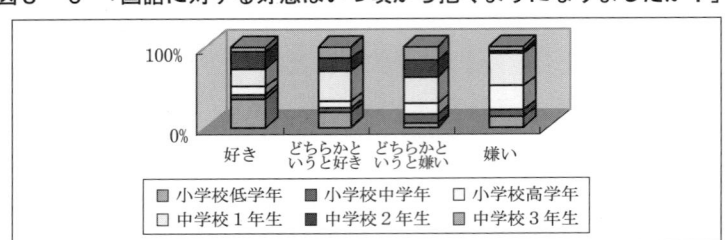

図3-6　「国語に対する好悪はいつ頃から抱くようになりましたか？」

　さらに、このような好悪を感じた理由を尋ねると、以下のようなものが多くを占めた。

【好き・どちらかというと好きと答えた理由】

　　　　　　　　　　　　　　　　　　　（好悪に変化が現れる学年の上位3つ）
　〈小学校低学年〉
　　①本を読むのが好きだった。　②音読するのが気持ちよかった。
　　③授業が楽しかった（教材の内容・議論する・気持ちを考える）。
　〈中学校1年生〉
　　①先生がおもしろかった。　②テストで点数がとれた。
　　③授業が楽しかった（教材・発表する・主題を考える）。
　〈中学校2年生〉
　　①先生がおもしろくて楽しい授業だった。　②テストの点数がよかった。
　　③登場人物の気持ちを読みとったりして、共感するようになって興味がわいてきた。
　〈中学校3年生〉
　　①先生のおかげで勉強の仕方がわかって楽しくなってきた。
　　②点数がとれるようになった。　③文章の内容を深く読めるようになった。

国語を好きな生徒は、その多くがすでに小学校低学年から好きだと感じていることがわかる。その理由は「本を読むのが好きだった」が多くを占めており、幼児期からの読書経験によるところが大きいことがわかる。また、音読など身体性を伴う学習活動に快感を感じる、授業そのものの楽しさなどが挙げられた。
　次に中学1年生、2年生に国語に好感をもつようになった生徒に注目してみると、教師をその理由として挙げる者が非常に多い。教科担任制となり教師の専門的力量やキャラクターによって国語の授業が楽しく、また理解できるようになったことを意味している。
　また中学校からは定期考査が行われ、その得点によって国語力がはかられる。テストで点数がとれることが自信となり、国語に好感を抱く大きな要因となっていることがわかる。さらに、テストの得点にこだわらず、中学3年生になると、「文章の内容を深く読めるようになった」から好きになったと言う者がいる。「読むこと」の本質に気づき、それを楽しいと感じるのは中学校という発達段階を考えると当然の結果とも言えよう。

【嫌い、どちらかという嫌いと答えた理由】
　　　　　　　　　　　　（好悪に変化が現れる学年の上位3つ）
　〈小学校高学年〉
　①本を読んだり、意見・感想を書いたり、漢字を覚えたりするのが嫌いだったりしんどかったりした。
　②テストの点数があがらなくなってきた。
　③自由に読めるはずなのに、答えがあるのに違和感を感じるようになった。
　〈中学校1年生〉
　①良い点数をとれなくなった（答えの根拠に納得できないことが多くなった）。
　②先生が嫌だった（教え方が下手・雑談が多い・授業が眠い）。
　③授業スタイルが変化した（発表の機会がない・古文や漢文を習い始めた・文章を書かされることが多くなった）。
　〈中学校2年生〉
　①勉強をしても点数がとれなくなってしまった（内容・短歌・古文・漢文・文法・説明的文章）。

②はっきり答えのないことについて質問されて、答えの根拠がわからない。
　　③発表の機会がない。自分の意見がもてない。
〈中学校3年生〉
　　①テストで点数がとれない。　　②難しくなってきた。
　　③古文の暗記とか漢字の練習がしんどかった。

　一方、国語を嫌いになるのは、小学校高学年から中学生にかけてである。その一番の理由はテストで点数がとれないということであった。それに付随して、テストの答えの根拠が納得できないと記す者もいた。これは、小学校低学年や中学年まではある程度自由な読みが許されたのに対して、高学年、中学生になり、テストが幅をきかせてくると、一つの正解を求められるようになったことが背景にある。中学2、3年生になってもその傾向は同様で、テストによる評価が国語に対する嫌悪感を抱かせていることがよくわかる。

　また、中学1年生で教科担任になり、小学校のように個々の生徒に対応したきめ細かな指導ができなくなったこと、教師の一方的な一斉授業のスタイルに嫌気がさすようになったこと、さらに、文章そのものの難易度が上がり、理解が困難になったことも国語嫌いの一因であろう。

　これらの結果より、学習者が学ぶ意欲を起こすためには、テストのみの評価からの脱却が必要であること、教師主導の画一的な授業スタイルを克服して、一人ひとりを大切にした授業が求められていることがわかる。

2　評価観の変遷と個を生かす評価

　教育評価の目的は、学習者に将来の展望を与え、一人ひとりの学びを自己形成へとつながるようにすることである。これまで行われてきたようなペーパーテストで子どもたちを値踏みし、過去に対する判定を下すことが教育評価の目的ではない。

　では、学びを豊かにし、自己形成へとつながるような評価とはどのようなものだろうか。それを探るために、これまで評価がどのように捉えられ

てきたのかを探ることにする。

　20世紀当初に教育測定運動が起こり、評価は客観性が重視されるようになった。それに伴い、子どもの理解力は客観テストで測定され、相対的に評価されるようになった。このような評価は〈値踏みとしての評価・結果としての評価＝evaluation〉と呼べよう。1930年代になると、ある一時の能力や特性を測るだけではなく、教育目標に照らして、子どもがどのように変化したのかを評価することが重要だと指摘されるようになってきた。さらに、1960年代以降には、評価は学習計画や指導計画を改善するために行うものだと考えられ、評価の機能に着目するようになった。

　1970年代に入ると、認知心理学の台頭によって、理解は知識の獲得と問題解決の過程として捉えられるようになり、測ることのできない子どもの学びの質を捉えようと試みられ始める。1990年代には、理解を個人の頭の中での情報処理の過程として考えるのではなく、学び手をとりまく環境との相互作用の中に知識の生成を見出そうとする状況的認知の考え方が広まってきた。それは、知識が個人に安定的に内在するのではなく、子どもと周りとの関係の中で発現するものとして捉える見方である。この変化は、知識伝達中心の教育から、教材と対話し、そのなかで見いだしたものを仲間と伝え合うなかに知識生成の契機をみようとする教育への転換でもあった。

　このような認知心理学の知見をもとにした教育観の変化により、評価に求められるものも大きく転換した。〈値踏みとしての評価・結果としての評価＝evaluation〉から、〈学びの過程に寄り添う評価＝assessment〉への転換であり、結果としての知識量から知識獲得過程の評価へ、個人の知識獲得から伝え合いを通した知識獲得に着目した評価への転換だと言い換えることができる。

　2002年4月から小・中学校において目標に準拠した評価(いわゆる絶対評価)[5]が採用され、様々な角度から評価の在り方が再検討されている。高等学校においては、従来から絶対評価を用いていたが、実際はペーパーテストの得点を並べて相対的に評価する傾向が強い。これは大学入試という現実を目の前にして、数量的・測定的・結果主義的な学力観が蔓延して

いるからである。
　本来、評価の目的は、学習者の過去に対する判定を下すことではなく、一人ひとりの自己形成の過程としての学びの姿を見極め、未来に展望を与えることである。さらに、学習指導の改善に資すること（指導と評価の一体化）でもある[6]。とするならば、これまでの高等学校における評価は大幅に見直し、学習者一人ひとりの良さや、可能性、進歩の状況などを積極的に評価することが求められよう。しかもそれは、評価だけを単独で改善するのではなく、学習指導のなかに評価活動を位置づけて、学習指導全般を見直す必要がある。
　堀江祐爾は、一人ひとりの個性を重視した絶対評価を行う時には、「学習者自身が自分の言葉によって『学び』を『振り返り』、それを目に見える形で記述する。その学習者の〈内なる言葉〉と評価規準という〈外なる言葉〉とを、関係づけ、評価・評定をおこなうのが指導者の役目である」と述べている[7]。つまり、評価規準の設定と学習者の振り返りが、重要な要素になると指摘しているのである。教師はそれらをもとにして、学習者の学びを長期にわたって見取り、評価して、一人ひとりの成長を促していくことが必要になる。
　そこで、筆者は評価規準を作成して年間指導計画に位置づけ、学習者が自己の言葉の学びを振り返る場を充実した学習指導を展開した。このような学習指導において、学習者が自己の言葉の学びをどのように振り返り、教師がそれをどのように見取り、支援していったのかを、以下に示す。そして、従来のペーパーテストでは見えてこなかった言葉の学びの姿から、学びを育む評価の在り方を探る。

3　言葉の学びを振り返る場を充実した学習指導

(1) 学習指導の三つの特色
　2002（平成14）年度に高校1年生を対象にして、自己の「言葉の学びを振り返る場を充実した学習指導」を展開した。その特色は次のように整理

> 1，高等学校学習指導要領及びその解説をもとにして評価規準を作成し、年間指導計画に位置づけた。
> ・評価規準をもとに、1単元に1領域（「話すこと・聞くこと」「書くこと」「読むこと」のいずれか）を重点的に評価した。
> 2，言葉の学びを振り返る場を年間指導計画に位置づけて、学びの内実をつかみ、支援した。
> ・単元の振り返り【自己評価】
>   ……井上試案評価規準をもとにして単元ごとに言葉の学びを振り返らせた。
> ・学期の振り返り【国語面談】
>   ……各学期の終わりに面談を行い[8]、学習成果物や自己評価表をもとにして学びを振り返らせ、学習者の良さや可能性を伸ばそうとした。
> ・年間を通した振り返り【蓄積評価（ポートフォリオ評価）】
>   ……1年間蓄積した学習成果物や自己評価表をもとにして学びを振り返らせ、身につけた言葉の力を確かめさせるとともに今後の展望をもたせた。
> 3，伝え合いの場を何度も設定して、他者と自己との関係に気づかせ、自己評価の妥当性を高めようとした。

することができる。

　評価規準の明示、振り返りの場の充実、伝え合いの場の設定という三つ特色をもつこの学習指導[9]は、表3−1のように整理できる。

(2) 評価規準の設定と自己評価

　表3−1の網掛け部は、各単元において特に重点的に評価する領域である。このように評価領域を焦点化して、評価が散漫になることを避けた。

　単元終了後、これらの評価規準にもとづいて、学習者に自己の学びを振り返らせた。そして、どのような力が身についたのか、またどのような点が不足していたのかを自己評価させ、次の学習に生かせるようにした。

　例えば、表3−2は「羅生門」の学習後に書かせた自己評価表の一部である。学習者は「関心・意欲・態度」「読む能力」などを、評価規準をもと

にして5段階で評価した。そしてその根拠を文章によって書き込み、目に見える形にして自己の学びの内実を振り返った。さらに、学習者はこの自己評価表をノートに貼り貯め、学期の終わりに行う国語面談や年間を通した振り返りに利用した。

　一方、教師はこれを空き時間にパソコンに打ち込んで集約し、表3－3のような個人カルテにまとめていった。そして、これをもとにして一人ひとりの学びを見取り、国語面談などに活用した。

(3) 国語面談
　表3－1の一番下に示したように、各学期の終わりに学習者全員に対して国語面談を行った。短縮期間の放課後、長期休業中の補習後を利用して、個に応じて5分から30分の面談時間を取った。学習成果物の蓄積や個人カルテをもとにして、教師と学習者が対話し、言葉の力の伸びを評価するとともに、次の学期の課題について検討した。

(4) 蓄積評価
　1年の最後には、1年間の学習成果物や自己評価表を綴じたノートをもとにして、下記の観点から学びを振り返らせた。年間を通して身につけた言葉の力を確かめるとともに、次年度への展望をもたせたのである。
　①1年間の学習を通して、特に自信をもって書けた文章やできるようになったと胸がはれることを記入しなさい。
　　　——1年で身につけた言葉の力を確かめる
　②どのような点が誇れるのかを具体的に書きなさい。
　　　——成長の自覚を具体的にもたせる
　③2年生になったら、どのような力をつけたいかを書きなさい。
　　　——今後の展望をもたせる

(5) 伝え合いの場の設定
　表3－1の下から3段目に示したように、伝え合いの場を何度も設定し

表3-1　言葉の学び

※この年間指導計画は「国語Ⅰ」の古典を除いた現代文の分野のものである。

単元テーマ	帯	期	3　学　期		
		聞くの基礎	生と死		
教材	小説「羅生門」	評論「水の東西」	「こころの帆」「サラダ記念日」「チョコレート語訳みだれ髪」	小説「城の崎にて」	
A　話すこと・聞くこと	バズセッション　話し合いに慣れる	ペア対談	バズセッション	プレゼンテーション　伝わり方を工夫して話す　スピーチ	本格ディベート
B　書くこと	・週末課題		・文章表現の基本　・原稿用紙の使い方　・文の長さ	・発表用レジュメ　工夫	・スピーチ原稿
C　読むこと	・読書カード　・週末課題　・漢字書き取り	・小説の読み方　受容（文章を正確に読む）題名、設定、色彩語、比喩、象徴、場面、表記、心象風景　他	・評論の読み方　対比、題名、具体と抽象（して自己の考えを創造する）	・主体的学習	
伝え合い	▼	▼	▼	●	▲
振り返り		●			年間を通した振り返り
国語面談					

【観点別評価規準】

○教材に用いられている修辞（色彩・比喩・場面設定）などの表現の特色をとらえて文章を読むことができた。

○場面や自然の風景などを探ることができた。人物の行動や性格、登場人物の考え方、生き方、人物相互の関係を的確に捉えることができた。

○言動について理解して、文章が書けた。原稿用紙の使い方、文章の長さ、常体や敬体などについて理解して、文章が書けた。

○結論を述べるために適切な例を用い、例と結論をうまく結び付けることができた。

○修辞（比喩・倒置・体言止め・切れ字）などの表現上の特色をとらえることができた。

○中心的な部分と付加的な部分、事実と意見を区別して、筋道立てて意見を述べたり聞いたりすることができた。

○様々な問題について根拠をもとに多面的な角度から検討し、自分の考えをもつことができた。

表3-2

『羅生門』の学習を終えて（自己評価表）

1年（　）組（　）番（　　　　　　）

★高校になって初めての教材『羅生門』が終わりました。この教材の学習目標は次のようなものでした。それぞれの力がどの程度、身に付いたかをノート、テストの結果、記憶などをもとにして5段階で自己評価しなさい。なお、その根拠も明確にすること。

［国語への関心・意欲・態度］
○文学を読むことの深さや楽しみを知ること

　　　　５　・　４　・　③　・　２　・　１
（まだ難しくて深く理解はできていないけど、羅生門がとても深みのある話であることが分かった。）

○芥川龍之介の他の作品も読もうとしている。

　　　　５　・　④　・　３　・　２　・　１
（読書はあまり好きではないけど、下人のその後の行動になぜか興味があるので地獄変などを読んでみたいと思います。）

○集中して授業に参加し、積極的に自己の考えをみんなに伝えようと努力した。

　　　　５　・　④　・　３　・　２　・　１
（授業には集中して参加していたが、自分の考えを周りの人となにか違っていることが多かったので、積極的に言えなかった。）

［読む能力］
○教材に用いられている修辞（色彩・比喩・場面設定）などの表現の特色をとらえて文章を読むことができた。

　　　　５　・　④　・　３　・　２　・　１
（最初に一度読んだだけでは何が何だかほとんど理解できなかったが、授業中での文中を細かく見ているうちにときにはいまやや薄暗い意味するか意味などまで分かることができた。）

表3-3

個人カルテ（自己評価集計表）　　1年〇組〇〇〇〇

評価規準	「羅生門」	「水の東西」
［国語への関心・意欲・態度］ 文学を読むことの深さや楽しみを知ることができた。	3（まだ難しく深く理解はできていないけど、羅生門という話がとても深みのある話であることが分かった。）	
筆者の物事に対する見方の断定に気づき、評論文を読むことに興味が広がった。		4 授業での対比をとるノートのやり方などが理解できた。
集中して授業に参加し、積極的に自己の考えをみんなに伝えるよう努力した。	3（授業には集中して参加していたが、自分の考えは周りの人とかなり違っていることが多かったので、積極的に言えなかった。）	
［読む能力］ 評論の読み方（対比読み、題名など）を具体的抽象などに即して叙述に即して文章の内容を的確にとらえること。		
教材に用いられている修辞（色彩・比喩・場面設定）などの表現の特色をとらえて文章を読むことができた。	4（最初一度読んだだけでは何が何だかほとんど理解できなかったが、授業中での文中を細かく見ているうちにやや薄暗い意味などまで分かることができた。）	
場面や自然の風景などを押さえて、登場人物の言動を探ることができた。	2（場面を読みとるのは苦手なので、その場面の作者が何を言いたいのか分からなかった。授業中でやっていくうちに少しは分かったが、難しくて完全に理解できなかった。）	4 対比などは分かりやすく理解する的確に読み方が授業でとることができると思う。

第3章　伝え合う力を高める高校1年生の学習指導の実際

て、他者との関係から自己の位置に気づかせ、自己評価の妥当性を高めようとした。この伝え合いの場は学習者相互の高め合い、磨き合いの場であることは言うまでもない。

　このような学習指導を通して、学習者が１年間にどのように変容したのかを、一人の学習者（Ａ男）に焦点をあてて考察する。

4　ある学習者の１年間の変容

(1) 高校入学時のＡ男の学びに対する振り返り

　高校入学時にＡ男は国語の学びに対してどのような印象をもっていたのだろうか。４月上旬に実施したアンケート[10]において、Ａ男は国語をどちらかというと嫌いな教科だと答え、その理由を「テストになるとどうも点がとれなくて苦手意識が強く残っています。授業では他教科の何倍もがんばってもとれなくて、とても悔しい思いが続いているからです」と書いた。また、「テストを返される日が一番国語の悪い印象です」とも記している。国語の授業に前向きに取り組もうとするものの、ペーパーテストの結果にとらわれて、国語に対して強烈な苦手意識を抱くＡ男の姿が看取できた。

(2) １年後のＡ男の学びに対する振り返り

　ペーパーテストをもとにしたＡ男の国語の評定は、１年を通してずっと５段階の「３」であった[11]。しかしながら、１年にわたり評価規準に照らして自己の言葉の学びを振り返り、学び続けたＡ男は、「この１年で最も成長したことは文章を作ることができるようになったことだと思う」「起承転結や、序論・本論・結論といった形式から考え、それに合わせて例などを用いて文章を作ることができるようになって、以前よりも苦手意識がなくなった。自信をもてるというのにはほど遠いけど、この１年間文章を書く機会も多かったので、最初に比べるとたいぶん成長できたと思う」と、１年間で身につけた言葉の力を明らかにし、自己の成長を自覚している。さらに「僕には文章を読み取る力が足りません」「だから２年生になったら、

というより春休みなども含めて時間があるときに、本を読んで文章に慣れたいです」と、現在の課題とその解決方法を考え、自分の言葉によってまとめている。

　高校入学時には国語に対する強烈な苦手意識を抱いていたＡ男であるが、１年を経過して書く力の伸びを実感し、言葉の学びに対して肯定的な評価ができるようになったのである。ここに至るまでには、Ａ男だけの学びの道筋と、それを丁寧に見取り、支援することのできる学習指導の工夫があった。これからそれを明らかにしていく。

５　学びの過程に寄り添う評価

(1) 小説「羅生門」（４月）

　高校最初の教材「羅生門」の学習目標は、小説の読み方の基本を学ばせるとともに、バズセッションを行って話し合いに慣れさせることであった。
　Ａ男はこの学習を振り返り、「最初に一度読んだだけでは、何が何だかほ

資料３－11　中間考査におけるＡ男の解答（抜粋）

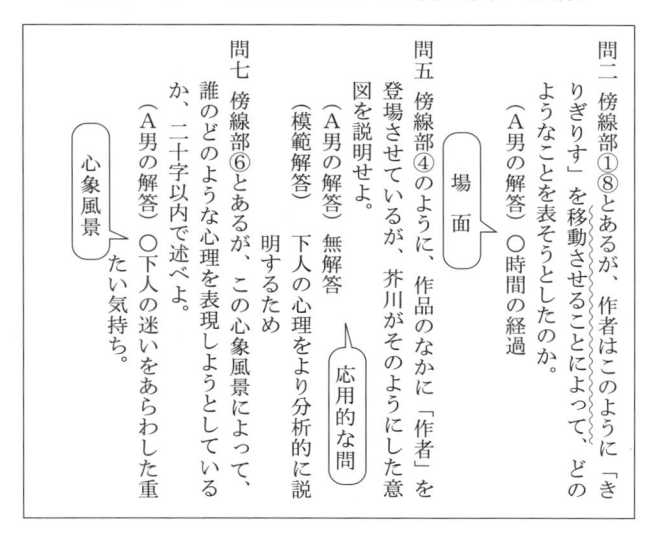

問二　傍線部⑧とあるが、作者はこのように「きりぎりす」を移動させることによって、どのようなことを表そうとしたのか。
（Ａ男の解答）〇時間の経過　【場面】

問五　傍線部④のように、作品のなかに「作者」を登場させているが、芥川がそのようにした意図を説明せよ。
（Ａ男の解答）無解答
（模範解答）下人の心理をより分析的に説明するため　【応用的な問】

問七　傍線部⑥とあるが、この心象風景によって、誰のどのような心理を表現しようとしているか、二十字以内で述べよ。
（Ａ男の解答）〇下人の迷いをあらわした重たい気持ち。　【心象風景】

とんど理解できなかった」と記述している。そして、中間考査においても、「場面」「心象風景」などという小説の基本的な読み方については正解したが、芥川龍之介が作品のなかに「作者」を登場させた意図など応用的な問には無解答の箇所が多く、得点は39点であった。

　また、下人の特色や性格について話し合うバズセッションにおいても、Ａ男は「他の人や先生の話を聞くと納得するばかりで」質問すらできなかったと振り返っている。しかも、課題プリント（資料３－12）を見ると、与えられた課題に対して、叙述に即して答えているにもかかわらず、話し合いに揺さぶられて、プリントに書いた自己の読みを訂正していた。これはＡ男の自信の無さの表れだと思えた。

資料３－12　　Ａ男の課題プリント

〈メインテーマ１〉
○サブテーマと表から下人の特色や性格を読み取る。
　（未記入）→　**子どもっぽい**

〈サブテーマ〉
①なぜ下人は老婆に対して憎悪をいだいたのか。
　~~死人から髪を抜くという許せない悪~~　→　**雰囲気・ムード**
②老婆の答えが平凡なのに失望したと書いてあるが、どのような答えを期待していたのか。
　~~もっと残酷なこたえ~~　→　**グロテスク・ホラー映画のような答え**
③小心者の男がすぐに老婆の上着をはぎ取るまでの悪人になれたのはどうしてか。
　~~老婆のろんりに納得したため~~　→　**老婆の話に納得し流される**

〈メインテーマ２〉
○にきびから手を離すのはどのような意味が込められているのか。
　~~勇気が出たから~~　→　**子どもから大人に変わる象徴**

　しかし、Ａ男は「質問することもできず正直悔しいです。もっと一杯考えて自分に足りないものを補って発表や質問がしたい」と自己評価表に記しており、学習に対する真摯な姿勢が見られた。

(2) 評論文「水の東西」(5月)
　「水の東西」の授業では、評論文の読み方の基本である対比読みと、4段落構成の文章の書き方の習得を目指した。
　A男は自己評価表に「対比をとらえて考えるということが文を理解する方法なんだと理解できた。問題集でその授業でしたことが活かせたのでよかった」と記した。しかし、4段落構成で書いた「私の文化比較論」は、常体と敬体の区別・ら抜き言葉といった「用語の使い方」の不適切な箇所や、「主題と題材の関連」の甘い所をクラスメートや教師から指摘された。A男は自己評価表に「あまりいい例ではなかった」「転句が難しいと思った。段落構成の難しさを感じた」と記し、書くことの難しさを実感した。しかしながら、教師はこの学習において他者から学んだ文章作成の観点は、後の「なめとこ山」新聞の原稿や環境に関する意見文の作成に活かされると考えた。

(3) 詩「小諸なる古城のほとり」「二十億光年の孤独」(6・7月)
　詩の授業は、簡易ディベートや群読という言語活動を通して、詩の多義性に気づかせることを目標にした。
　「小諸なる古城のほとり」の授業では、場面、心情語、イメージ語句、時間の推移といった読みの観点をもとにして、詩のイメージがプラスかマイナスかを根拠を挙げながら話し合った。A男はマイナスイメージの詩であると考えたが、その根拠をすべてで18行ある詩の中から、場面「古城のほとり」と心情語「かなしむ」の2カ所にしか求めることができなかった。授業が進行していくにつれて、否定表現の繰り返し、季節、時間の推移、「遊子」と「旅人」との違いなども根拠になると知ったA男は、「努力はしたが、深く読み取ることができなかった」「いろいろ連には意味があってなかなか読みとるのは難しかった」と振り返った。
　「二十億光年の孤独」の授業では群読を行った。群読に向けての話し合いにおいても、A男は「自分の考えは間違っているかもしれないと思って積極的に伝えることはできなかった」と自己評価表に記した。国語に対する

苦手意識を未だぬぐい去ることができないＡ男の姿が垣間見られた。
　これら簡易ディベートや群読に向けての話し合いにおいて、他者の多くの読みを聞き、詩は多面的に読むことができると気づいた経験が、3学期の短歌・俳句の学習につながることを教師は期待した。

(4) 1学期末国語面談（7月）
　1学期末の国語面談（約30分）において、Ａ男は予想どおり、「頑張ってはいるんですがペーパーテストの成績が伸びません。どうしたらいいですか」と相談をもちかけてきた。教師は個人カルテを見て、国語に対する過剰な苦手意識が伸びの邪魔をしているのではなかと考えた（個人カルテの利用）。そこで、プリントの記述やテストの答案などの具体物を指し示して（蓄積物の活用）、読むことの力がそれほど不足していないと説明し、さらに、「自信のなさから、グループなどの話し合いにおいて発言できてないのがいけない。自分の読みや考えを発言し、それに対する多くの意見を聞くことによって、読み方・考え方を学ぶことができる」と助言した（伝え合いの促し）。そして夏休みに前向きにコツコツと努力をすると必ず伸びると話し、面談を終えた。

(5) 評論文「草の言葉、魚の言葉」「私にとって都市も自然だ」
　　「近代科学を超えて」（9・10月）
　2学期は「人と自然」という主題単元を設定した。「人と自然」との関係を扱った多くの文章を比べ読みさせ、「環境問題は科学技術の力で解決できる」という論題でマイクロディベートを行わせた。
　9月には三つの評論文を比べ読みさせた。しかし、Ａ男が「内容が難しくて自分で最初読んだだけではさっぱりわからなかった」と記しているように、多くの学習者は予習段階で構成図が書けず、難解な評論文に戸惑いを見せた。そこでグループやクラスで何度も話し合いの機会をもたせ、少しずつ理解を深めさせていった。
　Ａ男はクラス全体の場では「意味不明な意見と思われると恥ずかしいか

らやめておこうと思ってしまい発言できなかった」が、「グループ内では、そこそこ発言できるようになった」と自己評価表に記している。1学期の授業を通して伝え合うことの意味に気づきかけていたＡ男が、国語面談の助言によってそれを明確にし、意識的に発言しようとし始めたのではないかと思えた。

(6) 小説「なめとこ山の熊」(10・11月)
　小説「なめとこ山の熊」の授業は、自分たちが設定した課題を、グループで話し合い、新聞にして交流する形で進めた。
　Ａ男は「なめとこ山新聞」を製作するにあたり、班長に選ばれた。これまで自分の意見に自信がもてず、みんなの前で発言することにためらいを感じていたＡ男であるが、班長になった責任感から積極的に発言し、意見をとりまとめていった。Ａ男は自己評価表に「テストなどで問われている

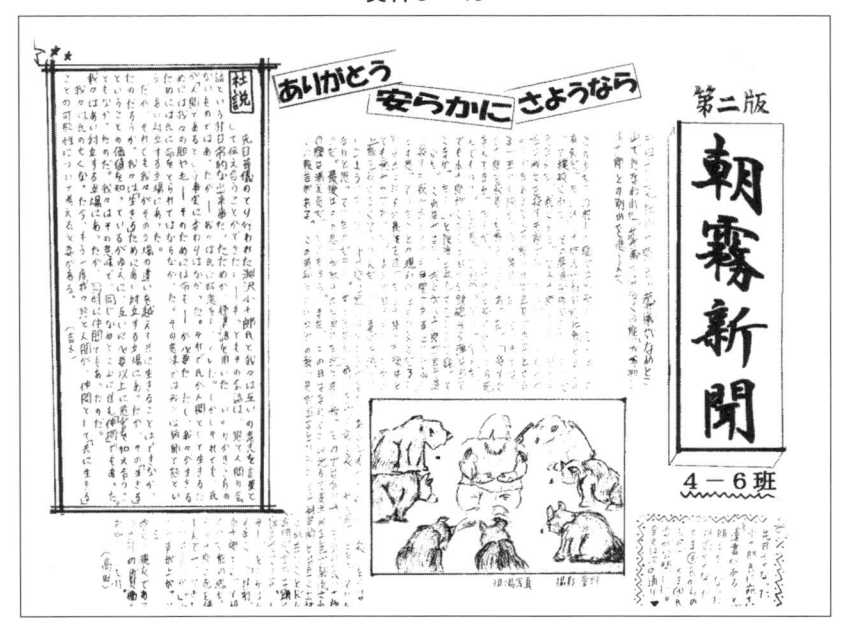

資料３－13

ことに満足に答えることができずにいたので、苦手意識をもっていたのだけど、グループで意見を出し合うということで、普段は発表とかできなくて、自分の意見が言えなかったけど、多くの意見が出せたと思う」「班員全員の意見を尊重するために、数多くの意見をまとめるのに苦労した」と記している。

　この班長としての活躍が班員に認められて、Ａ男は「なめとこ山」新聞のトップ記事を書くという重責を担うことになった。班員との相互推敲を重ねて苦労して書き上げた資料３－14のトップ記事は、クラスメートから「すごく深い読みがされていたと思う。内容が一つひとつしっかりしたものでよかった」「かなりスムーズに星の話に入っていく感じがよかった」などと認められ、Ａ男の班の新聞は準優勝した。Ａ男は「トップ記事を書くことになったけど、その中でうまく課題を入れながら書けたと思う。〈中略〉他の班は評価してくれたのでよかった」と自己評価表に記述している。これをきっかけにしてＡ男は少しずつ国語に対する苦手意識を克服していった。

資料３－14　Ａ男の書いた新聞のトップ記事の一部

　ありがとう　安らかに　さようなら

　先日亡くなった小十郎氏の葬儀が、25日なめとこ山でしめやかに行われた。葬儀には多くの熊が参列し、小十郎氏との別れを悲しんだ。

　このあたりの村人の間では熊殺しの名人として有名だった深沢小十郎氏が数日前に熊によって撲殺された。その葬儀が昨日なめとこ山で行われた。我々にとって小十郎という人間の存在は我々を殺す天敵あったはず……。にも拘わらず、なめとこ山の熊ほぼ全員にあたるとされる1500頭もの熊が集まった。そのなかには小十郎氏を殺害した熊の姿もあった。
　〈中略〉
　また、この日はなめとこ山地方で異常な星が観測されたとの報告がある。この時期に、これほどの数の星が出ることは科学的には全く立証されないと専門家たちは頭を悩ましている。しかし、どこからともなく「以前、小十郎によって殺された熊の魂たちが小十郎の死を惜しんでやってきたのではないか。」という声が上がっている。
　我々の親友である小十郎氏のご冥福をお祈りしたい。

グループやクラスで伝え合い、認め合う場が、A男に言葉の力をつけさせ、自信を与える大きなきっかけとなったと言えよう。

(7) マイクロディベート、意見文（12月）

　12月には、2学期主題単元のまとめとして、「環境問題は科学技術の力で解決できる」という論題でマイクロディベートを行い、「環境問題について考える」という意見文を書かせた。

　「なめとこ山の熊」の学習をきっかけにして、A男は以前にも増して前向きに授業に取り組んだ。A男はマイクロディベートについて、「相手から『こういう問題があるんじゃないの？』と言われて『なるほど！』と思い、自分の意見をより強くすることができてよかった」と自己評価表に振り返っている。A男は考えを伝え合い、他者の参考になる意見を、自分のなかに取り込みながら、考えを膨らませていった。その結果、A男は相手の質問に的確に答え、勝利を収めることができた。このような伝え合いの結果も

資料3-15　A男のマイクロディベート判定結果（否定側）

観　　　点	肯定側 （Mさん）	否定側 （A男）
立論の論拠がしっかりしているか。	1・3・⑤	1・3・⑤
論理に飛躍や矛盾が無かったか。	1・3・⑤	1・3・⑤
質問が鋭く、相手の弱点を突いていたか。	1・③・5	1・3・⑤
質問に対する応答が適切であったか。	①・3・5	1・③・5
全体をふまえて結論をうまくまとめていたか。	1・③・5	1・③・5
感情的になったりせず態度・話し方は適切であったか。	1・3・⑤	1・3・⑤
合　　　計	22点	㉖点

第3章　伝え合う力を高める高校1年生の学習指導の実際

たらされた一つひとつの成功体験が、Ａ男をより意欲的に学習へと向かわせた。

次にＡ男はマイクロディベートを行うことによって得た知識と、ブレインストーミング・ＫＪ法という手法を用いて、次の意見文を書いた。

───── **資料３－16　Ａ男の意見文（環境問題について考える）** ─────

|起| 環境問題とは、人間の自己中心的な考えが生んだ矛盾の塊であると思う。

|承| 誰もがこのままでは地球は必ず破滅してしまうと分かっている。そして、そうならないために、自分達ができることがあるということだって知っている。例えば、空き缶やペットボトルのリサイクルや電気・石油等の無駄遣いを最低限度にするといったことである。

|転| しかし、皆が知っていることであるが、ほとんどの人が実行していない。誰もが「自分一人がやったところで…。」とか、「こっちのほうが便利で楽だから仕方ない。」などと、思っているのだ。そのくせ、環境問題の最大の原因は、工場から出る煙や、発展途上国の急激な経済発展のせいだと口うるさく言う。

|結| 「自分さえよければいいのだ。」という人間の自己中心的な考えがあるかぎり、この矛盾を解決できないだろうし、環境問題を食い止めることなどはとうていできないだろう。

文章構成に主眼をおいた学習であったため、教師はあえてそれに焦点を絞って、「しっかりとした構成で書けていますね」と評価した。Ａ男は自己評価表に「ディベートは多くの資料を読み、重要なところを抜き出して、その抜き出したものを種類別に分け、それに題をつけ、次にそれをもとに文を書くという作業なので、〈中略〉今後小論文を書くときなどに論理構築をしながら書きたいです」と記した。文章作成上の方法を知り、構成を意識して書くことの重要性に気づいたのである。

(8) ２学期末国語面談（12月）

２学期末の国語面談（約15分）において、Ａ男は「国語の授業は楽しく、

少しずつ国語に対する苦手意識は無くなってきました。でも、テストの成績があまり変わりません」と話した。教師はＡ男が１学期の面談を活かして、積極的に発言できるようになったことを大いに評価し、「なめとこ山」新聞作りの活躍を称えた（個人カルテの利用）。そして、トップ記事、意見文を具体的に指し示しながら、書く力が確実についていることを伝えた（蓄積物の活用）。さらに、読む力はすぐに結果にでないかもしれないが、多読を心がけてあきらめず努力を続けるように助言した。

(9) 宮沢賢治レポート（冬季課題）

こうしてクラスメートや教師に認められ、書くことに対する自信を得たＡ男は、冬休みの課題「宮沢賢治レポート」に取り組んだ。

「土神ときつね」を取り上げ、そこに描かれた三角関係について考察することに決めたＡ男は、初めての本格的なレポートをやっとの思いで書き上げた。ところが、それを目にした母親は、「何が書いてあるかサッパリわからん。あんたはホンマに国語の力ないんやから」とコメントした。書くことに対する苦手意識を払拭しつつあったＡ男は、意地になって何度も何度も書き直して、資料３－１７のレポートを提出した。Ａ男が母親のコメントを無駄にせず、書き直そうとしたのは、これまでの学びを通して他者の役割、つまり伝え合い、高め合うことの意味を知っていたからではないだろうか。

―― 資料３－１７　Ａ男の書いた宮沢賢治レポートの一部 ――

『土神ときつね』を読んで、この作品に描かれた三角関係の複雑な部分、そしてなぜ樺の木なのかなどについて調べてみたいと思いました。
〈中略〉
次に三角関係の中で土神と狐は正反対で対比的に描かれていて、その正反対の二人が共通の樺の木を愛しています。これは一見全く正反対のような二人ではあるけれど、心の中は同じであることを意味しているのではないかと考えました。〈中略〉風体という点においては、土神は狐のことを羨ましがっており、狐は土神が樺の木に対して正直に接していることを羨ましがっており、お互いがお互いのよい点に憧れているのです。ところが、土神はその憧れが嫉妬となってしまい、狐を殺害してしまうという結果になっています。よほど気品のある西洋暮らしをしていると

> 思っていた狐の住んでいた穴は、暗くただ赤土が固められているいるだけで、しかも狐のレインコートの中から出てきたものは美学などの本ではなく、ただかもがやの穂が二本入っているだけでした。それを発見した土神は途方もない声で泣きました。土神は神である自分が犯したしまったことがとんでもないことに気づき後悔するのです。ましてや、自分が嫉妬心を抱いていた西洋人らしい気品のある狐というのがただの嘘つき狐であると分かり、なおさら後悔するのでした。このような点から賢治はこの物語で人間の醜さを伝えようとしたのではないかと思いました。
> 　『土神ときつね』の話は、一本の綺麗な樺の木に土神ときつねの二人の友達が好意を寄せるという恋愛話から始まりました。ところが、うそをついて樺の木に好かれようとした狐、そして樺の木に自慢気に話している狐に嫉妬して徐々に妬んでいく土神。土神は風体こそ汚れているが心はきれいな正直者、狐は風体こそ整っていて気品があるようだが、平気でうそをつく不正気なやつ。しかし、うそばかりついてしまう自分に罪悪感を感じ、本当の事を言おうと思って言えなかった狐と、自制心がなく嫉妬心で狐を殺してしまった土神を比べると、土神が正直で狐が不正直とは一概には言えません。土神は西洋人らしい格好をした狐に憧れを抱いていますが、狐も実際は西洋人らしい暮らしなどしていないことから、狐もまた西洋人らしい暮らしに憧れを持っていたと考えられます。
> 　一見、対比的に書かれたこの二人は実はとてもよく似ているのです。両者とも西洋人に憧れていたことから、賢治は西洋人に憧れるがゆえに持つ醜さを描くことで西洋を否定しているのではないかと考えるのです。

　2学期末の国語面談や個人カルテを作成する過程において、A男が書くことに対して自信をもち始めていることを把握していた教師は、A男のレポートに対して「見出しをつけていないのが唯一残念です。自分の力で精一杯一つの作品を考察している姿に好感がもてます」とコメントして「A＋」と評価した。A男は「苦労して書き上げたからこそ、この評価は本当にうれしく、書くことに対する自信がついた」と3学期の国語面談において語った。

(10) 短歌・俳句（1・2月）
　3学期は短歌・俳句についてプレゼンテーションを行わせた。

資料３−18　Ａ男の班の発表内容

（俳句）冬蜂の死にどころなく歩きけり

（季語）冬蜂　冬

（着目語）冬蜂…「冬」というので、もう命が残りわずかで死にどころなく…今死ぬわけにはいけない。

（句意）冬になって弱り果てたハチが死に場所を見つけることができないでふらふら歩いている。

（表現上の特色）自分をハチに例えて擬人的に表している。

（鑑賞）「死にどころなし」というところに、五十一歳で自分の職をクビになった作者が死にたくても死ねない、死にそこないのように自分を卑下して生きることの辛さを表す意味と、こんなところで死ぬわけにはいかないという生きることへの強い意味。

（作者）一八六五年〜一九三八年　俳人。東京都生まれ。本名は荘太郎。「ホトトギス」に俳句を投稿し、虚子に認められて同人となった。老いや死を主題にした句、小動物を対象にした句に特色がある。聴覚障害で窮迫した生活を送りながらも古武士のような風格と気根を失わなかった。

　Ａ男の班は、「冬蜂の死にどころなく歩きけり」「闘鶏の眼つむれて飼はれけり」（村上鬼城）の２句を担当した。作者の置かれた状況が動物に置き換えられていることをつかんだＡ男は、自己評価表に「ちゃんと作者の心情をとらえられていたと思う」と振り返っている。また、クラスメートから「『作者の人生を考え合わせて読み取る』『言葉の裏に隠された作者の思いを読み取る』というヒント集[12]の内容が活かされた発表でした。発表後の討論で表面上だけでなく、この俳句を本当に理解できたような気がします」とプレゼンテーションの内容を高く評価するコメントが寄せられた。

　Ａ男は自己評価表に「みんなでそれぞれ自分の意見をもって話し合ったため〈中略〉多面的に見ることができてよかった」「単純な語のなかの奥深い意味を知ることで楽しみを知った」と記し、自分の読みを伝え合い、多面的に読むことができるようになったことを評価した。入学当初は読む力に自信がもてず、クラスではもちろんグループにおいても発言できなかった

A男であるが、このように1年を経過して読むことに対して少し肯定的な評価ができるようになっている。変化の兆しが見え始めているのである[13]。

6　個性を生かした評価の在り方

　A男は単元が終わるごとに、評価規準をもとにして自己の学びを振り返り、何がどのようにできるようになり、何がどのように足りないのかを明確にした[14]。教師はこの振り返りをもとにしてA男の学びの文脈を丁寧に見取り、支援していった。また、学期ごとに行う国語面談においてもA男を励まし、助言して、成長を促した。このようにして1年が経過し、A男は自己の言葉の力の伸びを実感し、学びの意味に気づき始めたのである。このA男の変容には、クラスメートが彼の良さを認める機会が多くあったことも決して見逃すことはできないだろう[15]。つまり、伝え合いの場を何度も何度も設定することによって、A男は他者の言葉を通して自己の言葉を見つめ、言葉の力を磨くことができたのである。

　このA男の事例は、一人ひとりの個性を生かした絶対評価を行うためには、次の三つが重要な要件となることを示唆している。

> ○評価規準を明確にして、年間指導計画に位置づける。
> ○自己の言葉の学びを振り返る場を何度も設け、教師はそれを丁寧に見取っていく。
> ○伝え合いを重視した学習指導を展開する。

　筆者の前勤務校においては、ペーパーテストを主として評定を出していた。ペーパーテストの結果によっても学びの成果をはかることはできるだろうが、それは単なる数値だけで終わってしまう。個々の学びの文脈や理解・表現の質、理解・表現のわけ、関心・意欲、変化の兆しと可能性などは捨象されてしまうのである。本事例はペーパーテストだけでははかることのできないこのような面を、長期にわたって見取り、評価していくことが、一人ひとりの学びを育み、成長を促すうえでいかに重要であるかを示

している。

　秋田喜代美は、新しい教育観にもとづいた評価について、次のように述べている。

　　<u>個々の子どもの成長を見通しながら、子どものその時の理解や表現を、教師との関係性、仲間との関係性の中でとらえる評価</u>は、特定の形式に載せて行われるものではない。だが、日々の授業を評価していく時に、<u>最も必要とされていることではないだろうか</u>。こうした目でとらえてみると、一見つながりがなく断片的にとらえられた子どもの発言や行動につながりがみえてくるのではないだろうか。<u>教育における評価とは、このように教師と生徒との関わりの中で起きたできごとの編み目をつなげてとらえ省察し、ともに伝え語りかかわるいとなみであってほしいと思う</u>[16]

　つまり、教師や友人との相互作用を通して行われる知識獲得の様相に着目する評価、知識獲得の結果ではなくプロセスに着目する評価といった「真正の評価（authentic assessment）」[17]が、今求められているのである。
　高等学校においても絶対評価の趣旨を一層徹底するために、国立教育政策研究所より評価規準が示された。今後は、観点別評価が行われる可能性もある。その時、本事例のように学習者の振り返りをもとに、一人ひとりの学びを長期にわたって見取り、学びを支援することが必要になるであろう。さらに、評価方法の改善だけではなく、これまで高校において行われがちであった教師主導の一斉指導を見直し、学習者が読みや考えを伝え合い、互いの言葉を磨き合うような学習指導を展開することも同時に求められるのである。

注
(1) 国語教育においてこれまで行われてきた新聞を用いた実践としては、自分の好きな本を新聞によって紹介する「読書新聞」、古典学習のまとめを新聞で行う「古典新聞」、自分史を新聞にして表現する「自分史新聞」というようなものがある。これらは、表現力の育成という目的以外に、読書指導(「読書新聞」)、理解活動のまとめ(「古典新聞」)、自己認識を深める(「自分史新聞」)といったねらいをもっている。本実践においては、① 様々な文章形態を学ばせ、場と目的に応じた伝え合いができる力を育てる、② 楽しく課題の読みを伝え合うというねらいがある。
(2) 文学の課題探求型学習指導においては、学習者から出された課題を、どの順序で配列し、解決していくのかが重要になる。課題の選択や配列が不十分では、作品の部分的な理解にとどまったり、枝葉末節にこだわったりして、作品全体の読みが深まらない。課題は人物像を浮かび上がらせることができる課題(形象を読む)を基本とし、登場人物の関係を捉えることができる課題(構造を読む)を次に据える。最後に課題をまとめ、作品の全体像を明らかにする課題(主題を読む)を配列する。このように課題の選択と配列を行うことによって、虚構の意味世界を浮かび上がらせることができるのである。また、文学独自の表現に目を向けさせる課題(表現を読む)も忘れてはなるまい。第4章第3節を参照。
(3) 宝代地まり子「心のいやしとしての短歌指導を」(『月刊国語教育』東京法令出版、1998年5月号別冊)を参考にした。
(4) 「基準」と「規準」は、教育評価論において区別して用いられている。橋本重治によると「目標規準(criterion)-評価・解釈の規準を教育目標においたもの」「到達基準(standard)-目標規準を一層具体的に、量的・段階的に示したもので、生徒の業績を直接それに照合することができるところまで具体化されたもの」(『指導と評価』日本教育評価研究会、1983年7月臨時増刊)と区別されている。つまり、「規準」をより具体化したものが「基準」ということになろう。評価者の主観的な評価を避けるために、「基準」を設け、「規準」と区別しようとしたと考えられる。
(5) 今回の要録改定において、はじめて「絶対評価」「相対評価」「個人内評価」という教育評価観が明記された。そのうえで、「いわゆる絶対評価」とは「目標に準拠した評価」であると規定して、これを教育評価観の基本に据えた。
(6) 若き認知心理学者の会『認知心理学者 教育評価を語る』(北大路書房、1996年、pp.247-248)において、「指導と評価の一体化というのは、評価をしてそれをもとにして指導を改善するっていうふうに指導と評価を切れたものとして考

えてきたふしがありますが、むしろ、指導と評価が同時進行しているという見方をすることが大切なのではないでしょうか」という鹿毛雅治の指摘がある。
(7) 堀江祐爾「『学びと評価の一体化』をめざす国語科学習指導」『国語科教育研究』全国大学国語教育学会、2003年、p.186
(8) 筆者の前勤務校は普通科、普通科理数コース、国際経済科、商業科からなる総合制の高校である。筆者は普通科、普通科理数コース、国際経済科の3クラスの現代文を担当した。そのなかで単位数が最も多く（3単位）、標準的なクラスである普通科40名全員に5分～30分間の面談を行った。
(9) 寺西和子「豊かな学びと確かな力を育てる評価」（日本教育方法学会編『新しい学びと知の創造』図書文化、2003年、pp.104-105）に、「自らの学びを振り返り、客観的に自らの学びを位置づけとらえ返す力が要求されてこよう。つまり、狭くなりがちな自分の見方や枠組みをひらき、突き放し、広い地平に位置づけ直し、より質の高い深い学びへと発展していくように学びを常に再構築していく態度を育てることである。その一連の過程に自己評価活動は位置づけられる必要があろう。そのときに助けとなるものとして2点ある。それは友達からのアドバイスや示唆という相互評価と、振り返りの指標となる『評価基準』である。」という指摘がある。つまり、自己評価（振り返り）の力を高め、質の高い学びを保障するために、「評価基準」と「友人との相互評価（伝え合い）」が重要な役割を果たすということである。
(10) アンケートの質問事項は以下のとおりである。
　①あなたは国語という教科が好きですか
　②その好悪はいつ頃から抱くようになりましたか
　③その好悪はなぜ生じましたか
　④中学校の授業で特に印象に残っている授業はどのような授業でしたか
　⑤中学校の授業は自分にとってどのような意味があったと思いますか
(11) 筆者の前勤務校では、当時ペーパーテストの結果を中心に評定を出すという取り決めがあった。
(12) 学習者が短歌・俳句を豊かに読むための工夫を出し合い、まとめたもの。
(13) 筆者はこのあと2・3年生とA男のクラスの授業を担当することができなかった。しかし、A男は現役で公立大学（文科系）に合格した。この大学は二次試験にも国語を課している大学である。A男はセンター試験においても校内平均を大きく上回る得点を取り、二次試験でも国語が受験科目にない大学を選ぼうとはしなかった。A男は「国語という科目に正面から向かい合い、受験という壁を乗り越えることができたのは、1年生の授業があったから」と後に語ってくれた。
(14) 『教育評価』（有斐閣双書、1983年、p.184）において、梶田叡一は自己評価

の本質的な意味として、「自己の対象化」「外的客観的な視点の取入れ」「自己の各側面の分析的吟味」「自己感情の喚起・深化」「新たな努力への意欲と方向づけ」の5つの段階を掲げ、それらが順に高まっていくことが必要であると述べている。A男の成長はまさにこの段階を経ていると言えよう。

(15) 波多野誼余夫編『認知心理学5 学習と発達』(東京大学出版会、1996年、p. 46)に、「学習主体の自己認識の構成も同様に、実践共同体における共同的活動への参加形態の変化と同時に展開する。人は、自分が実践共同体のどのような位置にいるのかということを理解することを通して、自分が何者であるのかということについての理解も構築すると考えるのである。こうした自己理解の作業は直接的には仲間とのコミュニケーションや、自己の活動の成果についての評価的な反省にもとづいて行われると考えられるが、レイヴとウェンガーはそうしたものの背後にある、実践共同体の構造と学習主体の関係こそが本質的な重要性を持つと主張する」という指摘がある。A男は、クラスメートとの伝え合いとそれにもとづく自己評価によって自己認識ができたと考えられる。そしてまた、クラスという共同体とA男とが良好な関係が築かれていたことが、彼にとって何よりも重要であったと言えるのではないだろうか。

(16) 秋田喜代美「理解・表現に子どもの発達をみとる評価」若き認知心理学者の会『認知心理学者教育評価を語る』北大路書房、1996年、p. 142

(17) 真正の評価(オーセンティック評価)とは、中間テストや期末テストのように、ある期間をまとめて一つの尺度で評価することではなく、学習活動を通していろいろな角度から学習者の能力や技能を評価しようとするものである。

第4章　伝え合う力を高める高校2・3年生の学習指導の実際

第1節　高校2・3年生の学習指導の概略

　本節では、高校2・3年生において、伝え合う力を高める国語科学習指導をどのように展開したのか（実践されたカリキュラム）を1999（平成11）年度、2000（平成12）年度の実践をもとに詳述する。そして、学習者が言葉の使い手としてどのように成長したのか（経験されたカリキュラム）考察し、その有効性を確認する。

　2・3年生においても、1年生と同様に以下の四つの学習を系統的かつ総合的に組織した。

```
──────◆「伝え合う力を高める」国語科学習指導の方向性 ──────
① 補い、整理する 学習 ────── 【環境との対話】
② 伝え合う 学習　　　 ────── 【学習者との対話】
③ 見つめる 学習　　　 ────── 【教材との対話・学習者との対話】
④ 生み出す 学習　　　 ────── 【教材との対話】
```

1　2年生1学期の実践

　2年生の1学期は「自己の模索」というテーマ（主題）を設定した。学習者はこのテーマに関連する多くの教材を読み、伝え合う内容を〈生み出〉した。その後、「真の自己は存在するのか」というテーマの意見文を書き、深まった考えはバズセッションにより〈伝え合い〉、自己や他者の学びを〈見

つめ〉た。

　また、2年生1学期は1年生の学習内容を復習して、教材を正確に「受容」するとともに、書かれた内容を「吟味」する力、〈伝え合う力〉を定着させる時期と位置づけた。

●4、5月　小説「山月記」——簡易ディベート・紙上討論・往復書簡

【学習指導過程】

第1次　通読、初読感想、疑問点の表出。
第2次　李徴の人物像をつかむ。
第3次　李徴と袁傪との関係をつかむ。　　　　紙上討論
第4次　虎になった李徴の気持ちを考える。
第5次　李徴の詩の内容と運命との関連を捉える。
第6次　李徴が虎になった理由を考える。
第7次　李徴の内面の変化を捉える。
　　　　簡易ディベート——「李徴は人間に戻ることができるか」
第8次　往復書簡を書いて交流し、李徴と妻の現在の心境を考える。

▼生み出す学習——受容

　「山月記」は、「友」と「故人（とも）」といった「文字表記」に工夫が凝らされていたり、「自分」「己」「おれ」といった「呼称」が使い分けされたり、「臆病な自尊心」「尊大な羞恥心」といった「矛盾」した表現が意図的に用いられたりと、多くの技巧が縦横に張り巡らされている。このような作品を2年生の最初の段階に配置することは、1年生において学んだ読みの技法を復習し、伝え合う内容を〈生み出す〉技能を定着させるために有効である。

　次に示すのは、「呼称」の使い分けがどのように行われているのかを探っていく学習場面である。

　　　　　　　　　　　　　　※（S）は学習者、（T）は指導者を表す。
　（T）この作品では「自分」「己」「おれ」と李徴が自分を指す呼称が使い分けられています。どのような使い分けがされているかこれから検討していきます。まず、李徴が自分を指している呼称にマルをつけてください。

では、どのように使い分けられているか考えたことを言ってもらいましょう。
（S）「自分」と「おれ」の使い分けですが、時間の経過とともに、つまり李徴の中で虎の部分が人間の部分より大きくなっていくにしたがって「おれ」という呼称が頻繁に出てきているような気がします。
（T）同じような意見の人は？なるほどね。多くの人はそれに気づいたんですね。他にはないですか。
（S）似たようなことになるかもしれませんが、「おれ」という呼称が出てくるときは、李徴がかなり興奮しているような気がします。興奮しているときは何度も「おれ」「おれ」と自分のことを言っているように感じます。逆に冷静な時は「自分」という呼称を使ってある気がします。
（T）じゃ、「己」はどう？
（S）「己」は「最も情けなく。恐ろしく。憤ろしい」などという表現とともに出てきていて、自分を蔑んで使っている時に使っていると思います。

▼ 伝え合う学習（音声言語）──簡易ディベート

　1年生の6月に簡易ディベートを行い、意見の絡み合いを体験させた。2年生の最初に再び、意見がしっかり絡み合い、深まる過程を体験させようとした。論題と論題検討のための観点は、次のとおりである。

【論題】「李徴はこの後、人間に戻ることができるか」

観点
　○心の変化（自尊心、名誉欲、家族への愛、怠惰、自嘲癖は改善されたか）……〈主題探究〉
　○場面（月、夜明け）設定が象徴するもの……〈表現効果追究〉
　○「再びその姿を見なかった」において主語がすり替わっている意味……〈表現効果追究〉

　この論題検討のための観点は、〈主題探究〉や〈表現効果追究〉のための指針となる。また、簡易ディベートの場において意見の絡み合いを容易にする。
　簡易ディベートは、この三つの観点をもとにして、プリント上に「ひとりディベート」を行うことから始めた。指導者はそれを集め、資料4－1のような意見一覧表を作成した後、誰の意見に誰の意見を絡み合わせるの

資料４−１　「山月記」ひとりディベートのまとめの一部

課題 ◆ 李徴はこの後、人間に戻ることができるだろうか？

【両説の論拠を考え、ひとりディベートをしてみよう】

〇戻れない派の論拠

①心の変化

[自尊心]
a「おれは今も胸を灼かれるような悔いを感じる。」
　→まだ自分の才能を信じて、悔しがっている。
b「李徴の声は叢の中から朗々と」
　→朗々と読み上げるあたりの詩に対する自信がある。
c「偶々狂疾となり」
　→自分が虎になった理由をわかっていない。
d「当時は名声が高かった」
　→過去の栄光にしがみついている。
e 即席の詩の中で李徴は袁傪のことをうらやましく思っている。

[名誉欲]
f 自分の詩が長安風流人士の机におかれることを夢に見る。
　→隠れた欲望というのは夢に出る。
g 自分より才能のなかった者が、堂々たる詩家となったのを悔いていることから、名誉は最後まで欲しかったと思う。

[家族への愛]
h 家族のことを頼むより先に、自分の詩の伝録を袁傪に頼んでいる。
i「既に死んだと告げてほしい」
　→袁傪に頼み、家族と一緒に解決策を考えようとしない。
　→家族を信じていない。

[怠惰]
j 虎になってやっと怠惰が自分のすべてであると気づいたが、

●戻れる派の論拠

①心の変化

[自尊心]
A「才能の不足を暴露するかも〜怠惰とがおれのすべてだった」
　→自覚し、反省しているから。
B 自尊心ばかりを抱いているなら自分の欠点を見つけることはできないはずだから。

[名誉欲]
C「夢だよ。嗤ってくれ」
　→「バカなことだと思い返している。
D「当時声跡共に相高し」より今はもう名声がないことを認め、「但だ噂を成す」から、もう虎であるので名誉はいらないことを暗示している。
E 即席の詩をこの世に残そうとするのは、自分みたいな人がこれから出てきてほしくないから。

[家族への愛]
F すでに虎になりつつあった李徴は、理性を失い、周りが見えなくなっているはずなのに、家族の後のことまで袁傪に頼んでいる。
G 自分の運命を教えたくない→愛している。
H 家族に詩を伝えてもらったのは、もう自分のことで悩んで欲しくなかったから。

[怠惰]
I「刻苦をいとう怠惰とがおれの全てだったものだ」

か、指名する学習者とその順序を事前に決めた。そして、一斉授業の中で指名をもとに二つの立場から意見を絡み合わせ、模擬的なディベートを体験させたのである。

　下に示したのは論題検討のための観点「場面（月、夜明け）設定が象徴するもの」をめぐる意見の絡み合いである。

※（肯）は肯定側、（否）は　否定側を表す。

- （否）「暁角が寂しげに響き始めた」という描写から夜明けを告げているので、それは虎になる寂しさを暗示していて、虎としての出発だと言えるのではないですか。
- （肯）夜から朝になるということは、何もかもが薄らいでいくということで虎になっていくのではなく、明るい未来が待っているということで人間に戻れることを表していると思います。
- （否）ふつう夜明けを表現する場合、「陽が昇る」などの言葉を使うのに「白い光を失った月」などのマイナスイメージの言葉が使ってあることにより、作者があえてこんな表現をするのだから、この夜明けはふつうの夜明けではないと思いました。李徴の「これから」を暗示するためだと思います。
- （肯）月の「光」を李徴の陰の部分として捉えるなら、それが失われていくということは、マイナスイメージにはならないと思います。
- （否）でも、「白い光」を失う、「白い」からそれはプラスの面だと言えるし、李徴が、親友の袁傪の命を奪わずにすんだのは、月の光のおかげだと考えると、白い月の光は理性の象徴だと言えます。だから、人間の部分が残っていたのが、薄まっていくということだから、虎になったと考えた方がいいのではないですか。

　まず、夜明けという時間設定が、「虎としての出発」だと言う学習者に対して、反対に夜明けはこれまでの悪行が薄まっていくことを意味していて、「明るい未来が待っている」ことを暗示していると言う学習者を指名した。
　次に、月に注目した意見を表明させた。「白い光を失う」の「失う」という表現がマイナスのイメージがあるという意見である。それに対して、「失う」ものが李徴の陰の部分だと考えると、それは必ずしもマイナスイメージにならないという考えをもつ者を指名した。さらに「白い光」という表現に着目して、それは友を救った李徴の「人間の部分」だという意見をもっ

ている者の意見を導いた。

　このようにして、指導者が大きく関与して、一斉授業の中でディベートのような意見の絡み合いを実現させ、読みが深まっていくとはどういうことなのか、伝え合うことにはどのような意味があるのかを確認し、復習させた。1年生の「小諸なる古城のほとり」において学んだ「イメージ語句」「時間の経過」といった読みの観点が、この討論においても用いられ、復習されていることに注目したい。

▼ 伝え合う学習（文字言語）──紙上討論・往復書簡

　紙上討論という文字言語を用いた伝え合いによって、自己と他者との差異に気づく場を与えた。「山月記」を読んだ初読感想をプリントに一覧にして交流する。そのなかで自分が気になるものに対して意見を書き、その意見の絡み合いをプリント上に一覧にしてさらに交流する。そして再び、気になるものに意見を寄せて、それをまた交流する。このような形で紙上において討論を行った。

〈紙上討論の一部〉

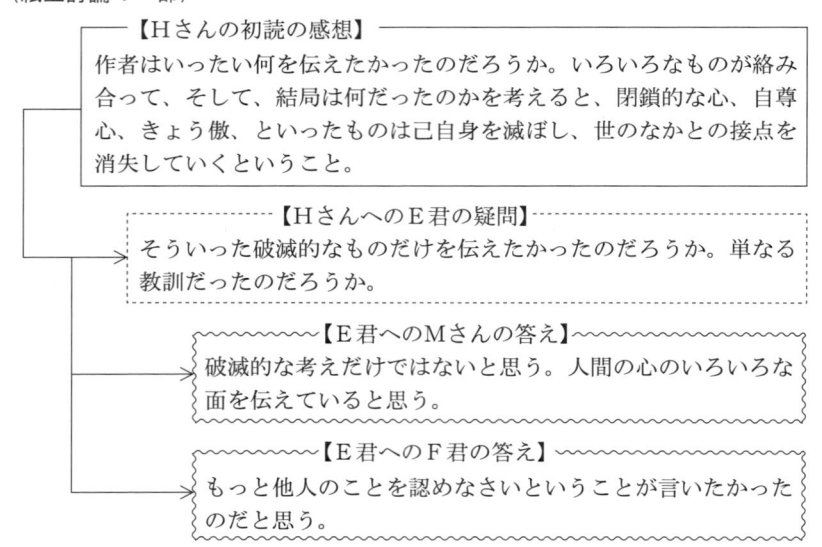

【Hさんの初読の感想】
作者はいったい何を伝えたかったのだろうか。いろいろなものが絡み合って、そして、結局は何だったのかを考えると、閉鎖的な心、自尊心、きょう傲、といったものは己自身を滅ぼし、世のなかとの接点を消失していくということ。

【HさんへのE君の疑問】
そういった破滅的なものだけを伝えたかったのだろうか。単なる教訓だったのだろうか。

【E君へのMさんの答え】
破滅的な考えだけではないと思う。人間の心のいろいろな面を伝えていると思う。

【E君へのF君の答え】
もっと他人のことを認めなさいということが言いたかったのだと思う。

伝え合う力を養うためには、互いの違いを認め、その良さを知ることが基本になる。紙上討論は、音声言語による討論よりも一度に多くの意見を知ることができるため、互いの差異に気づき、認め合うという伝え合いの基本的な姿勢や態度を養うのに適している。
　また、妻子から李徴に宛てた手紙と、それに対する李徴の返信を書かせた。妻子の視点と現在の李徴の視点から、過去の李徴の生き方を見つめさせようとしたのである。また、「前文、主文、末文、後付、副文」といった「手紙の書き方」の基本形を習得させることもねらった。
　次はＴさんの書いた妻から李徴への往信である。手紙の形式を押さえて、妻の立場から人との交わりをもとうとしなかった李徴の欠点に言及する手紙を書いている。

　　拝啓
　　　梅雨の季節になり蒸し暑い日が続いています。今あなたはどこで何をしていらしゃるのでしょうか。私は〈中略〉
　　　ところで、先日袁惨よりあなたの事情を聞いてたいへん驚いています。どうして家族である私たちにまで、虎になってしまったことを隠そうとなさるのです。私はあなたの弱い部分もわかっていながら、プライドを傷つけるのではないかとの思いから見ぬふりをしておりました。でも、一つだけ言わせてください。自分に誇りがあるのはすばらしいことです。そして、弱いところはまわりの人に支えてもらい誇りにしていくのです。きっと虎から人間にもどれるはずです。もしよければ虎のまま家に立ち寄ってください。私たちがあなたを戻せるかもしれません。
　　　　　　　　　　　　　　　　　　　　　　　　　　　　　　　　敬具
　　五月二十六日（水）　　　　　　　　　　　　　　　　　　　　　妻
　　李　徴　様

第4章　伝え合う力を高める高校2・3年生の学習指導の実際　　129

●6月　評論「『である』ことと『する』こと」——ディベート的討論

【学習指導過程】

第1次　「である」論理と「する」論理とを対比して、第1段落〜第4段落の内容を構成図にまとめる。
第2次　筆者の立場に批判的な意見を考える。
第3次　筆者を支持するグループと、支持しないグループとに分かれる。
第4次　グループ発表用構成図を作成する。
第5次　筆者対反筆者の立場で討論する。──ディベート的討論
第6次　第5、6段落の内容を構成図にまとめる。
第7次　第5、6段落で筆者が述べる日本の混乱状態と、ディベート的討論によって教室内で起こった対立、葛藤が一致することに気づく。
第8次　創作文「私の『である』ことと『する』こと」を作成する。

▼ 生み出す学習 ── 受容・吟味

学習者は1年生1学期に「水の東西」を用いて、評論文の対比的な読み方を学んでいる。2年生の初めの時期に対比構造によって書かれた評論「『である』ことと『する』こと」を用いて、対比的な読み方の復習をした。

右に示したように、プリントに「『する』の論理」と「『である』の論理」を対比して構成図を書かせ、内容を正確に「受容」させた。

次にプリントの下段に疑問点（筆者に対する批判的な考え）を書かせ、文章の内容を「吟味」させた。

【対比して書かれた構成図】

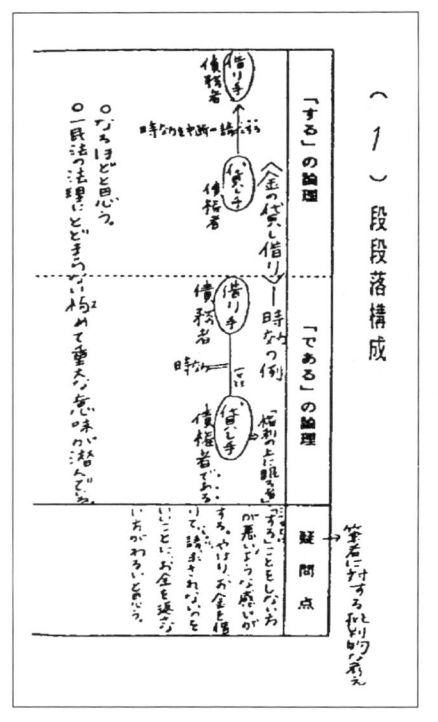

▼ 伝え合う学習（音声言語）──ディベート的討論

「する」論理に寄り添って進められている筆者の主張を、逆の立場、つまり「である」論理から批判する形で「ディベート的討論①」を行った。「ディベート的討論①」とは、次のようなものである。

---【ディベート的討論①とは】---
○チーム分けを行い、教材の段落ごとに討論を行う。
○次の二つの立場で討論する。
 ・〈筆 者 側〉教材の内容を構成図にまとめて、筆者に代わって詳しく説明する発表班
 ・〈反筆者側〉教材の内容を批判的に検討する質問・意見班
○司会進行を含め、学習者が主体的に授業を展開する。
○正式なフォーマット（立論、反対尋問……）を用いない。
○相互評価は行うが、勝敗は決めない。

チーム分けを行う点、指導者の指名ではなく学習者が主体的に進行する点において、「ディベート的討論①」は「簡易ディベート」より正式なディベートに近い形だと言えよう。筆者側は文章の内容を正確に「受容」し、筆者の主張を自分たちの言葉を用いて説明する。この言い換えによって、論理展開や例の引き方など、伝え合いの技能を習得することが可能になる。一方、反筆者側はそれを批判する力がつく。

次はディベート的討論の一部である。

　　　　　　　　　　　※（筆）は筆者側、（反）は反筆者側を表す。
（反）筆者は、金の貸し借りの場合、債権者であるということに安住して、請求することを怠ったために、時効が成立することを正しいかのように述べていますが、請求しない者が悪いのではなくて、やっぱり返さない者が悪いと思うのですが……。
（筆）筆者は働きかけることが必要であって、働きかけようとしないことが問題だというために、それを特に強調するためにこの例を挙げているのです。

第4章　伝え合う力を高める高校2・3年生の学習指導の実際　131

(反) そしたら 気の弱い債権者だったら どうするんですか 。それに相手が暴力団のような人なら働きかけようにも働きかけられません。
(筆) でも 、貸したままだとやっぱり時効になってもしかたがないと思います。
(反) でも 、借りている人は、返すことを「する」のが当たり前なので、時効という制度はおかしいと思います。

ディベート的討論①は、音声言語能力を高めるだけではない。「筆者は……のように述べていますが、……思うのですが」と言うのに対して、「筆者は……特に強調するためにこの例を挙げているのです」と返し、以下「そしたら……どうするのですか」「でも」「でも」と筆者と反筆者の立場から意見をぶつけ合っている。このように文章を「吟味」し、批判的に読む力をつける活動にもなっていることがわかるであろう。

● 7月　詩「永訣の朝」──プレゼンテーション・群読
　▼ 生み出す学習 ──受容

詩を利用して、下に示した多くの読みの技法を学ばせた。1年次に学んだものや、「山月記」において学んだものと重複するものも多い。読みの技法を身につける最後の機会とした。

○リフレーン……「(あめゆじゆとてちてけんじや)」
○表記……「(Ora Orade Shitori egumo)」
○比喩……「まがつたてつぱうだまのやうに」
○象徴……「ふたつのかけた陶椀」「あおじろく燃えている」「兜率の天の食」
○色彩語……「うすあかくいつさう陰惨な雲」「青い蓴菜のもやう」「蒼鉛いろ」「まつしろな二相系」
○対比……明るいイメージを表す言葉と暗いイメージを表す言葉
　　　　　あめとゆき

▼ 補い、整理する学習 ──音声言語と文字言語をつなぐ

　1年生の冬季課題に「宮沢賢治研究レポート」を課した。その中で「永訣の朝」に関連する内容のレポートを選び、それを下のようなレジュメにまとめさせた。レジュメはプレゼンテーション（音声表現）の副次的な資料として用いる。文字言語で書かれたものを音声言語の資料として視覚的にわかりやすくまとめる学習である。

資料4－2 【プレゼンテーション用のレジュメ】

（手書きレジュメ画像）

▼ 伝え合う学習（音声言語） ──群読

　学習者は数々の読みの技法を用いて「永訣の朝」を多様に読んだ。その一人ひとりの読みを音声言語によって表現し、響きを味わい合う活動が群読である。1年次と同様に簡易ディベート、ディベート的討論という鋭く対立する立場での緊張感のある伝え合いの後に、みんなで声を出して作り

合う開放的な読みの伝え合いの場を設定した。個々の群読台本を持ち寄り、学習者は次のようなグループ台本を完成して群読に臨んだ。群読に至る過程も大切な伝え合いの場であり、互いの読みの違いに気づく場でもある。

資料4－3 〈グループ台本〉

本　　文	音読上の工夫・その他	人数（分担）
けふのうちに とほくへいつてしまふわたくしのいもうとよ みぞれがふつておもてはへんにあかるいのだ	ゆっくり静かに哀しげに ※間はほとんどない	（男）a
（あめゆじゆとてちてけんじや）	弱く、少し苦しそう	（女）c
うすあかくいつさう陰惨な雲から みぞれはびちよびちよふつてくる	ゆっくり静かに哀しげに ※間少し有り	（男）a
（あめゆじゆとてちてけんじや）	少し強く、一生懸命な様子	（女）c
青い蓴菜のもやうのついた これらふたつのかけた陶椀に おまへがたべるあめゆきをとらうとして わたくしはまがつたてつぱうだまのやうに このくらいみぞれのなかに飛びだした	テンポが少し速くなる。 ※3拍	（男＋女） a・d
（あめゆじゆとてちてけんじや）	清らかな響き。よけいな効果はなしで、さらっと美しい妹の声	複数
蒼鉛いろの暗い雲から みぞれはびちよびちよ沈んでくる ああとし子	※2拍	（女＋女） c・e

●7月　評論「幻想の未来」――意見文・話し合い
　▼ 生み出す学習 ――吟味

　自分の中に住むもう一人の自分を扱った「山月記」。自分の中にある「である」的な面と「する」的な面に気づかされる「『である』ことと『する』こと」。大切な妹の死を受け入れようとする自分とそれを拒む自分との葛藤を描いた「永訣の朝」。これら1学期に学んだ自己の二面性を描いた教材と、「真の自己など存在しない」と主張する評論「幻想の未来」とを併せ読んで、「真の自己は存在するのか」というテーマについて考えさせた。教材の内容を「受容」するにとどまらず、その内容を「吟味」するのである。

▼ 伝え合う学習（文字言語・音声言語）──意見文・話し合い

　「真の自己は存在するのか」という意見文の作成に際しては、1年生で学んだ「文章の構成」、「主張を支える例と論拠」、「キーワード」などを復習して、わかりやすい表現をするように意識させた。この意見文をグループにおいて交流し、テーマに関する話し合いをさせた。

　次は、意見文の一例であるが、両括型の文章構成により、主張とそれを支える根拠を明確にして表現している。

☆意見文「真の自己は存在するのか」
　　僕は筆者の意見に違った方向から賛成する。
　　僕も「真の自己」はどこにも存在するとは思わないし、確定できないと思う。「これが本当の私の姿だ」と言う場合、「私のあるべき姿」「こうありたい姿」のことを指しているのだと思うからだ。
　　人間はみんな自分の「理想の姿」をそれぞれに設定し、それに少しでも自分を重ね合わそうと努力している。その結果、人間はどんどん外面も内面も成長していくだろう。だから僕はむしろ「真の自己」なんてものは確定させるべきものではないと思う。「真の自己」が良いものであれ、悪いものであれ、これだと決めてしまっては、それ以上の発展がないのではないか。「真の自己」は存在させるものではなくて、「脳裏に描き続けるもの」だと思う。
　　いずれにせよ、理想の自分はそんなにやすやすと断定してしまうものではない。断定した時点で、夢はなく、自己を発展させたくないと叫んだのと同じになってしまうと考えるからだ。

2　2年生2学期の実践

　2年生2学期は「近代と脱近代」という主題単元を設定した。次頁の表4-1のように、このテーマに関連する多くの教材を読ませ、「前近代」から「近代」へ、そして「脱近代」へという精神の流れを追い、その明暗を明らかにした。その後、「近代は我々に何をもたらしたか、我々はポストモダンをいかに生きるか」というテーマを与え、パネルディスカッションによって意見を〈伝え合〉った。深まった考えは意見文にしてまとめ、自己や他者の言葉の学びを〈見つめ〉、成長を確かめ合った。

表4-1

前近代と近代	脱近代（ポストモダン）
神からの自由→ ○人間中心主義（理性重視） ○個（自我）の尊重 ○科学技術の発達	・人間性の欠如 ・環境問題 ・科学万能主義 ・個の浮遊 ・etc
教師作成プリント「近代とは何か」 小説「こころ」（前近代、近代的生き方） 評論「遠近法の誕生」（近代概念の誕生） 評論「世間体の構造」（前近代と近代の個）	教師作成プリント「ポストモダン」 小説「任意の一点」（浮遊する個） 評論「現代の個人主義」（束縛を求める個） 評論「臨床の知とは何か」（近代科学） 評論「文化の否定性」（文化相対主義） 評論「異文化としての子ども」（子ども論） 評論「術語集」（理性と狂気） 評論「遊びの社会学」（科学の放棄したもの） 評論「病と人間の文化史」（病の意味）

パネルディスカッション
「近代は我々に何をもたらしたか。我々はポストモダンを
いかに生きるか」

↓

意見文

●9月、10月　小説「こころ」——ディベート的討論②・パネルディスカッ
　　　　　　　　　　　　　　　　　　　　　　　ション・プレゼンテーション

【学習指導過程】

第1次　課題の発見
第2次　課題の選択と配列

〈教科書掲載部分を中心とした課題の解決〉　〈作品全体に関わる課題の解決〉
第3次　課題の探求（個）　　　　　　　　　　第7次　個による課題の探求
第4次　課題の探求（小集団）　　　　　　　　第8次　個の読みの交流と続

第5次　教科書掲載部分を中心とした課題の探求（全体） 　　　　ディベート的討論② 　　　　パネルディスカッション 　　　　プレゼンテーション 第6次　個の読みの交流（全体）	編の創作（全体） 第9次　続編の交流、読後感想の創作と交流（全体）

▼ 生み出す学習 ── 受容

　学習者に文庫本をもたせ、教科書掲載部分だけでなく作品全体を視野に入れた課題探求型の学習指導を行った。学習者は自分たちが出した課題の中から、特に深く探求してみたい課題を選び、グループ単位で探めていく。これまでに習得した読みの技法を使って「自分たちの力」だけで読みを築き上げるのである。

▼ 伝え合う学習（文字言語） ── レジュメ

資料4－4

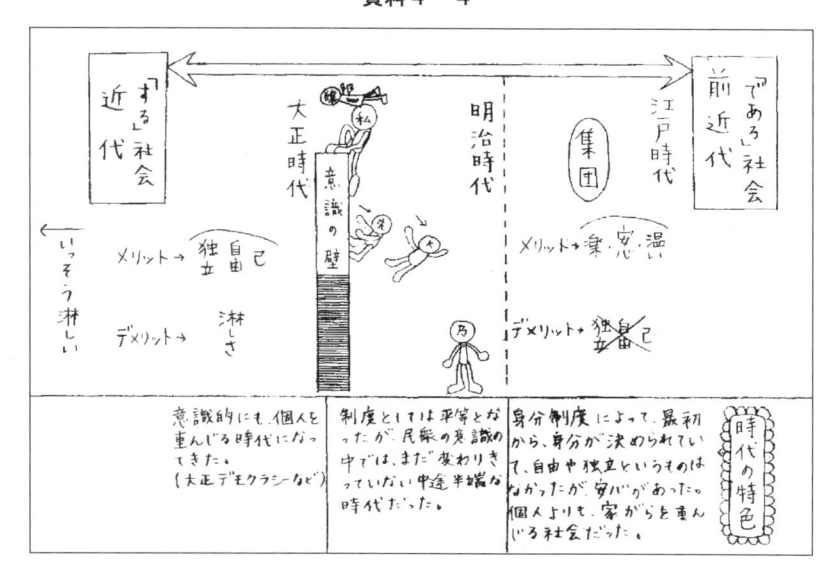

第4章　伝え合う力を高める高校2・3年生の学習指導の実際　137

資料4－4は、「先生とKの立場はどちらがつらいか」という課題を担当した班の発表用レジュメ（一部）である。1学期に学んだ評論「『である』ことと『する』こと」に用いられていた「である」と「する」という概念を利用して、「わたし」の生き方と「先生」「K」「乃木大将」の生き方とでは、価値観を異にすることを説明している。このように伝えたい内容を視覚的にわかりやすく表現したレジュメを用いて、学習者はディベート的討論②、パネルディスカッション、プレゼンテーションを行った。

▼ 伝え合う学習（音声言語）──ディベート的討論②・パネルディスカッション・プレゼンテーション

　学習者はディベート的討論②、パネルディスカッション、プレゼンテーションといった多様な発表形態によって読みを伝え合い、検討する。次のように課題の内容に応じて、学習者は発表形態を選択した。

```
【二者択一型】──ディベート的討論②
    ○「先生の奥さんへの告白は間違っていたか」
    ○「先生とKの立場はどちらがつらいか」
【内容追究型(結論が複数に分かれるもの)】──パネルディスカッション
    ○「Kの自殺の原因は何か」
【内容追究型】──プレゼンテーション
    ○「Kはどうして先生だけに告白したのか」
    ○「お嬢さんからみて二人はどのような存在なのか」
```

　「ディベート的討論②」は、「論題は学習者から出される」「ディベートの正式なフォーマットには従ってはいないが、時間の制限を設ける」という二点において「ディベート的討論①」と異なっている。ディベート的討論②、パネルディスカッション、プレゼンテーションは、次のような形式で行った。

```
┌─ ◇ディベート的討論②─┐      ┌─ ◇パネルディスカッション ─┐
│  ①A班の発表    15分  │      │  ①A班の発表       10分  │
│  ②B班の発表    15分  │      │  ②B班の発表       10分  │
│  ③討論        15分  │      │  ③C班の発表       10分  │
│  ④講評         5分  │      │  ④質疑応答        15分  │
└────────────────┘      │  ⑤講評           5分  │
                          └──────────────────┘

┌─ ◇プレゼンテーション ─┐
│  ①A班の発表    15分  │
│  ②質疑応答      7分  │
│  ③講評         5分  │
└──────────────────┘
```

● 11月　小説「任意の一点」――バズセッション・話し合い

```
───────【学習指導過程】───────
第1次　課題の発見
第2次　個による課題の解決
第3次　グループによる課題の解決── バズセッション
第4次　全体での課題解決── 話し合い
第5次　読後感想の交流
```

▼ 伝え合う学習（音声言語） ――バズセッション・話し合い

　学習者から出された課題を、個→グループ→全体へと深め、解決していった。次は、全体の場で課題について話し合っている場面である。

　　　　　　　　　　　　　　※(T)は教師、(S)は学習者を表す。
(T)「顔が蒼ざめていてほしい、とはねがうまでもなかった」と考えたのはなぜか、という課題について考えていきましょう。1班どうですか。
(S) 体の調子が悪いと見せかけて、まわりから反感をもたれないようにするためだと思います。

第4章　伝え合う力を高める高校2・3年生の学習指導の実際　139

（S）これは班の意見ではありませんが、今、大隅君が必死で他の人に割り込んで乗ったから顔が赤かったら、それがわかりまずいと考えたからだと考えました。
　（T）自分への攻撃を避けるためという点では同じだね。全く違う観点の意見はありませんか。
　（S）僕たちの班では、わざとまわりの人に非難されるようにという意見がでました。というのは、強そうだったら不正なことをしても、まわりの人は攻めないけど、弱そうにしていたら、攻めやすいと考えたんだと思います。つまり、大隅君はみんなに攻撃してほしかったんだと思います。
　（T）なぜ、攻撃してほしいの。
　（S）はい。「やおら、声を待った」「彼は出会いを待った」という表現があります。その後にも、「だれひとりとして責めるものはなかった。（……しずかすぎる）」とあります。要するに大隅君は自己の存在を殴られてでも感じたかったんだと思います。

　グループでまとまった意見を、全体の場でわかりやすく伝え合い、作品の読みを深めていっている様子がうかがえる。

● 12月　パネルディスカッション
　▼ 生み出す学習 ──意味生成
　既習の教材と新たな教材を併せ読みして、「近代は我々に何をもたらしたか。我々はポストモダンをいかに生きるか」というテーマについて意見文を書き、それを持ち寄ってパネルディスカッションを行わせた。教材をもとにして自分達の生き方を模索していく（意味生成）のである。

　▼ 伝え合う学習（音声言語） ──パネルディスカッション
　次のようなステップを踏み、パネルディスカッションを実施した。
　1、グループにおいて意見文を持ち寄り、代表のパネリスト1人を選ぶ。
　2、代表者と班員とにおいて模擬パネルディスカッションを行い、意見文の不十分な点を補うようにする。
　3、パネルディスカッションを行う。

班代表7人によるパネルディスカッションは、次に示した時間構成により実施した。

> ①パネラーからの提言　（2分×7人＝14分）
> ②パネラー間の質疑応答（2分×7人＝14分）
> ③フロアーとの質疑応答（10分）
> ④講評（5分）
> ⑤評価表の記入（5分）

　パネリストに選ばれた学習者には、架空の人物になりきらせた。例えば、ポストモダンを生き抜くためには宗教が必要だと主張するパネリストは、自分を「人間ルネッサンス真理教教祖」だと名乗った。また、昔の生活に戻ることが必要だと主張するパネリストは、自分の住む片田舎の町長「八千代町長」という地位を想定した。なりきらせることにより、主張が明確になるようにしたのである。

　各パネリストは、近代社会の弊害として「物質的な豊かさ追究による人間性の欠如」「環境問題」「科学万能主義」「個の浮遊」などを挙げた。そして「ポストモダンをいかに生きるか」について、以下のような提言をした。

【M　君】「後退という進歩」が必要である。人間らしく自由に10年前の生活に戻る。
【Oさん】人間の感情だとか自然の価値といった単一のものさしで計れないものを、独自のものさしで計ることが大切。
【Yさん】あらゆるものとの「つながり」を重視し、より広い視野、価値観をもつことが必要。
【Y　君】前近代で信じられていた神のような価値観が必要。それはバラバラになった個をまとめる心のよりどころとしての「宗教」と呼べるものである。
【I　君】合理的ではないものを認める。回り道が無だと考えない価値観をもつ。
【O　君】個と集団とのバランスを取る。個の多様性、独創性や合理的ではないことも認める世の中を作る。
【Iさん】近代をすべて否定するのではなく、今ある可能性を追求する。

この提言をもとに「多様性を認めると、これ以上に個が浮遊し、バラバラになって孤独感を感じるようになるのではないか」「バラバラになったものをまとめる新しい価値観が必要なのではないか」「新しい価値観とはどのようなものか？」といった根元的な議論が展開された。

3　2年生3学期・3年生1学期の実践

　2年生の3学期から3年生の1学期にかけて「人と文学」という主題単元を設定した。文学とは何かについて書かれた評論文と、「舞姫」を初めとする既習の文学作品が自分に与えた影響を考え併せて、自分にとって文学とは何かを明らかにするのである。

　・評論「文学のふるさと」（坂口安吾）
　・小説「舞姫」（森鷗外）
　・評論「文学入門」（桑原武夫）　➡　レポート　「文学の力とは何か」
　・評論「『物語る』ことの使命」（大岡玲）

●1、2月　評論「文学のふるさと」

【学習指導過程】
第1次　教材を読む前に、そこに扱われている題材に対して自分の考えをもつ。
第2次　教材を読み、筆者の考えを知る。
第3次　自分の考えと筆者の考えとの差異をつかむ。
第4次　疑問点を出し合う。
第5次　疑問点を班で話し合う。── 話し合い

▼ 生み出す学習 ── 吟味

　教材を読む前に、ペローとグリムの「赤頭巾」と伊勢物語六段「芥川」を示して次頁の課題ア〜エを与えた。これらは教材「文学のふるさと」に

筆者が示している内容と一致する。事前に教材に取り上げられている題材に関して自分の意見をもたせたうえで、教材を読み、筆者の主張を「吟味」させようとした。

【事前課題】
ア、ペローとグリムの「赤頭巾」を比較し、大きな違いを書きなさい。その違いによって作品全体の印象がどのように違うか述べなさい。
イ、自分はどちらが好きですか。その理由も書きなさい。
ウ、伊勢物語六段「芥川」を読み、この作品の良さはどこにあるのかを考えなさい。
エ、ペローの「赤頭巾」と伊勢物語六段「芥川」の共通点を考えなさい。

学習後に書かせた意見文は、筆者の考え方に理解を示すものと違和感を感じるものとに大きく分かれた。次のようにＦさんは筆者の考え方に共感的な感想を記し、Ｂ君は若干批判的に書いている。このように筆者の主張を「吟味」する姿勢を身につけるのである。

○普通は文学に温もりを求めるものだと思っていたのに、反対の安吾の意見は新鮮だった。冷たさの中から美しさを感じるということは、安吾の作品の中にも感じられることだし、私はそういった美しさの方が好きだ。全てが完璧なものなんてないので、冷たく突き放されたものの中で見つける美しさほど感動し、印象に残るものはない。温かい中で見つけた美しさはいつか忘れてしまうようなものだ。　　　　　　　　　　　　　（Ｆさん）

○筆者の論にはおおむね賛成できる。しかし、この不条理な運命に虐げられる人間の姿に生存の孤独を見るか、あるいはそこにそのあがないがたさゆえのすさまじいパトスを見るかは人によるだろう（三島由紀夫などは後者の代表格だ）　　　　　　　　　　　　　　　　　　　　　　（Ｂ君）

●４、５月　小説「舞姫」──紙上討論・ディベート
　ディベート学習活動をはじめとする様々な伝え合いを組織し、それぞれの特性を活かした学習活動を展開した。

第４章　伝え合う力を高める高校２・３年生の学習指導の実際　143

```
【学習指導過程】
第1次  感想、疑問点の表出。
第2次  場面設定をつかむ。               ┐紙上討論
第3次  豊太郎の人物形象をつかむ。        │
第4次  豊太郎とエリスとの関係をつかむ。  │
第5次  作品構造と主題を捉える。          │
第6次  豊太郎とエリスの人物形象を再度把握する。──ディベート
第7次  舞姫論、舞姫論を交流する。
```

▼ 伝え合う学習（文字言語）──紙上討論

「感想一覧」の中から共感する感想と反発する感想に意見を書き、それを交流する。また、その「感想への感想一覧」の中から共感・反発する意見に意見を書くという形で紙上討論を行い、自己と他者との差異に気づかせた。また、この学習活動を行うことによって、後に行うディベートにおいて、伝え合う内容が膨らむとも考えた。

▼ 伝え合う学習（音声言語）──ディベート

次の論題を用いて本格的なディベート学習活動を行った。
　○論題「豊太郎はエリスを愛していたのか」
　○論題「豊太郎が日本へ帰ったのは正しいか」

このディベート学習活動によって、学習者は豊太郎とエリスの双方の立場から思いを伝え合った。そして、「時代が時代であるので豊太郎の行為もしかたがない」とか「二人はそのような運命だ」と安易に片づけることなく、二人のやりきれない悲しさを読み取っていった。

●5月　レポート
▼ 生み出す学習──意味生成

学習者は「文学のふるさと」を読み、「モラルないこと、突き放すことが文学のふるさとだ」という意表をついた安吾の考えを知った。そのうえで、

「舞姫」を読みつつ、文学とは何か、文学は自分にとってどのような力を持つのかを考えた。他に評論「文学入門」、「『物語る』ことの使命」を併せ読みながら、文学に対する考えを明確にしていった。

　Yさんはこれまでの文学の学びを振り返り、次のように文学との関わりを考えた。

　　☆意見文　「文学は我々に何を与えるのか。文学の力とは何か。」
　　　文学作品の中で言えば、『源氏物語』などは昔といっても程があるだろうと思うほど前の作品であるが、今も皆に読まれ親しまれている。その理由は私たちに、どの時代にも共通して人々が共感できる面を見せてくれるからとか、優れた内容によって人々の心に正しい概念や視野や方向性を与えてくれる、また、そのヒントになっていると考えている。
　　　しかし、私たちは与えられる一方なのだろうか。既存のものが今から作られていくものへの影響は、一般的に考えやすい。では、今からつくられていくものが、既存のものへ影響を及ぼすというのはどうだろうか。わたしは、それもまたあり得ると思う。私たちは過去の作品を研究することによって、実際のその作品の価値を超えた強化をしていると思う。逆に、私たちの方が文学作品に、はっきりとした概念や方向性を与えているのではないかと強く思うのだ。そう考えると、私たちが文学作品を読むことの意味は「自分がその作品を越えた考えを持てるかどうか」の挑戦ととらえることができる。
　　　　　　　　　　　　　　　　　　　　　　　　　　　　　（Yさん）

●7月　スピーチ
▼ 生み出す学習 ──意味生成
　3年生の最後は、テーマ「言葉とともに」のもと、言語の恣意性や分節化といった言葉の機能について学んだ。学習者はそこで学んだ評論「言葉と身体」(前田愛)、「言語と記号」(丸山圭三郎)、「ことばと文化」(鈴木孝夫)、「中学生の教科書」(島田雅彦)の四つの教材を併せ読みして、「言葉と私」というテーマの意見文をまとめてスピーチをした。言葉に関連する複数の文章を読んで、身近な言葉を相対化したのである。

▼ 伝え合う学習（音声言語）──スピーチ

　「言葉と私」というテーマの意見文をグループで持ち寄り、グループ内でスピーチを行った。そして、グループ代表を１人選び、全体の前で立派なスピーチができるように、グループ内で批正した。

　グループの中から代表者を選ぶ活動や、代表者のスピーチをクラス全体で評価しながら聞く活動は、他者と伝え合い、認め合い、テーマに対する個々の認識を深めさせることにつながる。スピーチ（２分）→評価表の記入（３分）→講評（２分）という時間構成で班代表７人のスピーチを行った。

　次は、ある学習者のスピーチ原稿である。言葉について深く思索していることが見て取れるであろう。

> 　言葉とは、この世界の存在を可能にしているモノです。まず、私という人間が言葉から成り立っています。言葉がなければ私は私ではありません。人間は人間として存在し得ないのです。環境、秩序という以前の話です。世の中で言葉を身につける可能性がないならば、生きることができると思いますか。人間は独りでは生きられないと言います。私たちは自分を個（人）であると思っていますが、そうではありません。名前をはじめ、私を飾る言葉の全ては、私を所属させています。固有名詞である名前であっても、家柄や特別の集合を意味するのです。このように言葉によってぼやっとした集合が多数存在し、ぼやぼやの部分が繋がって更に大きな集合が、そしてこの世界という集合を存在せしめているのです。言葉は曖昧でもあり、直線的でもあり、強かったり弱かったりする様々な面をもっているのです。そこから成り立っている人間にも同じことが言えます。だからこそ、世界が成りたっているのです。世界は言葉という溶液に満たされています。
> 　　　　　　　　　　　　　　　　　　　　　　　　　　　（Uさん）

4　３年間の学びの振り返り

　学習者は伝え合いを重視した高校３年間の国語の学びを振り返り、次のように記している。

▼ 生み出す力
《受容》

> 　教科書に限らず、色々な文章をたくさん読んだことに、とても意味があった。それによって、自分に読む力がついたと思うし、考えも深まった。ただ、文章の内容を拾いながら読んでいくのではなく、読み込むということを知った。ただ、表面だけをさわっていたのでは分からない奥行きのようなものである。高校で学習して、現代文というものはこんなにおもしろいものだったのかということを教えてもらった。　　　　　　　　（E君）

　E君は教材を多読することによって、情報を確かに〈受容〉する力、読み解く力が身についたと自覚している。伝え合うためには、情報を正確に受け取る力が基本となる。

《吟味》

> 　中学の頃は、現代文の題材など、活字になったものは絶対的な感じがして、筆者の考え方を鵜呑みにするような傾向が強かった。しかし、高校に入ってから多くの評論や小説を読んできて、一度、自分の内側で「判断する」ということが必要であることを学んだと思う。活字がスルスルと自分の中に入って、絶対的な考えとして自分の考えと同化してしまうことの恐ろしさ、他人の意見を聞くことのおもしろさ、大切さを感じ取れたことは、私にとって大きな意味があったと思う。　　　　　　　　　（Aさん）

　Aさんは、情報を鵜呑みにするのではなく、〈吟味〉して読む態度・姿勢を学んだと指摘している。情報を相対化する力は、情報に新たな意味を加え、発信していく前段階として重要な能力となる。

《意味生成》

> 　大学入試とかのためじゃなくて、人間として成長するために、自分の視野を広げることにおいて、現文の授業はとても役立ったと思います。現文はひとつの大きなテーマのもとで、いくつかの作品を学習するので、違う作品どうしを比較すると、更に新たな発見ができるのが面白いところでも

> ありました。　　　　　　　　　　　　　　　　　　（A君）

　A君は複数の情報を比較して、新たな意味を生み出していくことが面白いと感じている。高校3年間の学びで、多くの情報を独自のものに加工していく力を養ったのである。

▼ 伝え合う力

> 　人の意見を聞いて、自分とは違う様々な考え方を吸収できる場でした。また、聞くだけではなく、自分の考えをわかりやすく発言し、発表する仕方を学ぶ所でした。　　　　　　　　　　　　　　　（S君）

> 　班での発表でもいろいろな形態があり、目的に応じて発表方法が違うという、今までに知らなかったようなことを知ることができたので、良かったと思う。　　　　　　　　　　　　　　　　　　（Kさん）

　S君は国語の授業が聞く力、話す力を伸ばす場であったと指摘している。Kさんも様々な発表や議論の方法を学ぶことができたと述べている。講義式の授業からは、生まれることのない感想である。

> 　感想とかをたくさん書いたりしたのがよかった。特に感想文の感想というのがよかった。私は文章を書くのが苦手なので、こういう書く機会がたくさんあって、少しは文章を書くのにも慣れたと思う。また、他の人の感想を読み、自分とは違った意見を知ることで、広い考えができるようになった。また、ディベートのように書いたり読んだりだけではなくて、人前で話す訓練のようなものもあってよかった。　　　　　　（Iさん）

　Iさんは、文字言語と音声言語とによって伝え合う経験が、他者の考えを認め、広い考え方ができることにつながったと記している。

> 　現代文の授業がこんなにも楽しいと思えるようになったのは高校に入ってからです。グループを作って、ある課題について意見を出し合い、レジュメを作成して発表し、グループの意見を聞いて、感想を言い合う。<u>得られるものは大きかったです</u>。皆それぞれが自分の意見をもっていて、それを堂々と主張できる場があったからこそ、こんなにも充実した現代文の授業を送ることができたんだと思います。<u>三年間最高の現代文の授業をありがとうございました</u>。
> 　　　　　　　　　　　　　　　　　　　　　　　　（Ｉさん）

　Ｉさんは伝え合いを重視した３年間の授業を振り返り、得るものが多くある「最高の現代文の授業」だったと評価している。

▼ 見つめる力

> 　自分の中で「間違い」を恐れ続けていた。けれどもそんな自分があるとき、とても空しく感じられ、「こんな自分はイヤだ」と思うようになり、<u>自分なりの考えをもつ努力をするようになった</u>。でも、やっぱり最初はわかっているけど答えられない。緊張ばかりが先に立って自分の見出した答えも見失っていた。そんな中で、<u>まわりの友達の意見を聞き、今までにはなかった何か新しいものを感じるようになった</u>。臆病だった自分から、少し前に進んでいっていることが何よりもうれしかった。自分の意見をもつことの大切さを知ったような気がする。そのような試行錯誤をしているなかで出会った小説・物語、もしくは評論は、とても私にいい機会（きっかけ）を与えてくれた気がします。<u>現代文は内容理解や筆者の意図を読むこともあるけれど、それと同時に「自分を見つけだす」ということが大切になってくると思います</u>。
> 　　　　　　　　　　　　　　　　　　　　　　　　（Ｎさん）

　自分に自信のなかったＮさんは、互いの考えや読みを伝え合うことによって、自分の意見をもち、自己を確立することができたと記している。現代文の授業はＮさんの自立を支えたのである。

> 　現代文は特に苦手な科目なのですが、なぜか授業は体育の次に好きでした。授業中の友達の発言や先生の話を通じて、<u>いろいろな発見をすること</u>

第４章　伝え合う力を高める高校２・３年生の学習指導の実際　149

> ができるので、とてもワクワクした気持ちになれるからです。班の中での相談の時間も、少しの雑談を含めて、普段話したこともない人と言葉を交わすことができ、その人に対するいろんな発見もできました。このように、いろんな発見ができましたが、一番感動的だった発見は、何時間もかけて感想を書いている時の、自分の中の自分の発見です。　　　　（Oさん）

　伝え合うことによって、他者を認めることがきるようになり、人間関係が築かれる。また、そこには様々な事柄に対する発見と同時に自分自身の発見もある。このOさんの指摘は重要である。

> 　現代文の授業は、学力の向上だけではなく、自分の日常と深く関わっていて、しかも、目を向けにくいところに戻って追究できたことが、私に一番意味があったと思う。「生」について考えると自分が生きていることが不思議に思えたり、「自然」の中の自分の存在のちっぽけさを思ったり、「言葉」なんてあたり前なはずなのに、深い意味をもっていたり。いつも新しいことの発見であった。常に自分と向き合っていろいろと考えることができた。そういう意味では自分をよく知る機会でもあったと思います。
> 　　　　　　　　　　　　　　　　　　　　　　　　　　　（Tさん）

　Tさんが指摘するように、伝え合いを重視した授業において、伝え合う相手は他者だけではない。学習者は世の中の様々な事象に目を向け、それにどのように対処していくのかを自分の中の自分とも伝え合うのである。そして、自明であった自己の認識を更新し、新たな自分に成長するきっかけをつかんでいく。

> 　初めはかなり当惑した。グループになって話し合いなどが多く、自分の意見を他の人に表現しなければならない状況に出くわし、恥ずかしさと、それを避けたいという思いを抱いた。でも、生意気ながらも「自分はきっと正しい」と思っていた自分を変えることができたのは、そのようなクラスメートとの対話だった。みんなは堂々と自分を表現し、考えたこともないことを次々に言ってくれた。私は人の考え方があまりにも多いことを痛切に感じ、また、その多様性を楽しいと思うようにもなった。今後も決して個性を失うのではなく、他の人との対話を大切にしたい。　　（Aさん）

Aさんは、「クラスメートとの対話」があったから、自分を変えることができたと述べている。自分という存在は他者を鏡にして初めて映し出せるものである。つまり、「自分とは何か」という問いに答えるためには、他者の存在を欠かすことはできない。他者と心を開き、伝え合うことによって、互いの差異に気づき、自己発見、自己変革が可能になるのである。

　伝え合う力を高める高校３年間の国語科学習指導を経験した学習者は、生み出す力、伝え合う力、見つめる力といった言語の力を育み、同時に、仲間づくりを行い、アイデンティティの編み直しを図ることもできたと言えるであろう。

第２節　文学の学習指導における伝え合いの組織化

　本節においては、音声言語と文字言語による伝え合いの場をどのように組織すれば、文学作品の読みが豊かに、広がりをもったものになるのかを、「舞姫」の実践をもとに考察する[1]。つまり、文学の学習指導における伝え合いの組織化（計画されたカリキュラム）の方法を明らかにする。同時に、「計画され、実践されたカリキュラム」を学習者がどのように受容したのかという「経験されたカリキュラム」との関連を考察する。

1　文学の学習指導における伝え合い組織化のための観点

　佐藤学は、「学び」を「対象との対話的実践」「自己内の対話的実践」「他者との対話的実践」の三つの対話的実践として捉え、次のように述べている。

　　<u>学びの実践とは、教育内容の意味を構成する対象との対話的実践であり、自分自身と反省的に対峙して自己を析出し続ける自己内の対話的実践であり、同時に、その二つの実践を社会的に構成する他者との対話的実践である。</u>この三つの実践は、それぞれが相互に媒介し合う

関係を示している。私たちは、対象の意味の世界を豊かに構成することなしには、自己を豊かに構成することはできないし、他者との豊かな関係を構成することもできないが、逆に、対象の意味の世界が豊かに構成できるか否かは、その学習者の自己の内側に広がる世界の豊かさに依存しており、その学習者がとり結んでいる他者関係の豊かさに依存している。<u>学びの実践とは、対象世界との対話として遂行される探究と表現の実践を軸として、上記の三つの対話的関係を相互に発展させる実践と言ってよいだろう。</u>[2]

「三つの対話的実践」を学習指導の中で互いに関連させ、豊かに発展させていくことが必要だと言うのである。
　この「三つの対話」を文学の学習指導において捉え直すと、どのようになるのであろうか。「対象との対話」「自己内の対話」は、田近洵一の次の言葉が参考になろう。

　　虚構の〈読み〉において、対話は、想像力によって読者が自分の視点を仮構するところに生まれる。自分の視点を仮構し、そのもう一人の自分を生きるところに、現実の自分との間に対話が生まれる。読者として作品に同化するとともに、もう一人を生きる自分を相対化することができなければ、対話は起こらない。〈中略〉<u>想像力によって、ある状況における人物を仮構する。そして、その自分以外の人物の立場に立つ。それ自体、対話的な言語行為だが、その仮構した人物を突き放して相対化し、その行動の意味を問うのもまた対話である。</u>特に私は、その後者が重要だと考えている。すなわち、<u>想像力によって他者の立場に立ち、その状況と内面とを共有しながら、（自分以外の人物への共感を深めつつ）、第三者としてその人物の言動の意味を問い、人物理解を深めていくのである。</u>[3]

まず、「対象との対話」は、自己の視点を仮構し、登場人物に同化したり

異化したりしながら、状況と内面を共有するための対話、つまり「テクストと学習者との対話」となろう。「自己内の対話」は、仮構した人物を突き放し、相対化し、第三者として登場人物の言動の意味を問うための「学習者自身との対話」だと言えよう。

　また、「他者との対話」は、自己の生み出した読みを互いに伝え合い、高め合うための「学習者同士の対話」、それに教師をも含めた対話にあたる。

　この「テクストとの対話」「自己との対話」「他者との対話」の場を創造し、発展させることが文学の「学び」を豊かなものとすることにつながるのである。では、「三つの対話」をどのように組み合わせていけばよいのであろうか。

　教室において学習者は一読者としてテクストに向かい合うのではない。学び手としてテクストに向かう。とするならば、この三つの対話の中でも、特に「他者との対話（伝え合い）」が重要な役割をもつことになる。学習者は、テクストと対話を重ねながら自分の力で読みを築き上げ、それを客観的に見つめて、テクストに豊かな意味を見いだしていく。しかし、それを更に豊かで確かなものにしていくためには、上谷順三郎が次に指摘しているように、他の学習者と様々な形で伝え合い、分かち合うことが必要になる。

　　学習者個々によって異なる多様な読みをどう取り扱うか、という問題に関しては、「対話」が鍵概念となっている。つまり、イーザーの読者論にもとづく<u>テクストと読者の相互作用という捉え方を、教材と児童・生徒および教師との対話という形で捉えることで、児童・生徒同士および教師も含めた読者同士の対話として、個人の読みと集団の読みとの交流を図るという考え方</u>である。(4)

「他者との対話」は、認知的葛藤を生み出し、学習者に「テクストとの対話」「自己との対話」を活性化し、学習者の抱くテクストの意味世界、自己の内面世界をより豊かなものへと導いていく。そこで教師の役割が重要となる。府川源一郎は次のように述べている。

活動を多彩に用意しさえすれば、子どもたちの学習が広がり、深まるわけではないのである。教材文の持つ特色や、学習者の興味関心などと、テクストそのもののぶつかり合いの中でこそ、新しい〈読み〉の発見は生まれる。それは、学習者に多様な言語活動を経験させさえすれば自然に生じるわけではなく、教師の方が意図的に仕組んだり、また子どもの反応の中から継続的に組織していかなければならないものでもあるのだ。(5)

　教師は学習者の反応を見つつ、学習者間の対話（伝え合い）を意図的、継続的に組織していくことが求められるのである。
　では、文学の学習指導において、伝え合いを組織するには具体的にどのようにすればよいのであろうか。伝え合い組織化のための観点として次のA〜Dが考えられる。

>　A　伝え合いの「複線化」
>　　作品細部の読みの伝え合いと作品全体の読みの伝え合いを同時並行的に行う。これによって作品細部の読みの伝え合いが作品全体の読み直しを促し、作品全体の読みの伝え合いが細部の読みに影響を与えることになる。つまり、伝え合いの「複線化」は、「テクストとの対話」を活性化するのである。
>　B　伝え合いの成果の「関連化」
>　　ある伝え合いの成果を別の伝え合いに利用し、関連づける。これは現在と過去の自分の読みの違いに気づかせ、「自己との対話」を導く。
>　C　伝え合いの形態の「多様化」
>　　個、小集団、全体と多様な学習形態を用いて変化に富んだ伝え合いを組織することにより、「他者との対話」を活性化する。

> D　伝え合う言語の「複合化」
>   音声言語を用いた伝え合いと文字言語を用いた伝え合いとを複合的に用いることによって、音声言語を用いた伝え合いの発展性と文字言語を用いた伝え合いの俯瞰性とを活かした学習活動が展開できる。伝え合う言語の「複合化」は「他者との対話」を豊かなものとする。

　こうした四つの観点を用いて伝え合いを組織した「舞姫」の学習指導過程を、次頁に資料４－５として掲げた。

２　学習指導の実際と読みの量的変容

　この学習指導は「Ⅰ読みの構築→Ⅱ－Ａ作品細部から全体への読みの伝え合い・Ⅱ－Ｂ作品全体の読みの伝え合い→Ⅲ読みの補強→Ⅳ読みの再構築」という五つのまとまりによって構成されている。

　この構成順にしたがい、先に示した四つの観点をもとにして伝え合いを組織化すると、学習者の読みはどのように変容していくのかを考察していく。

Ⅰ　読　み　の　構　築

第０次……語句調べと段落ごとの要約

第１次……通読とあらすじプリントの完成

第２次……初読の感想と疑問の表出
　「あらすじプリント」を完成して、「舞姫」のストーリーを把握させた後、初読の感想と疑問とを表出させた。

資料4-5 「舞姫」学習指導過程

○対象…兵庫県立小野高等学校 3年4組
○時間…合計17時間

第0次	春休みの課題
第1・2次	100分
第3次	50分
第4次	250分
第5次	100分
第6次	100分
第7次	150分
第8次	50分
第9次	50分
第10次	25分

〈注〉
文………文字言語を用いた交流を表す
音………音声言語を用いた交流を表す
豊………豊太郎を表す
エ………エリスとその組織化

〈学習指導過程〉

第0次
○語句調べと段落ごとの要約

第1次
○通読とあらすじプリントの完成

第2次
○初読の感想
○疑問点の表出→共通課題化

第3次
○主題に関わる課題の設定とそれに対する読みの表出

〈細部の読み〉

第4次
○第1段落…作品の枠組み、状況設定
○第2段落…時代背景・豊太郎の経歴、学問への意気込み
○第3段落…豊太郎の内面の変化とジレンマ
○第4段落…クロステル巷とウンテルデンリンデンの町並み意味するもの

〈全体の読み〉

II-B ○初読感想に対する感想記入
○「感想への感想 NO 1」に対する感想記入

〈伝え合いとその組織化〉

〈細部の読み〉
◆一斉授業の各場合で学習者が様々な意見を述べる伝え合い置
・時代背景
・豊太郎のおかれた環境
・豊太郎の内面

〈全体の読み〉
◆感想を用いた伝え合い置
○「感想文」一覧配布
○「感想への感想一覧NO1の配布

授業構造
I 全体像の把握と感想の表出
II-A 作品細部から 豊太郎の人物形象 読みの構築 読みの伝え合い

156

全体での読みの伝え合い		…出会いの場面から豊太郎とエリスの人物像を多面的に読む	○「感想への感想NO2」に対する感想記入	○話し合いによる伝え合い置 ○「感想への感想」一覧NO2の配布
Ⅲ 読みの補強	構造	第5次 ○第5段落以降の内容を豊太郎とエリス独白という形でのシナリオ風にまとめる。 ○グループ別のシナリオ作り		◆シナリオ創作と大賞選定 文・音 ○個別シナリオの交流（小集団） ○グループシナリオの配布（全体） ○大賞選定のコメント一覧配布（全体）
	主題	第6次 ○シナリオ大賞の選定とシナリオ創作における構造読み発表 ○心情曲線をもとにした構造読み ○主題に関わる共通課題の検討		○共通課題に対する読みの一覧配布とそれをもとにした意見交換 文・音 ――ディベート置―― ◆グループ内の意見交流（小集団） ○全体の意見交換 文・音
	豊太郎とエリスの人物形象	第7次 ○ディベート ・個の読み ・論理構築 ・ディベートマッチ		
Ⅳ 読みの再構築	主題	第8次 ○続編の創作		○続編の配布 文
		第9次 ○森鴎外に関するプリント配布 ○「舞姫論」の創作		○「舞姫論」の配布 文
		第10次 ○「舞姫論」の交流		○「感想の感想」一覧の配布

初読感想の内容を分類整理すると、次の表のようになった[6]。

【初読感想42の分類結果】	初読感想
【作品の中に入り込む型】[7] ◆豊太郎批判型（ひどい型）、エリス共感型（かわいそう型） ◆豊太郎共感型（仕方ない型）、エリス批判型 （ダメ女型） ◆相沢着目型（良友、悪友等）	58％ 16％ 5％
【作品を外から捉える型】[8] ◆人間批評型（典型発見型批評） ◆作者研究型（作家論的批評） ◆時代・環境批評型（状況認識型批評）	11％ 0％ 5％
【その他】 ◆疑問の羅列、随想的感想	5％

　初発の感想においては、「豊太郎批判型、エリス共感型」が60％近くを占めた。この結果は、「ドイツへ留学した豊太郎が、エリスを妊娠させて、日本へ帰国する」という「舞姫」のストーリー把握だけに多くが終わっていることを示している。豊太郎が帰国に至った原因や心情の揺れ動きまでは充分読めていないため、豊太郎への腹立たしさ、苛立ち、またエリスへの同情、哀れみを記した感想が多くを占めたと考えられる。

第3次……主題に関わる課題の設定とそれに対する読みの表出
　生徒から出された「疑問」の整理を行った。この中から、作品の主題に関わる次の二つの疑問を課題として取り上げ、この段階で一旦考えさせた。
　・「人知らぬ恨み」とは何に対するどのようなものか。
　・題名が「舞姫」なのはなぜか。
　これらの課題に関する学習者の考えは、第6次の「心情曲線をもとにした構造読み」の後の伝え合いに活用されることになる。伝え合いの「関連化」である。

Ⅱ 読みの伝え合い
第4次……細部の読みの伝え合いと全体の読みの伝え合い
　第4次からは作品細部の読みの伝え合いと、作品全体の読みの伝え合いとを同時並行して行った。──　伝え合いの「複線化」

　▼細部の読みの伝え合い──作品の枠組み、状況設定の把握──
　第1段落の表現をもとにして、指導者とともに作品の枠組み（額縁構造）、状況設定（過去回想）を捉えさせた。

　▽全体の読みの伝え合い──　伝え合いの成果の「関連化」
　初読感想の一覧を交流し、その中で気になるものに感想を書く。その「感想への感想」一覧を交流して、またそれに感想を寄せるという形で、作品全体をどう捉えるのかを伝え合い、高め合っていった。このように感想に感想を重ねる形で、伝え合いの成果を次の伝え合いに「関連」させた。この伝え合いの成果の「関連化」は、過去の自己の読みに時間を経て再び出会い、「自己との対話」を促すことができる。
　例えば下図の場合、Nさんの初読感想に対して、M君は共感する部分を持ちながらも、豊太郎のエリスに対する愛にも疑いを投げかける「感想への感想」を記した。一方、O君は全面的にNさんの初読感想に共感を示している。この対話のありさまがクラス全体にプリントとして交流され、それを見たOさんは、現在の自己の読みと過去の読み、それに他者の読みを重ね合わせて、「自己との対話」を促されることになる。そして、これまでの既成概念を覆す「もとから二人の間には愛は存在しなかった」のではないかといった、人間批評型（典型発見型）への契機となるような疑問を呈するのである。

```
──【Nさんの初読の感想】（豊太郎共感型、エリス批判型）──
　やっぱり今まで自分が築き上げてきた地位・名誉、これくらいなら捨てられるでしょうけど、それよりも自分の家族は捨てがたいですよ。エリスにしてみちゃ解りたくないことでしょうけど。かといってエリスともども日本へってことも時代的にはほぼ不可能でしょうしね。だいたい
```

第4章　伝え合う力を高める高校2・3年生の学習指導の実際　159

私にとってはエリスもたいがいなんですよ。困りきったり、寂しいとき
にやさしくされるとその人がカッコ良く見えるじゃない。つまりエリス
は本当に豊太郎が好きだったのかってことが不明なように思うんですよ。
でも、こいつ（作者）は絶対豊太郎みたいになりたかったんだぜ。

【NさんへのM君の疑問】（豊太郎批判型、エリス共感型）
●最後の「こいつ（作者）〜だぜ」が共感を覚えました。ところで
エリスが本当に豊太郎が好きだったかということに関しては僕は逆
の疑問を持っているのですがいかがでしょうか。

【NさんへのO君の共感】（豊太郎共感型、エリス批判型）
○エリスに対しての批判にとてつもなく感動しました。そうエリス
の心情に不明な部分が多いと思うのです。作者に対しての感想も思
わず納得してしまいました。

【O君へのOさんの疑問】（人間批評型）
▼「エリスの心情に不明な部分が多い」という点ではなるほどっ
と思う。豊太郎が気にくわないのはもちろん、エリスにも不信感
を覚えた。豊太郎の同情が、がけっぷちのエリスにとっては、
愛の手と勘違いした。それに応じたエリスの感情を豊太郎は愛だ
と思った。根本的に違うんですよ。もとから二人の間には愛は存
在しなかった。じゃ二人は恋愛ではなく何をしてたんだ？

この「感想への感想」を分類すると次のようになった。

【「感想への感想」126の分類結果】	初読感想	感想への感想
【作品の中に入り込む型】		
◆豊太郎批判型、エリス共感型	58％	48％
◆豊太郎共感型、エリス批判型	16％	15％
◆相沢着目型	5％	0％
【作品を外から捉える型】		
◆人間批評型（典型発見型批評）	11％	28％
◆作者研究型（作家論的批評）	0％	0％
◆時代・環境批評型（状況認識型批評）	5％	6％
【その他】		
◆疑問の羅列、随想的感想	5％	1％

「豊太郎批判型、エリス共感型」が若干減り、その分、「人間批評型」が増加している。しかし、「豊太郎批判型、エリス共感型」が多くを占めていることに変化はない。

▼細部の読みの分かち合い——豊太郎の形象読み——

第２段〜４段落の読み深めは、豊太郎の形象を丁寧に押さえることに重点を置いた。それによって、「豊太郎批判型、エリス共感型」の意見をもつ学習者をゆさぶることができると考えたからである。豊太郎の経歴、時代背景、豊太郎がエリートたらざるをえない必然性、豊太郎の自我の芽生えとジレンマなどを読み取ることによって、明治という時代に国家、家の期待を背負って留学した豊太郎にとって、自我を押し通すことは困難であり、そこに彼の苦悩があったことに学習者は気づき始める。

次は豊太郎がエリートたらざるをえない必然性を読もうとする場面である。

資料４−６

【板書】
(二)豊太郎の略歴
・父を早く喪ひつ →母子家庭
 (独り子の我を力になして世を渡る母)
・「厳しき庭の訓」を受けし →士族階級
 いつも一級の首に記されたりし
・十九歳にて学士の称を受けし
 (大学の立ちてよりそのころまでにまたなき名誉)
・故郷なる母を都に呼び迎へる →没落士族
・某省に出仕
・洋行 (ベルリンへの官費留学)

☆豊太郎はなぜこのように勉強をしたのだろうか？
【我が家を興さむ】【母の期待】
【我が名を成さむ】

〈ベルリンの街の描写〉
○なんらの光彩ぞ ○なんらの色沢ぞ ○隊々
の士女 ○胸張り肩そびえたる士官のさまざまの色に飾りなしたる礼
○かほよき少女の巴里まねびの粧ひしたる

〈ベルリンでの意気込み〉
○検束になれたる勉強力
○模糊たる功名の念

T：エリートであり続けるためには、相当な努力が必要だと思われるが、なぜ豊太郎はこれほどまでに努力をしたと思う？
S：お母さんのことを考えて
S：母子家庭であったから。そのうえ一人っ子であったので、家計を支えなければならないという責任感があった。

T：豊太郎と母親との親密さがわかる表現は？
S：「故郷なる母を都に呼び迎へ、楽しき年を送ること」という表現から、東京にまで母を呼び寄せて一緒に生活する親子の愛情のようなものを感じる。
T：江戸時代、太田家はどのような身分であったと考えられるか？
S：「厳しき庭の訓」から士族階級であった。
T：そのことと、時代が明治になったこととを関連させて、豊太郎が精一杯勉強をしなければならない理由が考えられないか。
S：明治時代になって、士族階級が身を立てるには、学問しか道はなかったんだと思う。さっき出ていた「故郷なる母を都に呼び寄せ」という部分は、逆にいうと守るべき家や財産が太田家にはなかったということで、その太田家を再興するためには豊太郎が学問によって身を立てるしかなかったのではないか。

このように「豊太郎批判型、エリス共感型」の意見をゆさぶった後、「感想の感想への感想」を書かせた。次はその分類結果である。

【「感想の感想への感想」84の分類結果】	初読感想	感想への感想	感想の感想への感想
【作品の中に入り込む型】			
◆豊太郎批判型、エリス共感型	58％	48％	19％
◆豊太郎共感型、エリス批判型	16％	15％	18％
◆相沢着目型	5％	0％	2％
【作品を外から捉える型】			
◆人間批評型（典型発見型批評）	11％	28％	46％
◆作者研究型（作家論的批評）	0％	0％	0％
◆時代・環境批評型（状況認識型批評）	5％	6％	5％
【その他】			
◆疑問の羅列、随想的感想	5％	1％	10％

この段階において、学習者の読みの分類に大きな変化が見られた。「豊太郎批判型、エリス共感型」が48％から19％へと激減し、「人間批評型」が28％から46％へ急増したのである。

この変化は、直接的には直前の学習、つまり「豊太郎の形象の読み」が、作品全体の読みに影響を与えたことによるものと考えられる（伝え合いの

「複線化」)。つまり、作品のストーリーだけを把握して、豊太郎を批判していた学習者が、作品細部を丁寧に読むことにより豊太郎の生育環境や時代背景を理解し、彼の内面を凝視した。そこで、豊太郎の行為を単純に非難できないと考えた学習者は、自分自身の在り方と照らし合わせて、豊太郎の行為を人間一般の問題として捉え、この作品に人間の典型を見いだすようになったのであろう。次に示したのは、その一部である。

○「後で後悔しても、その瞬間輝いていたらいい」本当にそんな生き方ができたらすばらしい。今だけ見つめてひたすら何かに打ち込めればいい。でも恐くなってしまう。それが人間の弱さであり、人間らしさなのだと思う。【人間批評型(典型発見型批評)】

○自分で決めた道でも、進んでいくうちに迷い、悩みが生まれるのは当然だと思う。それは弱いからではなく、人間だからで、そこでどういう行動がとれるかが大切なのだと思う。【人間批評型(典型発見型批評)】

しかし、この読みの変化の原因は、直前の「豊太郎の形象の読み」の影響だけではなく、次のような伝え合いの組織化によるものとも考えられる。
◇伝え合いの成果の「関連化」
　感想を交流し、それに対する感想を再び交流するというような伝え合いの成果の関連化の過程がプリントに記録されている。自己の読みに対する他者の反応や、他者と他者との伝え合いのありさまを見つめて、学習者は自己の読みを振り返り、「自己内対話」を活性化させた。
◇伝え合う言語の「複合化」
　クラス全員の伝え合いの成果をプリントすることによって伝え合いのありさまを俯瞰し、全体像を把握することが可能となった。これが「他者との対話」を促した。

第5次……シナリオ創作によるイメージ化
　これまでの学習指導において、学習者の読みはかなりの広がりを見せた。しかし、「人間批評型」と分類できる感想の中にも、二人の悲劇を他人事と

して突き放し、「人間は弱いもので、これもしかたがない」「二人は最初からこのような運命だった」と安易に捉えるものが散見された。そこで、第５段落以降は、豊太郎とエリスとの独白形式によるシナリオを創作して読みを深めさせた。登場人物に同化させ、それぞれの立場から心情を鮮明にイメージ化させようと考えたのである。

　資料４－７のように、ストーリーの展開順に、重要な出来事をプリント中段に示し、豊太郎とエリスのそのときどきの気持ちを上下段に分けて独白形式でまとめさせた。語り手である豊太郎の心情だけでなく、テクストを加工させて、エリスの愛、不安、いらだち、失望といった心情にも迫らせようとしたのである。そして、二人の気持ちが一致することなく、すれ違っていく切なさを捉えさせたいと考えた。

第６次……シナリオを用いた読みの交流
　▼シナリオ大賞の選定── 伝え合いの形態の「多様化」
　個別シナリオを持ち寄りグループシナリオを作成させた。完成したグループシナリオには多くの班員の読みが反映されている。それを全体の場で再度交流して、シナリオ大賞を選定させた。各班のシナリオ創作上の工夫点を聞き、投票によってシナリオ大賞を選ぶ。投票用紙には、自分の選んだシナリオの良かった点を一言添えるように指示し、それも一覧として交流した。
　シナリオ大賞選定に向けての一連の学習活動は、個の読みをグループで伝え合い、グループの読みを全体で伝え合っていく形で行われる。伝え合いの形態を「多様」にすることによって、多くの他者との対話を重ねながら、自己の読みを豊かに、確かに位置づけていく過程となる。

　▼心情曲線をもとにした構造読み
　シナリオ創作により豊太郎とエリスの人物形象をイメージ化してつかませた後、資料４－７のようにシナリオに二人の心情の接近と離反を曲線として書き込ませた。それをもとに二人の気持ちを離そうとするものが何な

資料4-7

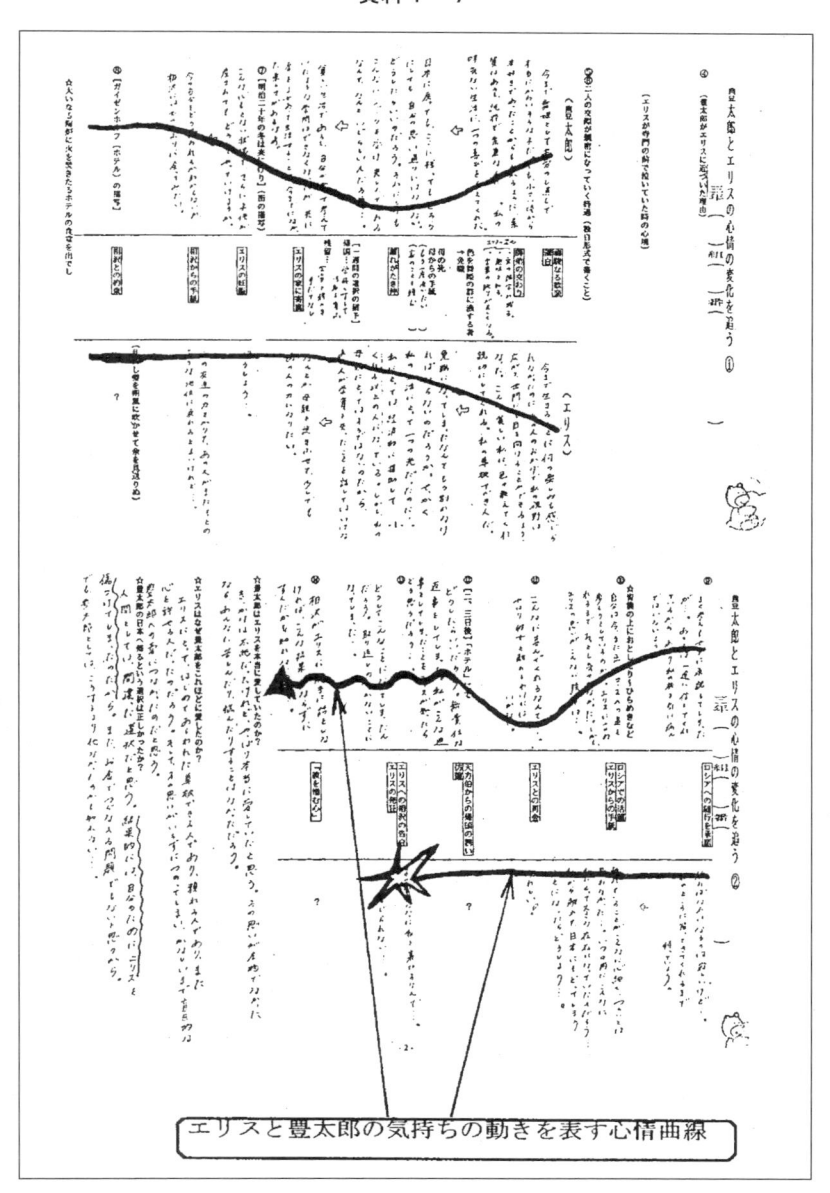

エリスと豊太郎の気持ちの動きを表す心情曲線

のかを下記のようにして話し合わせ、「国家・家・功名心」と「愛・自我」との間で彷徨する主人公という作品構造を把握させた。

> T：次に豊太郎の曲線を見ていきましょう。豊太郎の気持ちが最初にエリスに近づいたときをどのあたりにしましたか。
> S：私は母の死を知ったとき、つまり「離れがたき仲」になったときにしました。
> S：同じです。
> T：みんなの書いた豊太郎の心情曲線を見ると、エリスとは違い、かなり揺れているように思うのですが、エリスに近づいている線が離れるのはどのような出来事があったときですか。
> S：私は「相沢からの手紙」「天方伯からの誘い」の場面です。
> S：僕は「ロシアへの随行を承諾」「ロシアでの活躍」の場面です。
> T：以前、クロステル巷やウンテルデンリンデンという場所が意味するものを考えました。そして、それは豊太郎の価値観を表しているのではないかという考え方を提示したのですが、この「天方伯からの誘い」の天方伯、「相沢からの手紙」の相沢、「ロシアへの随行の承諾」「ロシアでの活躍」でのロシアなどは豊太郎の気持ちをエリスから引き離すものという共通の意味づけができるように思うのです。それをもっと一般的に言い換えるとするなら、それは何だと言えますか。
> S：豊太郎の出世欲や名誉心、また、そこに連れ戻すものを意味していると思います。
> S：私は、故郷日本を意味していると思います。
> S：僕は、前の授業でウンテルデンリンデンの町が表していたと同様の、エリート街道や上昇志向を表していると思います。
> 　　＜中略＞
> T：このように豊太郎の心情曲線を追っていくと、豊太郎はエリスに表される情や愛という世界と、相沢、天方伯に表されるエリートや国と呼ばれるようなものとの間で絶えず揺れ動いていた存在であるということがわかりますね。一方、エリスの心情曲線を見ると、エリスは豊太郎との愛に生きた人であることとがわかります。では最後に、豊太郎の心情曲線の終わりの場面ですが、ここの心情曲線をみんなはどのように書いていますか。これは、豊太郎が日本に帰ってからどのような生き方をするかに関わってくる問題をはらんでいると思います。最後に続編を書いてもらいます。それまでによく考えておいてください。

▼主題に関わる共通課題の検討——　伝え合いの成果の「関連化」
　このようにして作品構造の把握を終えた後、第３次「主題に関わる課題の設定とそれに対する読みの表出」において扱った次の「共通課題」をここで再提示し、考察させた。
　・「人知らぬ恨み」とは何に対するどのようなものか。
　・題名が「舞姫」なのはなぜか。
　第３次に書いたこれらの課題に関する一人ひとりの読みを、次頁の資料４－８のようにプリントに一覧として提示して、８時間前の自分の読みに出会わせる。その「過去の読み」をめぐって、「〇〇さんの意見に、今、私はこう思う。それは△△だから」というような形で現在の読みを伝え合い、主題に関する読みを深めていった。このような伝え合いの成果の「関連化」は、時間の経過による読みの差異に気づき、多面的に自己の読みを位置づけることになる。

Ⅲ　読みの補強
第７次……ディベートによる読みの伝え合い——　伝え合いの形態の「多様化」
　第６次までに人物形象、作品構造、主題と読みを広げ、深めてきた。この読みをさらに補い、深めるために、第７次においてディベート学習活動を設定した。自己の問題意識に引きつけて、再度作品と切り結ぶ場を用意したのである。論題は「豊太郎はエリスを愛していたのか」と「豊太郎が日本へ帰ったのは正しいか」である。
　次々頁の資料４－９のように、論題「豊太郎はエリスを愛していたのか」のディベートにおいては、エリスと出会い、別れるまでの豊太郎の心情を、表現にそくして再検討していくことになる。「愛していた派」は立論において、「貧しい中にもエリスとの生活に幸福を見いだしていた」「自責の念にさいなまれて、冬の夜をさまよい続けた」「エリスが廃人になってしまった後にも、人知れぬ恨みを抱いて、悩み苦しんでいる」と述べ、「豊太郎はエリスを愛していながらも帰国しなければならなかった」と豊太郎に共感的

資料4－8　☆課題「『人知らぬ恨み』とは何に対するどのようなものか」

【相沢】
○結果的に豊太郎はエリスを捨てて日本に帰ることになってしまったけども、彼にその気持ちがあった訳ではなく、彼が悩んでいるうちにどんどん事態が彼の意志とは無関係に進んでしまった結果だと思う。彼が相沢にエリスと別れると返事したり、大臣に日本に帰ると返事したのは、とっさのことであり、深い考えによるものではなかった。そんな彼の気持ちを察することなく、どんどん事態を進めてしまった相沢に対して抱いている恨みというのが「人知らぬ恨み」であると思う。（Kさん）

【自分】
○相沢への恨みもたしかにあっただろうが、今までした自分の行為に対する後悔と情けなさに胸を痛めている。つまり、自分で自分を責めたてているのだと思う。（Yさん、R君、T君、S君、Mさん）
○相沢や伯と接する中で、豊太郎自身が、エリスとの愛と名誉・故郷の中でさまよう自分を見てきている。豊太郎はそういう自分を恨んでいるのだと思う。（Kさん、Tさん）

【自分と自分にそうさせたもの】
○豊太郎の自分に対する後悔の念と、腹立たしさ、そして自分にそうさせたもの──例えば時代──への恨みであろう。又それは同時に作者の世の中への恨みだ。「主人公をして『恨み』に悩ましむ状況」になっているのだろう。（S君）
○この恨みは特定のもの（人）にではなく、エリスとの出会いや、相沢の行為、それに自分のあいまいさなど、悲劇をおこす原因となったことに対する恨みじゃないかと思う。今更どうすることもできないのに、運命を恨まずにはいられない。（Yさん、Kさん）
○それだけ（相沢）ではなく、結果的にエリスを廃人に変えてしまった自分自身、そしてその自分を造りだした時代や環境への絶望感であると思う。（O君）

【相沢、エリス、豊太郎】
○エリスへ帰国のことを話してしまった相沢への豊太郎の恨みもあるだろうし、裏切って帰国しようとする豊太郎へのエリスの恨み、そして、結局、自我をつかめず、実行できなかった豊太郎の自分に対する恨みが、複雑に絡み合って、「一抹の雲」という抽象的なものとしてしか感じとれないもの。（F君）

資料4-9　ディベートにおいて出された論拠

◆論題「豊太郎はエリスを愛していたのか、愛していなかったのか」

【愛していた派】	【愛していなかった派】
（立論） ①貧しい中にもエリスとの生活に幸福を見いだしていた。 ②自責の念にさいなまれて、冬の夜をさまよい続けた。 ③エリスが廃人になってしまった後にも、人知れぬ恨みを抱いて、悩み苦しんでいる。	（立論） ①「特操なき心」の欠如からエリスに引きずられるようにつき合っていただけ。 ②愛よりも自分の地位や名誉を重んじている。 ③子供をみごもったエリスを残して、日本へ帰った。
（論戦） 〈出会い〉 ①「一顧したるのみにて、用心深き心の底まで徹したる」から 一目惚れ であったのでは。 〈離れがたき仲〉 ①離れがたき仲になったということは、愛した。 〈関係の深まり〉 ①「余がエリスを愛する情ははじめて相見しよりあさきにはあらぬに」とあるように、確実に 愛が深まっている。 〈相沢告白〉 ②「余は答へんとすれど声出でず」と冬の町をさまよった後も 自分の気持ちをエリスに相談しようとしている。 ②「エリスが生ける屍を抱きて千行の涙をそそぎしは幾たびぞ」とあるくらい、エリスのことを 思い悩んでいる。 〈帰国〉 ③「彼を憎む心」があるというのは、幸せな生活を壊されたことによるもので、つまりエリスを 愛していた。 〈全体〉 ③愛よりも名誉を選んだのは結果であって、それから 愛がないとはいえない。	（論戦） 〈離れがたき仲〉 ①離れがたき仲になったとき、「恍惚の間にここに及ぼしをいかにせむ」と述べている。成り行きの関係である。 〈妊娠〉 ①エリスの妊娠のときに、「真なりせばいかにせまし」「心は楽しからず」と 喜んでいない。 〈関係の深まり〉 ①「嗚呼、余はこの文をみてはじめて我が地位を明햄したり」とあるので、エリスの気持ちを正面から受け止める気持ちがなかった。いわば あそび。 〈発狂後〉 ③「あはれなる狂女」という言い方が 突き放した 感じがする。 〈ロシアにて〉 ①「捨て難きはエリスが愛」とあって 自分の愛ではない。つまりエリスに引きずられている豊太郎の姿が見える。 ②「このまま郷に帰らば、学成らずして汚名を負いたる身の浮かぶ瀬あらじ」と述べ、エリスのためにではなく、名誉のためにベルリンに残ろうとしている。 ②ロシアで、エリスの手紙によってエリスを忘れることができなかったという言い方には、エリスの想いを喜ぶ気持ちが感じられない。 〈全体〉 ③本当に愛していたなら、友人の忠告も断った はず。

第4章　伝え合う力を高める高校2・3年生の学習指導の実際　169

に論を展開する。一方、「愛していなかった派」は「エリスに引きずられるようにつき合っていただけ」「愛よりも自分の地位や名誉を重んじている」「子供をみごもったエリスを残して、日本へ帰った」と立論において述べ、「エリスへの愛がなかったから豊太郎は帰国した」と結論づけ、豊太郎に批判的に作品を読んだ。

　論題「豊太郎が日本へ帰ったのは正しいか」のディベートにおいては、正しい派は「豊太郎の才能は日本へ帰ってこそ役立つ」「豊太郎はエリスを愛していなかった」「愛人を捨てて自分の道を進むという時代性があった」と豊太郎に共感的に論を進める。一方、正しくない派は「ドイツで自我に目覚めたのだから、ドイツで自分を磨くべき」「地位や名誉よりも大切なエリスの存在」「父親としての責任を果たすべき」と豊太郎に批判的なディベートを展開した。

　学習者はこのように二つの立場から「他者との対話（伝え合い）」を重ね、「テクストとの対話」、「自己内対話」を活性化していく。そしてどちらが正しいとも言えないことに気づいた学習者は、二人がそれぞれ相容れることのできない立場にいることを理解し、その根本原因を探ろうとする。

　ディベート学習活動は単なる「豊太郎共感（エリス批判）」対「豊太郎批判（エリス共感）」といった二値的な読みで終始するのではなく、人間批評型、時代・環境批評型、作家研究型へと読みを広げていく契機となるのである。

Ⅳ　読みの再構築

第8次……○「感想の感想への感想」の交流　○続編の創作

第9次……○続編の交流　○森鴎外に関するプリント配布　○「舞姫論」の創作

　これまでの学習のまとめとして続編と「舞姫論」の創作を行わせた。続編の創作は、書かれていない内容を作品内部から紡ぎ出していく活動であり、「舞姫論」は作品を分析的に検討する活動となる。

次に示したのは、その「舞姫論」を分類したものである。「作品の中に入り込む型」は初読段階では79％であったのが10％へと大きく減少し、「作品を外から捉える型」は16％から90％に増加した。学習者は登場人物に同情や反発を感じて作品を読んだ後、登場人物の行為の背後にある環境や時代、作者と作品との関連にまで考えを及ぼし、人間一般の生き方と関わらせて作品を読むようになったのである。このように学習者が読みの幅を広げていくことができたのは、様々な伝え合いを組織して、作品、自己、他者との三つの対話を何度も促した成果であろう。

【「舞姫論」42の分類結果】	初読感想	授業終了時
【作品の中に入り込む型】		
◆豊太郎批判型、エリス共感型	58％	5％
◆豊太郎共感型、エリス批判型	16％	5％
◆相沢着目型	5％	0％
【作品を外から捉える型】		
◆人間批評型（典型発見型批評）	11％	54％
◆作者研究型（作家論的批評）	0％	10％
◆時代・環境批評型（状況認識型）	5％	24％
【その他】		
◆疑問の羅列、随想的感想	5％	2％

3　読みの質的変容──Ｋ子の場合

　集団の読みは数値の上で大きな変化を見せたが、個の読みはどのように変容したのであろうか。Ｋ子を例に考察していく。
　初読の感想においてＫ子は、次のように「人間は確固たる自分をもって」いるわけではないと豊太郎に寄り添った考えを示した。

第4章　伝え合う力を高める高校2・3年生の学習指導の実際　171

---【初読の感想】---

　悲しい話だが、私は主人公の豊太郎を優柔不断な人だと決めつけることはできない。人間はいつも確固たる自分をもって進むことができるものではないと思う。〈中略〉何か自分の進むべき道を見つけたと思っても、進むうちに悩み、迷い、苦しむのは人間である以上どうしようもないことだと思う。

　次にＫ子は、「感想への感想」において、エリスの立場からも作品を捉え始め（①）、互いの愛が本物であったのに、傷つけ合う結果となったことが、もどかしく悲しいと述べる（②）。

---【感想への感想】---

①エリスのことを思うと私もＧさんのように許せないと思う。〈中略〉②お互いに気持ちは本物なのに、結局お互いに傷をつけて終わってしまったことが、もどかしく悲しい。人間はたとえお互いが愛し合っていても、わかりあうことについて、限界があると思った。

　さらに、「感想の感想への感想」において、この悲劇に至った原因を探り、豊太郎がエリスを捨てたのではなく、彼が選択できない選択に悩んでいるうちに相沢がことを運んだことにあるとＫ子は自己の読みを見直す。

---【感想の感想への感想】---

　私も同感。豊太郎は名誉や出世とエリスとを天秤にかけて、エリスへの愛のほうが軽かったからエリスを捨てたのではなく、どちらも天秤にかける対象としがたく、比較できないものであったからこそ、曖昧な返事で逃げてしまい悲しい結末になったと思う。でも、大事なときに思わず勢いで返事をしてしまったり、よく考えずにとっさに言ってしまうことは私にも覚えがあるので少しドキッとする。

シナリオ創作活動の後、次の二つの問いに答えたＫ子が、「あんなに」「かなしいまでの」という言葉を用いたところに注目したい。シナリオの創作活動を通して、エリスと豊太郎それぞれに同化して、二人の抱える悲しみを理解するようになったのである。

【問いに対する答え】

１、豊太郎はエリスを本当に愛していたのか？
　　きっかけは不純だったけれど、やっぱり本当に愛していたと思う。その思いが本物でなかったら、あんなに苦しんだり悩んだりすることはなかっただろうから。

２、エリスはなぜ豊太郎を愛したのか？
　　エリスにとって、はじめて現れた尊敬できる人であり、頼れる人であり、また心を許せる人だったのだろう。そして、その思いが一途につのってしまい、かなしいまでの盲目的な豊太郎への愛につながったのだと思う。

　ディベートにおいて、Ｋ子は次のような論拠を書き記している。これらから日本へ帰るのは道義的に正しくない（①）が、エリスの病気がもとに戻らない以上、それも仕方がない（③）。ただ、豊太郎が日本へ帰って幸せと感じるかは別問題だ（②）と考えていることが見て取れる。つまり、帰国が豊太郎の人生にとってどのような意味をもつのかに思いをめぐらし始めるのである。

【ディベートにおける論拠】

【日本へ帰るのは正しくない】＜自説側の論拠＞
○自分がつらく、苦しいときにエリスは支えてくれたのに、エリスが今精神を崩してしまったから、どうしようもないと言ってお金を渡して帰ってしまうのは、①人間として間違っている。
○日本に戻って、たとえもう一度出世街道にのれたとしても、②豊太郎がそれを自分の喜びだと感じるとは思えない。だから日本へ帰る

ということが最善の選択であるとは思えない。

【日本へ帰るのは正しい】＜予想される他説側の論拠＞
○③<u>もはやもとのエリスは戻ってこないのだから、日本に帰り、自分の道を歩むしかない。とりかえしがつかない。</u>
○③<u>エリスの状態を見ると、何とかしてやれるような問題ではない。</u>
これ以上、力にもなれないのなら、生まれ育った日本へ戻ればよい。

「続編」において、K子は日本へ帰るという選択をせざるをえない豊太郎の心情を理解して、苦しみ、悩み続ける豊太郎を描いた。

【K子の書いた「続編」の一部】

　しかし、私一人がいくら「人知らぬ恨み」をかかえていても、それが何になるというのだろう。他の人は私を外側から見た部分だけで判断し、私にレッテルを貼ろうというのだから私の内なる闘いを知っているものなど誰もいない。あの後、私は日本に戻って、仕事に打ち込もうとつとめた。実際、その仕事ぶりが評価され、今、私はドイツでのブランクを乗り越えて、出世街道を走っている。はた目には幸せそうに見えるだろう。物静かな妻と、幼い二人の子供と平和に暮らしている私は。
　私も幸せに思える瞬間がない訳ではない。幼い子供が無邪気に眠っている顔を見るとき声をあげて笑っているのを聞いたとき。しかし次の瞬間、あんなにも子供を心待ちにしていたエリスのことをはっと思い出してしまうのだ。ドイツへの留学で、確かに自分は以前の自分とは変わった。しかし、エリスを捨てて帰ってきた時点で、私の中の新しい自分は敗北し結局もとの器械的な自分が勝ったのだ。エリスを捨てたことは新しい自分を捨てたことでもあった。あと私に残された道は、誰にも言えない思いを抱えて生きていくことだけだ。

最後の学習活動である「舞姫論」の創作において、K子は「舞姫」を自我の目覚めとその挫折を描いた作品と捉える（①）。しかし、それだけで終

わるのではなく、その自我の挫折を招く根本原因を探ろうとする。K子はそれを環境によって自己をもたないようにされてしまった人間の悲劇であると考えた（②）。そして、この悲劇は明治政府の使命を担ったエリートとしての太田豊太郎のものだけではなく、我々現代人にも共通するものだと言う（③）。目に見えない周りの環境によって、知らず知らずのうちに影響を受け、自分自身を見失いかける状況を現代社会にも見いだすのである。

【K子の「舞姫論」】

　「舞姫」では、全く異なった境遇に育った二人が、出会い、恋愛をし、そして悲しい結末を迎えてしまう姿が描かれている。どうしてこのような結末を迎えることになってしまったのだろうか。また、この結末を通して、作者は何を伝えたかったのだろうか。
①豊太郎はドイツ留学で、自分が受動的につくりあげられた人間であったと気づき、新しい自分を求めようとするが、結局不可能であった。原因の一つには、彼自身の決断力に欠けた性格があげられるが、実はそうなるべくして育てられた結果であると言えるだろう。彼は冷酷な人間ではなく、人間としてのあたたかさをもつ、誠実かつ純粋な人柄だと思われる。エリスはそんな豊太郎だったからこそ、あんなにも一途に信じたのだろう。しかし、彼は、自分で決断すべき場面でいつも人まかせである。
　人間として生きていく上で、自分自身で決断しなくてはならない場面は何度もあるだろう。いかにその選択が難しいものであっても、必ずそれは自分自身で選び取らなくてはならない。後でそれが間違っていたと気付いたとしても、「恨み」という感情は残らないに違いない。豊太郎にはその大切な部分が欠けていた。また欠けるべく教育された。そのことがこの話の悲劇を生みだしたのだと思う。
②人間が、自分の意志を押さえられ、一つのレールを示されて、器械的な人間へと成長していく。誰も、本人でさえもその環境に疑問を抱かない。それがいかに恐ろしいことであるか、また悲しい結末を生む結果となるかを、作者は自分の経験を通して実感し、読者に伝えようとしたのではないだろうか。そしてこれは、③別にある時代に限定されて起こりうることではなく、むしろ現代に多く見られることなのかもしれない。

本節においては、文学の学習指導において伝え合いを組織するための観点として、伝え合いの「複線化」、伝え合いの成果の「関連化」、伝え合いの形態の「多様化」、伝え合う言語の「複合化」という四つを示した。そして、この観点を用いて伝え合いを組織した「舞姫」の学習指導を取り上げ、その妥当性について考察した。

　このように四つの観点にしたがって伝え合いを様々な形で組織することによって、学習者は「他者との対話（伝え合い）」「テクストとの対話」「自己との対話」を活性化し、広く豊かに文学作品を読むことができることが確認できたのである。

　同時に、伝え合いを組織化した文学の学習指導（計画され、実践されたカリキュラム）において、学習者がテクストをどのように受容したのかという「経験されたカリキュラム」も明らかになった。

第3節　文学の課題探求型授業における課題の選択と配列

　教師の講義式の授業や一問一答式の授業ではなく、学習者が互いの読みを伝え合い、高め合っていく文学の課題探求型授業においては、学習課題の選択、配列[9]と伝え合いの形態[10]とが重要な意味をもつ。つまり、どのような課題について、どのような形態を用いて伝え合うのか、課題はどのような順に配列すれば読みが豊かになるのかといったことが問題となるのである。

　課題の選択や配列を適切に行い、課題に適した伝え合いの形態を用いなければ、作品の枝葉末節にこだわったり、部分的理解にとどまったりして、作品全体の読みにたどり着かない場合が生じる。逆に、伝え合う課題を適切に選択、配列して、伝え合いの形態をうまく組み合わせることによって、課題の読みが絡み合い、作品全体の読みが迫り上がるように形成されていくであろう。

　本節では、文学の課題探求型授業において、どのように学習課題を選択、

配列し、どのような伝え合いの形態を用いるのが望ましいのかを「こころ」の実践[11]をもとに検討する。これは第2節と同様に、伝え合いを組織してカリキュラムを構成（計画されたカリキュラム）するための方法を考察することであり、「計画され、実践されたカリキュラム」を学習者がどのように受容したのかという「経験されたカリキュラム」を明らかにすることにもなる。

1 何をどの順で伝え合うのか

　文学を読むとは、登場人物や登場人物同士のつながりを読み、読者が登場人物との出会いへ誘われることであるといっても過言ではないだろう。読者は一貫して登場人物の行動や生き方を追究するのである。したがって、登場人物の人間像（形象）やその変容が浮かび上がるような課題を選ばねばなるまい。しかも、個々の課題が互いに関連して、人物と人物との関係（構造）や作品全体（主題）を総合的に捉えることができるように課題の選択と配列を考える必要がある。つまり、人物像とその変容を捉えることができる課題の選択を基本とし、人間関係を構造的に把握し、虚構の世界の意味を全体として理解することができるように配列しなければならないのである。

　課題は、次の三つをア→ウの順に選択、配列するのが望ましいだろう。

```
ア、登場人物の人物像やその変容を浮き上がらせる課題
　　………〈形象〉を読む　　　　　　　　　　　　　　┐
イ、人物の互いの関係を明らかにするような課題　　　　│配
　　………〈構造〉を読む　　　　　　　　　　　　　　│列
ウ、いくつかの課題をまとめ、作品の全体像が明らかになる課題│
　　………〈主題〉を読む　　　　　　　　　　　　　　↓
```

第4章　伝え合う力を高める高校2・3年生の学習指導の実際　177

多くの高校の教科書に「こころ」は取り上げられているが、それはどの教科書においても「下　先生と遺書」の部分抜粋という形で採録されている。前任校で使用していた『精選　現代文』（東京書籍）においても「下　先生と遺書」の三十五章から四十九章を採録しており、それ以外の部分は簡単なあらすじが載せられるにとどまっている。

　このような傾向に対し、小森陽一は「『心』は、「下－先生と遺書」のみを他から切り離し、それだけを中心化し、〈作者〉漱石の思想と倫理を解釈する対象として〈作品〉化されてきた」[12]と述べ、「下」における「先生」の言説の背後のみに漱石の思想や倫理を読解しようとする傾向があると指摘している。つまり、恋愛と友情との葛藤、信と不信、道義とエゴイズムという固定化した捉え方によって「こころ」が扱われていると言うのである。

　小森も指摘するように、「こころ」は「下」だけではなく作品全体を視野に入れることによって、はじめて重層的な意味を最大限に引き出す〈テクスト〉となると考える。そこで「こころ」全編の通読を夏休みの宿題として、二学期からは教科書の抜粋部分だけにとどまらず、作品全体から課題を見つけ、それを解決していくという形で学習指導を展開した。

　初発の感想とともに学習者から出された疑問すべてを、教科書掲載部分と作品全体に関わるものとに分け、その後、前頁ア→ウの留意点をもとに、資料４－10のＡ～Ｈの観点に分類し、配列した。観点ごとに分類した疑問の中から、指導者が重要課題と考えるものを「主課題」と定め、他の疑問を「主課題」解決のための「着眼点」と位置づけた。そして、可能な限り「着眼点」に触れて「主課題」を解決するように指示した。これは、「主課題」について多面的に考察を深めさせるとともに、一人ひとりの学習者から発せられた疑問を、尊重するという意味がある。

〈教科書掲載部分に関する課題〉

A【Kの先生への告白】
　（主課題）どうしてKは先生だけに告白したのか。
　　　（着眼点）・Kは初めから先生のお嬢さんへの気持ちを感じていたのでは？

B【先生の奥さんへの告白】
　（主課題）先生の奥さんへの告白は間違っていたのか。
　　　（着眼点）・一番信頼している人に裏切られることのつらさを知っている先生が、なぜ友人を裏切ってしまったのか。
　　　　　　　・奥さんに突然告白したのはなぜか。
　　　　　　　・なぜ奥さんに本当のことを言わなかったのか。
　　　　　　　・告白以外の方法はなかったのか。
　　　　　　　・先生はKのことを本当の友人と思っていたのだろうか。

C【Kの自殺】
　（主課題）Kの自殺の原因は？
　　　（着眼点）・Kは先生を恨んでいたのだろうか。
　　　　　　　・「覚悟」とはどういう覚悟だったのか。
　　　　　　　・なぜKは「もっと早く死ぬべきだった」と思ったのか。
　　　　　　　・どうしてKは遺書にお嬢さんのことや私の裏切りについて書かなかったのか。
　　　　　　　・Kは先生の告白を知ったのに、どうしていつもと同じようにふるまったのか？

D【お嬢さんの気持ち】
　（主課題）お嬢さんからみて二人はどのような存在なのか。
　　　（着眼点）・お嬢さんはKの気持ちに全く気付いていなかったか。
　　　　　　　・どちらが本当に好き？もしKが奥さんに打ち明けていたら奥さんはどうしたのだろうか。

E【先生とK】
　（主課題）先生とKの立場はどちらがつらいのだろう。
　　　（着眼点）・先生が一人でKの墓参りに行く気持ち

〈作品全体に関する課題〉
　　F【先生とお嬢さんの結婚生活】
　　　（主課題）お嬢さんは先生との結婚生活をどのように思っていたのだろうか。
　　　（着眼点）・お嬢さんはこの後どうなるの？

　　G【私と先生との関係】
　　　（主課題１）先生が妻にさえ明かさない秘密をなぜ私に打ち明けたのか。
　　　　〈先生→私〉
　　　（主課題２）私はなぜ先生に近づいたのか。先生に惹かれる理由。
　　　　〈私→先生〉
　　　（着眼点）・なぜ「先生」というのか。
　　　　　　　　・父親の死を前にしてまで、先生のところへ行ってしまう私は何なのか。
　　　　　　　　・大学生の私は、この先生の遺書を読んで、これからの生き方を変えるのか。変わるのならば、それはどんな生き方か。

　　H【作品】
　　　（主課題１）先生が主人公（？）なのに、「中　両親と私」という章があるのはどうしてか。
　　　（主課題２）父の死、明治天皇の崩御と乃木大将の殉死、先生の死、そしてＫの自殺。これらの「死」という共通点に対して、何か深い関係があるのか。
　　　（主課題３）「静」以外に固有名詞が使われていないのはどういう意味があるのか。
　　　（主課題４）題が「こころ」なのはなぜか。

　これらの課題Ａ〜Ｈが、先の留意点をどのように満足するのかを示したのが表４－２である。
　また、学習指導は次々頁の資料４－１１のように展開した。

表4－2

	ア 形象	イ 構造	ウ 主題
A【Kの先生への告白】	K	・Kから先生 ⎫ 先生とK	
B【先生の奥さんへの告白】	先生	・先生からK ⎭	
C【Kの自殺】	K	・K中心 ⎫ Kと お嬢さん	
D【お嬢さんの気持ち】	お嬢さん 奥さん	・お嬢さん ・お嬢さんからK ⎭ お嬢さんと 先生	
E【先生とK】 （教科書抜粋部分のまとめの課題）	先生 K	・先生中心 ・K中心	
F【先生とお嬢さんの結婚生活】	お嬢さん	・結婚後のお嬢さんと先生	
G【私と先生との関係】	「私」	・「私」と先生	
H【作品】 （作品全体のまとめの課題）			◎

2 伝え合いの形態

　教科書抜粋部分に関わる課題A〜Eの中から、学習者が取り組んでみたいものをアンケートをとって選択させ、それをもとに4〜5人の学習班を編成した。

　全体の場での発表は、課題の内容に応じて、次のように「パネルディスカッション」「ディベート的討論」「プレゼンテーション」という伝え合いの方法を選択させた。学習者はアンケートによって学習課題を選択すると同時に伝え合いの形態も選択することになる。

【二者択一型課題】………ディベート的討論
　　・「先生の奥さんへの告白は間違っていたのか」
　　・「先生とKの立場はどちらがつらいのだろう」

資料4−11 「こころ」の学習指導過程

対象…兵庫県立小野高等学校　・第0次　　　…夏休みの家庭学習
　　　2年生1組　　　　　　　・第1・2・3次　…各50分
時間…合計13時間　　　　　　・第4次　　　…家庭学習
　　　　　　　　　　　　　　・第5次　　　…150分
・第6次　　　…50分
・第7次　　　…150分
・第8次　　　…50分
・第9・10次　…計100分

〈 学　習　指　導　過　程 〉

第0次…「こころ」全編の通読
　①夏休みの課題として、「こころ」の全編を通読する。
第1次…全編の感想と疑問の表出
　②作品全編の感想と疑問、課題の表出。
第2次…作品の大枠の確認
　③教科書抜粋部分（「下　先生と遺書」の一部）以外の内容を確認、整理する。
　④「Kより先に先生がお嬢さんに自分の気持ちを告白できなかった理由」を考える。
第3次…発表用レジュメ作成要領と発表方法の理解
　⑤前次に指導者より提示された課題例「Kより先に先生がお嬢さんに自分の気持ちを告白できなかった理由」についてまとめたレジュメをもとにレジュメ作成要領と発表要領の作成要領と発表の方法を把握する。
　☆課題一覧表の配布と班分け希望アンケートの記入。
第4次…個別による課題探求
　⑥課題A〜Eについて個々担当課題し、「個の読みプリント1」にまとめる。
第5次…小集団における課題探求
　⑦担当課題についてグループで探求し、「レジュメ」にまとめる。

学習形態	個別	一斉	個別	小課
課題の発見	発表方法の理解			

182

集団の探求	全体	第6次…小集団における担当課題以外の読みの交流 ⑧担当課題以外について探求し、「グループの読みプリント」にまとめる。 第7次…全体における担当課題の読み ⑨課題についての発表と意見の交換 　A【Kの先生への告白】―プレゼンテーション 　B【先生の奥さんへの告白】―ディベート的討論 　C【Kの自殺】―パネルディスカッション 　D【お嬢さんから三人への気持ち】―プレゼンテーション 　E【先生とK】―ディベート的討論 　☆発表を聞いての評価用紙を交換する。（資料のまとめ方・説得力・声の大きさ・質問に対する答え方・班のチームワーク・発表班への一言）
主題探求	個別	⑩発表を聞いた後、自分の考えを「私の読みプリント」にまとめる。 ⑪課題A〜Eのまとめ―「私の読みプリント」からの抜粋をプリントにしたものを読む。 第8次…個別による課題（教科書抜粋部分以外）の読み ⑫課題F〜Hについて解決し、「個の読みプリント2」にまとめる。 　F【先生とお嬢さんとの結婚生活】 　G【私と先生との関係】 　H【作品】
	個別	第9次…全体における読み（教科書抜粋部分以外の課題）の交流と個の読みの再構築 ⑬「個の読みプリント2」からの抜粋を一覧にしたものを配布して、「個の読みプリント2」を修正する。
	一斉	第10次…作品全体の読みのまとめ ⑭続編の創作と交流 ⑮読後感想文の創作と交流

【内容追究型課題】………プレゼンテーション
　・「どうしてKは先生だけに告白したのか」
　・「お嬢さんからみて二人はどのような存在なのか」

【内容追究型（複数に分かれるもの）課題】…パネルディスカッション
　・「Kの自殺の原因は？」

```
┌─【ディベート的討論】─┐      ┌─【プレゼンテーション】─┐
│ ①A班の発表　　15分 │      │ ①A班の発表　　15分  │
│ ②B班の発表　　15分 │      │ ②質疑応答　　　7分  │
│ ③討論　　　　15分 │      │ ③講評　　　　　5分  │
│ ④講評　　　　 5分 │      └──────────┘
└──────────┘
```

```
┌─【パネルディスカション】─┐
│ ①A班の発表　　10分  │
│ ②B班の発表　　10分  │
│ ③C班の発表　　10分  │
│ ④質疑応答　　　15分 │
│ ⑤講評　　　　　5分  │
└───────────┘
```

　発表時間は上のように定めた。発表には必ずレジュメを用意し、課題探求のプロセスを明らかにするように指示した。第2次に課題例「Kより先に先生がお嬢さんに自分の気持ちを告白できなかった理由」の発表用レジュメを、指導者自らが見本として作成したうえで、レジュメの作成要領を次のように説明した。

【レジュメの構成】

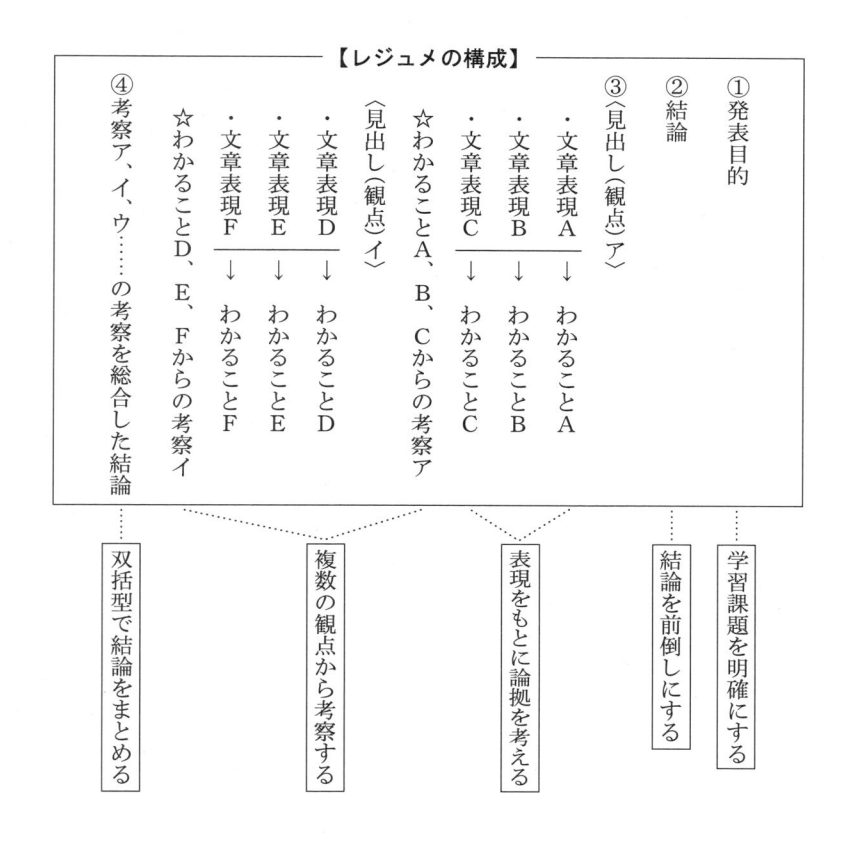

① 発表目的 → 学習課題を明確にする

② 結論 → 結論を前倒しにする

③ 〈見出し(観点)ア〉
・文章表現A → わかることA
・文章表現B → わかることB
・文章表現C → わかることC
☆わかることA、B、Cからの考察ア
→ 表現をもとに論拠を考える

〈見出し(観点)イ〉
・文章表現D → わかることD
・文章表現E → わかることE
・文章表現F → わかることF
☆わかることD、E、Fからの考察イ
→ 複数の観点から考察する

④ 考察ア、イ、ウ……の考察を総合した結論
→ 双括型で結論をまとめる

　発表日までに指導者と発表班との相談日を数回設けた。発表の前日には班長にレジュメをもって発表内容の報告に来させ、打ち合わせをした。
　毎時間の発表には、次のような観点を示した評価用紙を配布して相互評価をさせた。また、講評という形で指導者からの評価も行った。
　①資料のまとめ方　②説得力　③声の大きさ　④質問に対する答え方
　⑤班のチームワーク　⑥発表班への一言

3　学びの様相

　前述のように課題の選択、配列と、伝え合いの形態を考慮した課題探求

型の学習指導によって、学習者はどのような読みを築き上げていったのであろうか。

　ここからは、各課題ごとに、発表班が課題探求のプロセスとその結果をどのように説明し、それをもとにどのような議論が展開されたのかをまず示す。次に、その伝え合いをもとに、Tさんというひとりの学習者の読みがどのように変容したのかを考察していく。

　A【内容追究型課題】……プレゼンテーション
●「どうしてKは先生だけに告白したのか」
　発表班は「Kは初めから先生のお嬢さんへの気持ちを感じていたのでは？」という「着眼点」に注目して論を展開した。文章表現をもとにこの「着眼点」について考察した結果、発表班はどちらとも考えられるという結論に達した。そこで、二つの場合に分けて「主課題」の検討に入った。
【お嬢さんに対する先生の気持ちを、Kが感じていた場合】
　お嬢さんに対する先生の気持ちを、Kが感じているなら、なぜKは先生に自分の気持ちを告白したのかという問題が浮かび上がった。そして、Kは先生に告白することによって、先生にも正々堂々と自分に思いを告げて欲しかったのではないかという結論を提示した。
【お嬢さんに対する先生の気持ちを、Kが感じていなかった場合】
　Kはこれまでの自分の生き方を知っている先生を信頼して、恋の相談に乗って欲しかったのではないかと結論づけた。
　そしていずれの場合においても、Kの告白は先生への信頼感や友情といったものが根底にあったと「総合結論」をまとめた。このプレゼンテーションから、純粋なK、先生に対して信頼感を抱くKといった人物形象が浮かび上がり、次の図のような関係が明らかになった。

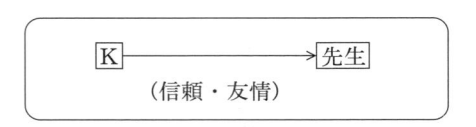

```
┌─────────────────────────────┐
│      K ──────────→ 先生      │
│      （信頼・友情）            │
└─────────────────────────────┘
```

> **◆グループ発表を聞いたTさんの読み**
>
> やはりKは先生を信頼していたがゆえにだと思う。①Kは平生は道を重んじ、常に精進しようとしていて、恋でさえも邪道と考えるような人物だ。そんな人が恋にはまってしまって、②うろたえる自分がいて、どうしたらよいかと相談したかった。③先生はKにとって唯一の友達でもあり、また尊敬できる人物であったのだろうと思う。先生であったら的確に相談事を解決してくれると思っていたと思う。やはり、そこには先生に対して絶対の信頼があると思う。先生の気持ちは気づいていなかったと思う。Kは人のことを考える余裕などなかったと思う。

　Tさんは、道を重視した生き方をしてきたK（①）や、道と恋との狭間で苦悩しているK（②）といった人物形象を捉えている。そのうえで、発表班が「Kはこれまでの自分の生き方を知っている先生を信頼し、恋の相談に乗って欲しかったのではないか」と結論づけたのを踏まえて、Kが先生に恋の相談をしたのは、先生を唯一信頼できる人物であると考え、絶大なる信頼を寄せていたからだ（③）と述べている。つまり、先生へのKの告白は、友人としての信頼感にもとづくものであるとTさんは考えたのである。

B【二者択一型課題】……ディベート的討論

●「先生の奥さんへの告白は間違っていたのか」

　ディベート的討論によって、二つの班から次のような読みが出された。どちらの班も「着眼点」である「先生はKを本当の友人だと思っているか」ということから考察を進め、友人だとは思っていないということを前提として論を展開した。次は、両派から出された主な論拠である。

【間違っている派】
　A、Kは先生を無二の親友だと考えているのに、先生はKを真の友人だと考えていない。

B、自分のことを友人だと思わせておいて、裏切るという卑怯なものである。

　　C、あせりからきた思慮不足であり、優柔不断である。

【間違っていない派】

　　D、先生はKのことを親友であるとは考えていないため、このような告白は当然のことである。

　　E、お嬢さんは人間不信に陥っていた先生を立ち直らせてくれた人物であり、先生にとってお嬢さんはかけがえのない存在であったため、この告白もやむをえない。

　　F、まわりの状況が厳しい中で、愛するがゆえにとった行為である。

　このディベート的討論によって、下図のように、Kへの先生の裏切りが明らかになり、同時に先生と叔父との信・不信の関係（論拠E）や、先生のお嬢さんへの愛（論拠E・F）なども浮かび上がってきた。

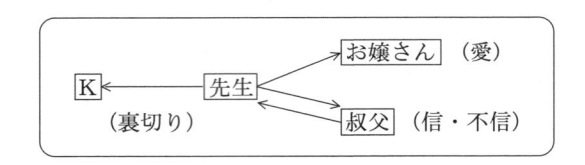

```
                    ┌─→ お嬢さん （愛）
   K ←─ 先生 ─┤
 （裏切り）          └─→ 叔父 （信・不信）
```

――――◆グループ発表を聞いたTさんの読み――――

　間違いともそうでないとも言えない。①先生は叔父に裏切られて以来、人を信頼できなくなったが、Kはそんな自分を明らかに信頼している。自分を信頼し、必要としてくれる人に対して、②自分の利己心だけで行った行為は間違いだと思う。本当に人に裏切られるつらさを知っている者が、同じ行為を自分を信頼してくれている人にするのはあまりにひどいことだ。なのに、どうしてあんなことまでして告白したのかと考えると、①お嬢さんをよほど欲しかったのだと思う。お嬢さんを得ることで自分の傷をいやして欲しいと考えていたのかもしれない。ぬくもりを得ようとする先生を見ると、間違っていないとも思える。

Tさんは発表の内容を踏まえて、過去のつらい体験によって人間不信に陥っている先生の人物像や、それを癒してくれるお嬢さんへの愛を捉え、告白は間違ってなかったと考えている（①）。しかし、信じるものを裏切るという点では、奥さんへの告白は間違っているとも記している（②）。課題Aから読み取った先生へのKの信頼感とこの課題Bをつなぎ合わせ、Kの信頼や友情に対して、結果的に裏切りという形で応えざるを得なかった先生、つまり信頼、友情と裏切りといった関係を読み取っているのである。

C【内容追究型課題（複数に分かれるもの）】……パネルディスカッション

●「Kの自殺の原因は？」
　Kの自殺の主な原因としては、（ア）道を重視する生き方の挫折、（イ）失恋、（ウ）先生の裏切り行為、という三つ程度が考えられる。各班は自殺の原因を次のように結論づけた。

【C－1班】
　（ア）道を重視する生き方の挫折を主たる原因と結論づけた。その上で、道を重視してきたKの生き方や、Kの道に対する思いを強調した。

【C－2班】
　（イ）失恋に、（ウ）先生の裏切り行為が合わさったことが原因だと結論づけ、お嬢さんへの思いの強さからくる失恋のショックと、互いの孤独な境遇を理解して、これまで信じて疑わなかった先生に裏切られたKの失望感を強調した。

【C－3班】
　（ア）道を重視する生き方の挫折と、（イ）失恋とが合わさったことが原因と結論づけ、道を重視してきたKの生き方の挫折と失恋とによって、行き場をなくしてしまったKのつらさを強調した。

　このパネルディスカッションによって、次頁の図のように道を重視したKの生き方とその挫折（信仰と挫折）、Kとお嬢さんとの関係（恋と失恋）、

Kと家との関係(義と不義)を捉えることができた。さらに課題A、課題Bの内容から、Kと先生との関係(信頼と裏切り)が重ね合わされた。

　授業の最後に、「下　先生と遺書」五十三章において、先生がKの自殺の原因を「寂しさ」と考察していることの意味を考えさせて、指導者からの講評とかえた。

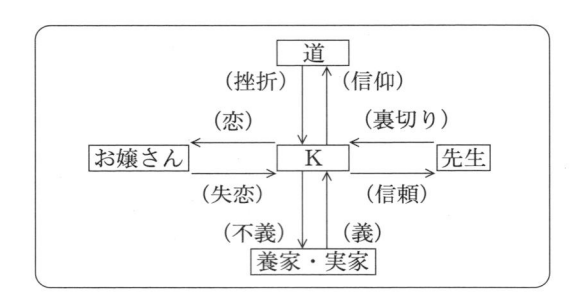

```
              道
        (挫折) ↕ (信仰)
        (恋)     (裏切り)
  お嬢さん ← K ← 先生
        (失恋)    (信頼)
        (不義) ↕ (義)
              養家・実家
```

◆グループ発表を聞いたTさんの読み

　私が考えるのは①道をつらぬけなかったであるが、②私たちの班が考えたのは、寂しさ故の自殺だったということだ。道を貫けなかったというのは、先生の「精神的に向上心のないものはばかだ」という言葉でわかると思う。恋に夢中であったKが、今まで貫いてきた道を思い返したのだろうと思う。覚悟という言葉には、お嬢さんに向かうというよりは、道をもう一度貫いて、お嬢さんのことをあきらめる覚悟のようにも思える。①全てを解決する手段として、死を覚悟するという意味も含まれていると思う。それは恋で道を踏み外したことの後悔からくると思う。②寂しさについては、養家にも実家にも信頼していた先生にまで裏切られた寂しさ、家庭的なものに対する寂しさ、心のよりどころのない寂しさ、これからの寂しさが、恋に走った原因でも、自殺した原因でもあると思う。先生の裏切り行為と、お嬢さんをとられたことで、寂しさは倍増したと思う。

　C－1班と同様に、恋をすることによって、一旦道を踏み外してしまったKにとって、それを解決する手段は自殺以外になかった（①）とTさん

は考えている。つまり、道を全うするための自殺であると考えるのである。一方、学習班においては、指導者から投げかけられた「寂しさ」の意味を考えた。そして、自分とつながりのあるすべての人との関係を断ち、没頭してきた拠り所（道）を失ったKが、最後の拠り所である先生とお嬢さんを失った。それが「寂しさ」中身であり、自殺の原因であると結論づけたと述べている（②）。

D【内容追究型課題】……プレゼンテーション

● 「お嬢さんからみて二人はどのような存在なのか」

　奥さんの「大丈夫です。本人が不承知な所へ、私があの子をやるはずがありません」という言葉から、お嬢さんは先生に好意を持っていたと考え、Kに対するお嬢さんの親密な素振りは先生に嫉妬させるためのものであったと述べた。したがって、Kはただの下宿人としてしか考えられていなかったと結論づけた。

　また、先生とKの経済状況や家庭環境の差、先生が一人で下宿していた頃の奥さんの態度などから、奥さんは先生を娘の結婚相手と考えていたと考察した。

　これらのことから、誰からも特別な人になれなかった、Kの哀れさと寂しさを強調した。

　このプレゼンテーションによって、次のような構造が明らかにされるとともに、男の言説で語られている「こころ」という作品を、お嬢さんと奥さんという周縁におかれた女性の視点から読み、作品の重層的な意味を引き出すことができた。

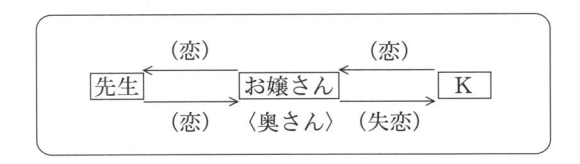

```
              （恋）          （恋）
      先生 ←      お嬢さん ←     K
              （恋） 〈奥さん〉 （失恋）
```

> ◆グループ発表を聞いたＴさんの読み
>
> 　お嬢さんは、①やっぱり先生に好意を抱いていたと思う。Ｋについては、お嬢さんも奥さんも視野に入っていなかったことが、Ｄ班の説明でよく分かった。②Ｋってとことん寂しかったんだろうなと思う。自分の存在がないって嫌われるより寂しいことかも知れない。Ｋはせめて先生の中だけでも大きく存在していたかっただろうに、裏切られて自分の居場所を失ったと思う。

　お嬢さんが先生に好意を寄せていると考えていたＴさんは、Ｄ班の発表を聞いて、お嬢さんや奥さんのＫに対する思いが明確になったと述べている（①）。そして、誰とも関係を結ぶことのできないＫを「とことん寂しかった」と表現した。自分のことを本当に理解したり、愛したりしてくれる人がいないＫの孤独な境遇（②）を思いやっている。

Ｅ【二者択一型課題】……ディベート的討論

● 「先生とＫの立場はどちらがつらいのだろう」
　先生の自殺の原因とＫの自殺の原因を比較することによって、先生の人生とＫの人生とはどちらがつらかったのかを比較、検討した。

【Ｋの方がつらかった派】

Ｋの自殺の原因
　Ｋの自殺の原因を、お嬢さんへの恋のため道を踏み外したこと、道を踏み外しながらも恋はかなわなかったこと、先生にも裏切られ人間関係でぬくもりを得られず、寂しかったことにあると述べた。

先生の自殺の原因
　叔父に欺かれた先生は、人とのつながりやぬくもりを求めて、愛を得るために現代的な行動（Ｋへの裏切りというエゴを通す生き方）をとるが、エゴを通して得たお嬢さんとの生活は、先生に真のぬくもりや安らぎを与えなかった。その寂しさの中で一人もがき苦しんでいた先生は、明治天皇

の死によって、「自由と独立と己に充ちた」これからの世の中では自分は生きてはいけないタイプの人間であると考え、新しい時代、精神に対する恐怖を感じる。そこで、乃木大将の殉死に影響を受け、Kを裏切ったことへの責任、Kが自殺したことへの責任をとり、自分も明治の精神に殉死しようと考えたのだと述べた。つまり、この自殺の根底にあるものは、絶えず抱き続けてきた寂しさと、新しい時代や生き方に順応することができないという悟りにあると結論づけた。

結論

二人の自殺の原因はともに「寂しさ」にあると結論づけた後、しかし、二人の大きな違いは、先生にはこれからの時代を生きる「私」に己を託すことができたが、Kには自分の寄る辺が何もなかった点であると考えた。その意味でKのほうがつらいと総合的な結論を述べた。

【先生の方がつらかった派】

Kの自殺の原因

恋をしたために道は閉ざされた。その行為による自己嫌悪にあると述べた。

先生の自殺の原因

自分のせいでKを自殺させてしまったと悩む先生は、後悔と苦悩の日々を送る。死んだ気で生きていこうと決心しても「何もする資格のない男」であると恐ろしい力が抑えつけるように言う。自殺もすることができず、自殺しようとしても妻のために動き出すことができない。それは一生かけた友人へのわびとでもいえる日々であった。乃木大将の殉死によって、自殺のきっかけをつかむが、それはKに殉死するといってもよいものであったと述べた。

結論

真綿で首を締め付けられるような長く苦しい生活を送った先生はKよりつらかったと結論づけた。

課題Eについてのディベート的討論は、教科書の掲載部分だけにとどま

らず、作品全体を踏まえたものとなり、これまで検討した課題A〜Dの内容をまとめ、作品の全体像を明らかにした。課題A〜Dと課題Eが絡み合うことによって、右のような作品構造が浮かび上がった。

※Tさんはこの課題Eの「Kのほうがつらい」という立場での発表担当であった。

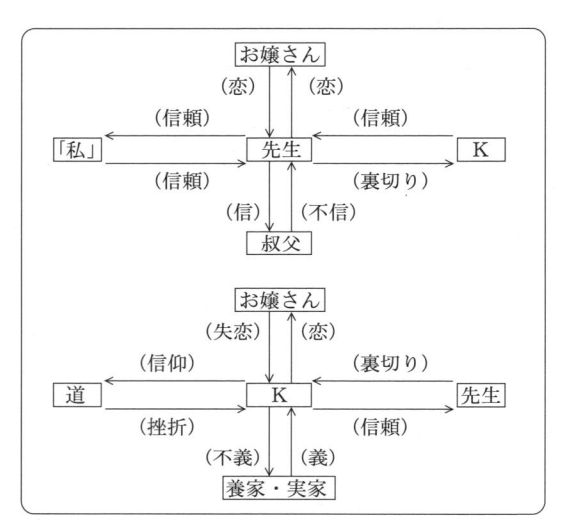

```
         お嬢さん
         (恋)  (恋)
   (信頼)        (信頼)
「私」 ← 先生 →  K
   (信頼)        (裏切り)
         (信)(不信)
          叔父

         お嬢さん
        (失恋)  (恋)
   (信仰)        (裏切り)
  道 ← K →  先生
   (挫折)        (信頼)
         (不義)(義)
         養家・実家
```

　課題F〜Hについては、時間の関係上、グループによる課題探求という形をとらなかった。個々の読みを一覧にしたプリントを全体で交流して読み深めることにした。

　以下、プリントによる交流によって、Tさんが各課題をどのように深めたのかを考察をする。

F　お嬢さんは先生との結婚生活をどのように思っていたのだろうか。

> 　心の内で通じ合っていない(心の内を話し合えない)関係に初めは大変戸惑い、幸福であることを探し続けはしたが、こういう二人だと認識した後は、先生が持っていたほどのつらさ、悲しさは無いように思える。というより、お嬢さん自体が現代人であって、人とのつながりを強くはそう求めていなかったように思える。

　課題Fは、結婚後のお嬢さんと先生との生活に焦点を当てる課題である。Tさんはお嬢さんに明治時代の人間というより、現代人のドライな面を読み取っている。これは課題Hの主課題3の読みと響き合っている。

G〈主課題１〉先生が妻にさえ明かさない秘密をなぜ「私」に打ち明けたのか。(先生→「私」)

> 「私」という人間は、自分(先生)の過去(寂しさ)について知った上で、現代を自分とは違って立派に生き抜いていける人だと思ったから。こんな自分(先生)に興味をもってくれて、近づいて自分から何かを得ようとしているのを見て、①自分が死んだ後も自分の精神(寂しさのない暖かさがある時代)を「私」という人の中でしっかりと残しておきたかった。ある意味で、現代に対する懸念と批判があるように思う。だからこれから現代を生きる人に伝えたかった。

〈主課題２〉「私」はなぜ先生に近づいたのか。先生に惹かれる理由。
　　　　　　(「私」→先生)

> 先生に近づいたのは、海で見た時、外人と話をしている。＝すごい人＝②何かを吸収できる人と考えた。

〈着眼点〉父親の死を前にしてまで、先生のところへ行ってしまう「私」は何なのか。

> 「私」が今から生きていくなかで重要な位置を占める人だから。また、③家族を捨て、自分をとった。これは現代が始まり、「私」が現代を生きていく象徴。

〈着眼点〉大学生の「私」は、この先生の遺書を読んで、これからの生き方を変えるのか。変わるのならば、それはどんな生き方か。

> 「私」は生き方を変えるというより、考え方が変わると思う。④現代の利己的な行動をとったとしても、根底には先生が教えてくれた暖かさや人とのつながりを想う気持ちがあると思う。

課題Gは「こころ」という作品の語り手として「上」「中」「下」に登場しながらも、教科書掲載部分では中心化されることのない「私」という人物に焦点をあてるものである。

　旧制高校の学生であり、知識人予備軍と言える「私」は知識人である先生に興味を抱き始め、その不可解さに少しずつ惹かれていく（②）。それに対して、先生は必要以上に自分に関わりをもとうとする「私」に、これからの社会を生き抜くため自分の中に残る明治の精神を伝えようとした。それは現代という時代に対する一種の懸念であり、批判であった（①）とTさんは考えている。先生から手紙を受け取った「私」は、危篤状態にある父を捨てて東京の先生のもとへと走る。これは家や血縁というものにとらわれず、自己を重視する現代的な行動であり、新しい時代に生きる「私」を象徴する行為である（③）。しかし、その根底には先生が伝えようとした明治の精神が宿っている（④）という読みをしているのである。

H〈主課題１〉先生が主人公（？）なのに、「中　両親と私」という章があるのはどうしてか。

> 　「私」がこれから生きていく上で、本当の意味で両親というつながりが最後であったからだと思う。この場面は、「私」が死の床にいる父を捨てて、先生の所、東京へ行くというところであるが、先生が求めるような平凡な家庭の暖かさが非常に沢山描かれていると思う。だから<u>先生の寂しさとは何なのかを読者にそれとなく匂わせるのと、そんな平凡さが、この「私」にとってはものたりなさを感じさせるという環境の違う二人の考えの相違、もしくは先生の寂しさをある種ひきたてるものかもしれない。</u>

　課題Hは、「中　両親と私」に登場する「私」の両親の生き方が、明治の典型的な生き方として描かれていることに気づき、そこから東京へ飛び出す「私」とは何なのかを考える課題である。Tさんは「私」の両親の生き方＝先生の憧れ（明治）、そこを飛び出す「私」の生き方＝新しい時代と対比的に捉えている。

〈主課題2〉父の死、明治天皇の崩御と乃木大将の殉死、先生の死、そしてKの自殺。これらの「死」という共通点に対して、何か深い関係があるのか。

> 時代の移り変わりを示すもの。自分にこだわりをもって生きていた人間の、こだわりのある死。

Tさんは、死んだ人間＝古い時代に生きた人の典型、生きている人間＝新しい時代を生きる人の典型として描かれていると考えている。

〈主課題3〉「静」以外に固有名詞が使われていないのはどういう意味があるのか。

> （乃木大将の妻とお嬢さんは）同じ名前であっても、時代が違えば生き方も考え方も違うということの象徴。乃木大将の妻、静子は明治と共に夫と一緒に死んだが、先生の妻は、現代を生きていく。また、生きていける。現代人として。

お嬢さんの名（「静」）と乃木大将とともに殉死した妻の名（「静子」）との類似性から、その生き方の相違をより対比的に捉えさすために、漱石がお嬢さんにあえて乃木大将の妻に似た名前を与えたと考えている。

〈主課題4〉題が「こころ」なのはなぜか。

> 先生やKが求めていたのは、人とのつながり、ぬくもり。それは心の中で通じ合う、分かり合う、何かがあるからこそできるもの。恋愛、葛藤（Kが道をとるか恋をとるか…など）、またこの話の中で心うちをはっきり口に出したのは最後だけ。すべては心の中でのことであるから。

●続編（東京へ行った私は？先生の奥さんは？）

> 　先生の遺書を手に東京についた私。先生の死んだ姿を見て（思って）、悲しみにくれるが、先生の残してくれた遺書を見て、①先生からのメッセージに気づく。先生が生きられなかった現代を、立派に生き抜こうと決意。父の死の寸前に飛び出してきたので家からは全く便りもない。でも①私はこれから生きていくうえで大切なものを得たことで生きる勇気がわく。一方、②先生の奥さんは、先生の死に戸惑いを見せるが、すぐ開き直って、また次の新しい人を見つけようとする。そして何年かの後再婚。身近に起こったこの事件をその再婚相手に過去の過ぎ去った出来事として話す。

　Tさんは「こころ」という作品に明治から新しい時代への移り変わりを読んでいる。「私」の父や母、先生、乃木大将やその奥さんなどを古いタイプの人間、そこを飛び出す「私」や先生の奥さんを新しいタイプの人間と捉えている。そして、「私」は、先生から託された教訓を心に秘めて新しい時代を逞しく生きるであろうと予測し（①）、先生の奥さんも新しい時代をドライに生き抜くことができる（②）と読んでいる。

　これまでの様々な伝え合いを経て、Tさんの読みはどこにたどり着いたのだろうか。

●授業後のTさんの感想

> 　この授業を通して感じた「寂しさ」というものに考えさせられるものがあった。この本に共通する「寂しさ」とは、他人がいての自分だということだ。人は一人では生きていけない。自分を助け励ましてくれるだろう他人と、どういう「心」をもって接していくのか。現代を生きる私たちのただの利己心だけによる他人との付き合いを懸念しているように思えた。今は大いに自己主張できる時代だ。とともに人とのつながりが問われていると思う。この作品から読みとれた「心」をもって人と接すれば、孤独になることはないのではと思う。

「こころ」という作品を、恋愛と友情との葛藤という一面的な読みに止めることなく、「寂しさ」という言葉をキーワードにして、人と人とのつながりを主題と捉えている。そして現代に生きる私たちのエゴイズムとそれによる希薄な人間関係を取り上げ、人と人との関わりの中で大きな役割を果たすものが「心」であると結んでいるのである。

　学習者は授業後の感想文において、「ただ教えてもらうだけでなく、自分で考えることが大切なんだと思いました」、「授業で先生から言われると、自分とは違う考えでも、『先生がそう言っているから……』と思いこもうとする。けれど、友達同士だと『でも……』から始まって新しい発見も生まれてくる。その過程がとても楽しかった」と記している。伝え合い重視した課題探求型の学習指導は、教師主導の一斉授業にはない主体的な学びを保障し、学ぶ喜びを実感させることができる。
　しかし、それだけでは文学を読んだことにはならない。人物像やその変容を捉え、人間関係を中心にして作品を構造的に捉え、虚構の世界の意味を全体として理解するためには、次のア・イ・ウの学習課題を、ア→ウの順に選択、配列する必要がある。

> ア、登場人物の人物像やその変容を浮き上がらせる課題
> 　　………〈形象〉を読む
> イ、人物の互いの関係を明らかにするような課題
> 　　………〈構造〉を読む
> ウ、いくつかの課題をまとめ、作品の全体像が明らかになる課題
> 　　………〈主題〉を読む

配列↓

　このように選択、配列された学習課題の読みを、プレゼンテーション、ディベート的討論、パネルディスカッションといった言語活動を選択して、伝え合うことによって、学習者の読みは登場人物の形象から人物と人物との関係（構造）へ、そして作品全体の読み（主題）へとせり上がるように形成されていくのである。

第4章　伝え合う力を高める高校2・3年生の学習指導の実際　199

第4節　伝え合いを重視した複眼的評価
　　　――単元「近代と脱近代」を例として

　秋田喜代美は、つながりのある評価を行う必要性を指摘している。「時間のつながり」、「教師や友人とのつながり」、「教科間でのつながり」を考慮して評価を行うことが大切だと述べるのである。そして、「理解や表現の評価は、純粋に教材に対する認知的問題のみではない。その場でともに学んだ先生や友人との関係性の中に表れたものである」[13]と記している。つまり、評価は教材の読みや事象に対する認識が深まったかどうかだけではなく、教師や学習者同士との関わりの中で、ひいては時間の推移や他教科との関わりによって、それがどのように変容したかを見つめることが重要だと指摘しているのである。

　本節においては、2001（平成13）年度に3年生に対して実践した単元「近代と脱近代」を例にして、互いの考えを伝え合い、複眼的に評価し合いながら（教師や友人とのつながり）、学習者が自己の言葉を振り返り、学びを豊かにしていく過程（時間のつながり）を、HさんとKさんに焦点をあてて明らかにする。そして、学習指導要領（制度化されたカリキュラム）をもとにして導き出した評価規準をを用いて、「経験されたカリキュラム」をどのように評価するのかも同時に考察する。

1　単元目標と評価規準

　単元「近代と脱近代」の単元目標と評価規準は、次のように設定した。なお、評価規準は学習指導要領をもとにして筆者が導き出したものである。

---【単元目標】---
　「前近代→近代→ポストモダン（脱近代）」という精神の流れを追うとともに、近代の光と影を浮き彫りにして、ポストモダンをどのように生き抜くのかを考える。その過程において、下記の様々な言語能力の育成を図る。

【単元の評価規準】
（ア　関心・意欲・態度）
①<u>自分の考えを明確にし</u>、進んで話そうとしたり書こうとしたりしている。
②授業で与えられたものの他に、必要な情報を集めようとしている。
③他の人の文章や意見を参考にして、<u>自分の言葉を磨こうとしている</u>。
（イ　読む能力）
①文章の展開を正確に捉え、内容を理解している。
②様々な種類の文章から必要な情報を集めるための読み方を身につけている。
（ウ　書く能力）
①<u>相手意識、目的意識を明確にして</u>、客観性・妥当性のある材料を選んでいる。
②<u>立場や伝えたいことを明確にして</u>、根拠を示しながら説得力のある文章を書いている。
（エ　話し・聞く能力）
①「何のために、何について話し合っているのか」を的確に捉え、<u>自分の考え</u>をまとめている。
②聞き手に正確に伝わるように話の組み立てを工夫している。
③伝え合うことによって、問題を解決している。
（オ　知識・理解・技能）
①<u>分かりやすく伝えるために</u>、速度やプロミネンス、間、身振り、表情などに注意している。

　この評価規準の傍線を添えた部分から「自分の考えを明確にし、言葉の力を高めていくこと」、波線部分から「相手や目的にふさわしい言葉を使うこと」を強く求めていることがわかるであろう。自分がいて他者がいる。そこに伝え合いが行われるときに真の言葉の力が育まれるのである。
　本単元「近代と脱近代」では、前近代から近代、そしてポストモダンへと移行するにつれて人間の精神がどのように変化したのか、またそれによってもたらされたものは何なのかを考える。その後、単元のまとめとして「近代は我々に何をもたらしたのか、我々はポストモダンをいかに生きるか」というテーマでパネルディスカッションを行い、それをもとにして意見文を書く。

2　複眼的評価の実際

　ここでは、パネルディスカッションから意見文の作成までの過程を、どのように複眼的に評価したのかを示す。

　次表のように、パネルディスカッションに至る過程に、立論原稿の記述、立論の相互批評と推敲、相互推敲の機会を設けた。パネルディスカッション後には、豊かになった考えをもとにして立論を見直し、意見文を作成させた。

個別	①立論原稿の記述
グループ	②立論の相互批評と推敲 ③グループ代表パネリストの選考（原稿の相互推敲） ④グループ代表に対して想定質問
全体	⑤パネルディスカッション
個別	⑥意見文の作成

【発想、材料の収集・選択】

　「近代・脱近代」に関連する既習の教材と「現代を知る」（第一学習社編）を読ませ、近代社会の問題点をより具体的につかませた。そして、「教育」「福祉」「社会」「情報」「科学技術」「医療」「環境」「国際化」など興味のある分野を選択して、テーマに即した立論を書くように指示した。

　既習の教材を読む力は定期考査によって、評価規準イ①「文章の展開を正確に捉え、内容を理解している」をもとに評価した。Hさんは33／50点であり「十分満足できる」、Kさんは20／50点で「努力を要する」と評価した。

【Hさん、Kさんの評価】

定期考査の得点　イ①	
Hさん	33点（A）
Kさん	20点（C）

【立論の作成と相互批評・推敲】——他者評価・自己評価

　文章作成にあたって知っておくべき技能を学習者から引き出した。頭括型、尾括型、両括型、起承転結といった文章構成の型、主張と根拠、具体

と抽象といった論の展開、ＫＪ法を用いた文章構成法や展開法などを確認したうえで、立論原稿の作成に移った。できあがった立論はグループ内で相互批評して推敲させた。

◆Hさんの立論と相互批評（「医療」の分野）

〔推敲後の立論〕

※（　）は相互批評の後、Hさんによって新たに付け加えられた箇所
　近代になり、医療技術が進歩したおかげで、日本では人が病気にかかってもすぐに治すことができるようになり、世界一の長寿国となった。これはもちろん重要なことであり、医学なしに人類が繁栄を続けていくことなど不可能である。しかし、医療を発展させていく上で決して忘れてはならないものがある。それは、患者の人権だ。（昔は医学が発展していない代わりに家族が心を込めて患者を介護していた。しかし、今はどうであろう。病気になれば薬を投与されたり点滴をうけるだけである。これでは人間らしい生活とは言えない。人間はモノではないのである。このように）現在の日本においては患者の尊厳が侵されている場合がある。※改行した
　（第一に、）患者が自分の治療内容を知ること、つまりインフォームド・コンセントが不徹底であること。（第二に、）死期の迫った患者にあらゆる延命治療を施し、医療器機に囲まれた孤独な死に方をさせていること。（第三に、）一部の医者が金儲けのために患者に不必要な多くの治療を施していることだ。
　（第一の問題について、）〈中略〉医者と患者との間に信頼関係を築くことが大切である。
　（第二の問題について、）〈中略〉ホスピスの設立が増えてきている。これからはそのような施設がますます重要になる。
　（第三の問題については、）〈中略〉患者が医療内容を知り、不必要な治療を避けるというインフォームド・コンセントが必要なのである。

患者の人権が侵されている具体例を文頭でもう少し示すとよい（K君）

段落意識をもう少し明確にするとわかりやすい文章になる（Aさん）

Hさんは、班員のK君から「患者の人権が侵されている具体例を文頭でもう少し示すとよい」、Aさんから「段落意識をもう少し明確にするとわかりやすい文章になる」と助言された。そこでHさんは、第1段落において患者の人権が侵されている具体例を入れたうえで、現在の終末医療の問題とそれに対する対応について「第一、第二、第三」と整理して書き直した。

　ア②「授業で与えられたものの他に、必要な情報を集めようとしている」については、自分の知識を盛り込みながら書いてはいるが、特に図書館等で文献を調べてはいなかったので「おおむね満足できる」と評価した。しかし、ア③「他の人の文章や意見を参考にして、自分の言葉を磨こうとしている」については、K君、Aさんの助言を受け入れ、立論を改善しているので「十分満足できる」と評価した。

　イ②「様々な種類の文章から必要な情報を集めるための読み方を身につけている」は、既習の教材の内容を上手にまとめて立論を書いていたので「十分満足できる」と評価した。

　ウ①「相手意識、目的意識を明確にして、客観性・妥当性のある材料を選んでいる」については、現在の医療が抱える問題を的確に把握していること、ウ②「立場や伝えたいことを明確にして、根拠を示しながら説得力のある文章を書くことができる」についても、論点を整理してわかりやすく立論をまとめていることから「十分満足できる」と評価した。

【Hさんの評価】

ア②	ア③	イ②	ウ①	ウ②
B	A	A	A	A

◆Kさんの立論と相互批評（「社会」の分野）

　Kさんは、班員のOさんから「西欧化をめざすことをやめれば、では何を行うべきか」、Nさんから「最終的に何が言いたいのかということがきちんとまとまっていないような気がした」と助言された。そこでKさんはOさんの助言を活かし、最終段落を若干手直して具体的にした。しかし、Nさんの助言にはどのように応えればよいのかがわからなかった。

〔推敲後の立論〕

> 「近代」は私たちに物質的豊かさをもたらした。西欧、特にアメリカを目標にあらゆる分野で爆発的な進歩を遂げ、世界でも有数の先進国となった。
> 　しかし、この豊かさが今、日本の数多くの問題の根元となっている。アメリカに追いつき追い抜こうとしていた戦後の日本は、西欧化することが一番の近道だと考えた。西欧諸国にならい、女性の社会進出、教育内容の転換など、様々なところで西欧化への道が進められた。しかし、日本の「タテ社会」の考え方は戦前とは変わらず社会の根底に存在していた。この西欧文化と日本文化が共存したために生じた歪みが日本に多くの問題をもたらす結果となった。
> 　日本が西欧化することで豊かになったのは事実だが、もう一方で多くの問題を生んだこともまた事実である。形だけの西欧化は、女性に社会進出の機会を与え、子供たちを高学歴化した。しかし、日本の文化は女性の出産後の社会進出を拒み、子供たちの高学歴化を受験戦争へと導いた。
> 　未だに我々は、このような問題はより西欧化することで解決できると考えている。国際化をすることや、教育をスリム化して学校を週五日制にすることなどでよりアメリカに近づこうとしている。これではまたそこから問題が出てくるのは目に見えている。
> 　アメリカにあこがれ、西欧化をめざすことから~~脱すれば、自ずと問題解決への道は見えてくる~~。日本独自の対策をすることが日本の今の問題を解決する方法だ。

> 西欧化をめざすことをやめれば、では何を行うべきか。（Oさん）

> 最終的に何が言いたいのかということがきちんとまとまっていないような気がした。（Nさん）

　ア②「授業で与えられたものの他に、必要な情報を集めようとしている」については、Hさんと同様に自分の知識は豊富に盛り込まれているが、一つ一つの知識が曖昧で、多くの文献を調べているとは言えないので「おおむね満足できる」と評価した。また、ア③「他の人の文章や意見を参考にして、自分の言葉を磨こうとしている」についても、Oさんの助言は受け入れたが、Nさんの助言が十分に活かされていないので、「おおむね満足で

きる」と評価した。

　イ②「様々な種類の文章から必要な情報を集めるための読み方を身につけている」は、これまでに蓄えた多くの知識をまとめて立論を書こうとしているので「十分満足できる」と評価した。

　ウ①「相手意識、目的意識を明確にして、客観性・妥当性のある材料を選んでいる」、②「立場や伝えたいことを明確にして、根拠を示しながら説得力のある文章を書くことができる」については、独りよがりな面もあり、例と主張の結びつきに妥当性がないことから「努力を要する」と評価した。

【Kさんの評価】

ア②③	イ②		ウ①②	
B	B	A	C	C

【グループ代表パネリストの選考】——他者評価・自己評価

　相互批評し、推敲した原稿を再びグループで読み合い、良くなった点、不十分な点などを指摘し合いながら、グループ代表パネリストを１名選んだ。

【グループ代表に対する想定質問】——他者評価・自己評価

　グループ代表の立論に対して、班員が想定質問をし、その対策を練った。次はHさんの立論に対するものである。

◆Hさんに対する想定質問

班員からの想定質問

患者で金儲けをしている医師がいると書いているが、具体的にはどのようなことをしているのか

Hさんの立論原稿

脳死状態の患者と家族の希望が食い違ったとき、どうするのか

（グループで練った対策）
　①医者が患者で金儲けしている例を具体化すること。
　②インフォームド・コンセントの不徹底の例には、ガン告知以外のものを使ったほうが良い。

　Hさんは発表用メモに「患者で金儲け」や、「インフォームド・コンセントの不徹底」の具体例を追加するとともに、「脳死状態の患者と家族の希望との食い違い」という考えを加味して、パネルディスカッションに対する準備をした。

資料４－12　Hさんの発表用メモ

テーマ「近代は私たちに何をもたらしたのか、私たちはポスト・モダンをいかに生きるか」
★わたしたちの班の主張
【近代がもたらしたもの】 医学の進歩によって病気がすぐに治せるようになった。
【ポスト・モダンをいかに生きるか】 医学を進歩させることは大切だが、人権を守ることは決して忘れてはならない。
【話す材料】 ①インフォームド・コンセントの不徹底　　　　夫の病気で 　・薬を与えすぎ（副作用が出るほど）cf. パーキンソンになった人 　・自分の使う薬がどんなものか知らされない ②延命しすぎ 　・植物状態の人の家族は延命を望むのだろうか？否。 　・その人にとっての幸せでは？ ③患者で金もうけ 　　　　　　　　　　　　　　　　　　　　あまり 　・実際に話をきいたりして薬を使用しないのに患者を治せる人もいる 　・薬害エイズの問題（もういって何年たっているのに…） ・宗教のこと ・新薬開発の道のり
◆深まったパネルをして、ポスト・モダン（21世紀）を豊かに生き抜こう！！

グループで話し合うとき、エ①「『何のために、何につい　【Hさんの評価】
て話し合っているのか』を的確に捉え、自分の考えをまと
めている」は、グループにおける想定質問の内容を活かし
て発表用メモを作成しており、「十分満足できる」と評価し
た。

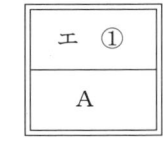

エ	①
A	

　◆Kさんに対する想定質問
　次はKさんに対する想定質問と、グループで練った対策である。

班員からの想定質問

　　西欧化によるひずみの例が受験戦争
　　と言っているが、それだけか？

　　　　　Kさんの立論原稿

　　ポストモダンをどう生きるのかという
　　ことを具体的に示してほしい。

（グループで練った対策）
　　①西欧化によるひずみの例をあと少し挙げないと主張が弱くなる。
　　②問題解決の方法を具体的に考える。

　Kさんは発表用メモに、西欧化によるひずみを「女性の社会進出」により「少子化」という現象が起こり、それが「高学歴化」を招いたと書いた。また、「食生活の変化による生活習慣病の発生」「ビジネス化する医療界」という問題も挙げた。そして、日本独自の問題解決の方法として、「保育の

充実（社会保障）」「技能重視と育成」「将来を見据えた法律作り」が重要だという結論を導き、発表用メモに記した。

資料4－13　Kさんの発表用メモ

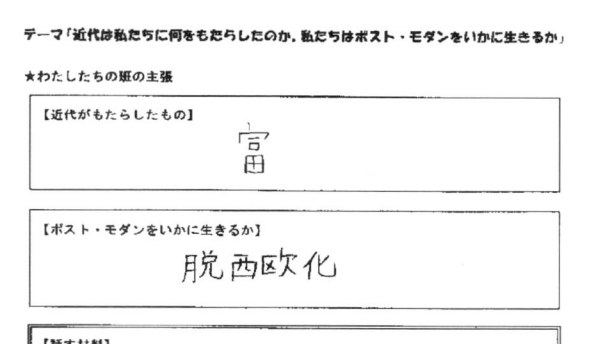

```
テーマ「近代は私たちに何をもたらしたのか。私たちはポスト・モダンをいかに生きるか」
★わたしたちの班の主張

【近代がもたらしたもの】
        富田

【ポスト・モダンをいかに生きるか】
        脱西欧化

【話す材料】
・タテ社会の西欧化によって生じたひずみ
  → 女性の出産後の社会復帰の問題 → 少子化
    （自由追求のため）
  ・高学歴化
    （一人っ子などによって）
付随・食生活の変化による生活習慣病の発生
  ・ビジネス化する医療界
    （代理母など）
  ⇩
  問題解決の方法
  <日本独自の対策>
  ・保育の充実（社会保障）・技能重視と育成・将来を見据えた法律作制
◆深まったパネルをして、ポスト・モダン（21世紀）を豊かに生き抜こう!!
```

グループで話し合うとき、エ①「『何のために、何について話し合っているのか』を的確に捉え、自分の考えをまとめている」について、Kさんのプリントを見るとグループのメンバーの助言を受け入れようとしていることがわかる。しかし、グループメンバーの意図を十分に反映したものとはなってはいなかった。そこで、「おおむね満足できる」と評価した。

【Kさんの評価】

エ	①
B	

【パネルディスカッション】——他者評価
パネルディスカッションは、次のようなフォーマットで実施した。

```
───【パネルディスカッションのフォーマット】───
立論                     各2分×7人＝14分
質疑応答（パネリスト間）   各2分×7人＝14分
質問（フロアーより）                10分
講評（指導者より）                   5分
評価表の記入                         5分
```

パネリストは、近代社会の弊害として「尊厳を無視した医療」「物質的な豊かさ追究による人間性の欠如」「環境問題」「資本主義が生みだした経済格差」「画一的教育」などを挙げた。そして「ポストモダンをいかに生きるか」について、以下のような提言をした。

```
──────◆各パネリストからの提言◆──────
【H】（医　療）患者の尊厳を守るために三つの視点が必要。
【K】（社　会）脱西欧化。道徳的で採算のとれる資本主義社会を作る。
【N】（環　境）人間の存続を至上命題とする。そのとき「豊かで便利な
              生活」は些細なものとなる。
【A】（国際化）互いを知り、尊重する精神を忘れない。そのうえで互い
              の妥協点を模索する。
【I】（国際化）欧米化イコール国際化という観念を捨て、個々人が国際
              化とは何かを判断し、行動する自立した国際人を目指す。
【Y】（教　育）優等生を量産するのではなく、個性と可能性を伸ばす教
              育が必要。
【U】（教　育）自己責任の取れる教育と社会を確立する。
```

次に示すのは、Hさんと他のパネリストとの質疑応答の記録と、Hさんのパネルディスカッションに寄せられた評価表である。

◆Hさんと他のパネリストとの質疑応答（録音）
（K）インフォームド・コンセントが大切だといっても医療に無知な患者が専門家の医師と対等になれるのですか？
（H）医学に無知な患者にも、医師は医療手段をわかりやすく説明する責任があります。治療方法を選択するのは、最終的には患者です。
（N）患者が尊厳死を選択したときに、家族が生きて欲しいと思う願いや医師の気持ちとの差をどのように埋めるのですか？
（H）大切な人が助かる可能性もないのに苦しんでいるのを家族は見ていられないはずです。楽になってほしいと考えるのが普通ではないですか。患者も家族に迷惑をかけるよりも、自分の意志で人間としての尊厳を保って死んでいきたいと思います。
（N）生命が続く限りそれを守るのが医師の責任だと考えられないですか。医療の発達を止めろということですか？
（H）そうではありません。医療がまだ完璧な状態でないから、植物人間という状態になります。医療が発達することは必要です。そうすれば、植物人間の状態にならず、治療することはできると思います。

〈Hさんに寄せられたパネルディスカッションの評価表〉

立論がとても整っていて、聞きやすかったです。話し言葉は結論を先に言って、しかも1,2,3と整理して根拠を言うとわかりやすいですね。普段あまり考えたことのない医療について新しい発見がありました。ありがとうございまいた。（Iさん）	日頃、おとなしいHさんが、堂々と話しているのを見て、感心しました。しかも、的確な受け答えに脱帽！　（M君）
	延命治療をされている人が私にとって大事な人だったら、少しでも長く生きて欲しいと思うでしょう。きれいごとで「楽にしてください」など私には言えません。〈中略〉私は医療技術の発達を心から望んでいます。（Dさん）

ア①「自分の考えを明確にし、進んで話そうとしたり書こうとしたりしている」については、多くの質問が投げかけられたにも関わらず、自己の

主張を堂々と述べており、自己評価にも「パネルディスカッションが苦手だと思っていましたが、やってみると下手ながらも自分の意見を述べることができて楽しかったです」と記していることから「十分満足できる」と評価した。

エ②「聞き手に正確に伝わるように話の組み立てを工夫している」については、Ｉさんが「立論がとても整っていて、聞きやすかったです。話し言葉は結論を先に言って、しかも１、２、３と整理して根拠を言うとわかりやすいですね」と評価表に記入しており、Ｍ君も「的確な受け答えに脱帽！」と記している。録音の記録からも、質問に対して患者の立場、家族の立場、そして医学全般からの立場と自説を筋道立てて述べていることがわかった。このことから「十分満足できる」と評価した。

オ①「分かりやすく伝えるために、速度やプロミネンス、間、身振り、表情などに注意している」について、Ｍ君の評価表には、「日頃、おとなしいＨさんが、堂々と話しているのを見て、感心しました」とあり、録音を聞いても慌てず、説得力のある話し方を意図的にしていたので「十分満足できる」と評価した。

【Ｈさんの評価】

ア①	エ②	オ①
Ａ	Ａ	Ａ

次はＫさんのパネルディスカッションにおける質疑応答の記録と評価表である。

　　◆Ｋさんと他のパネリストとの質疑応答（録音）
（Ｉ）「日本独自の対策」をしていかなければいけないと言いましたが、具体的にはどのようなことをしていくのですか？
（Ｋ）少子高齢化社会になっている日本においては、まず社会保障の充実や法律の整備が必要です。学校のことにしても週五日制とかをまず第一におくのではなくて、技能重視と育成とかそういうことをしていきます。
（Ｉ）それは西欧化と同じ事ではないのですか。
（Ｋ）私自身では西欧化自体は悪いことではないと思っているのですが、問題は今の日本の問題を解決していくことで、それが結果的に西欧と同じことであってもかまわないと思っています。

（Ｉ）技能を重視したら逆に高学歴とか、そのような問題にもどってしまうような気がしたのですが…。
（Ｋ）今の教育は技能重視と言うよりも知識の詰め込みだとか、画一化した効率重視の教育が行われていると思います。技能重視の教育とは個々人の持ち味を活かしていこうとする教育のことを指しているので、それはちがいます。
（教師）「日本独自のもの」でなくても、西欧のものでもいいものがあります。理念が伴わず、形だけまねして西欧のものを輸入することが今の日本の問題点だと思うのです。そう考えると、結論の「日本独自の対策」という言葉はきつすぎないですか。どう思いますか。
（Ｋ）きつい言葉かもしれないけど、今の日本ではそのくらいの気持ちが大切だと思います。それくらいの意志がないと中途半端になって今の日本は良くはならないと思っています。

〈Ｋさんに寄せられたパネルディスカッションの評価表〉

「表面的な欧米主義の導入」が全ての面においてひずみやズレを生みだし、諸問題につながっているという考え方は非常に納得できたし、日本文化を考えるとこれまでの過剰な欧米文化の追従は無理があったのではないかと思った。　　（Ｆ君）	理想論はいくらでも述べることができても、現実として実現しようとなると困難で、脱近代社会を生きるのは、なかなか難しいものだなと思った。　　（Ｋさん）
周りを納得させるには身近な事で理由づけをしていくとよいと思いました。（Ｆさん）	近代は西欧に近づく、豊かさを求めるという時代であり、その面を追求しすぎたために多くの問題が生じていると確信できた。これからは、昔の現状を維持し、そのなかで改革を進めることが大切だと思った。(Ｏ君)

ア①「自分の考えを明確にし、進んで話そうとしたり書こうとしたりしている」については、鋭い質問が投げかけられても、それに精一杯対応しようとしている。このことから「十分満足できる」と評価した。

　エ②「聞き手に正確に伝わるように話の組み立てを工夫している」については、Fさんが「周りを納得させるには身近な事で理由づけをしていくとよいと思いました」と評価表に記入している。抽象論に終わってしまい、説得力に欠ける話し方であることを指摘したものである。録音の記録を見ると、質問に合った応答はできている。したがって、「おおむね満足できる」と評価した。

【Kさんの評価】

ア①	エ②	オ①
A	B	B

　オ①「分かりやすく伝えるために、速度やプロミネンス、間、身振り、表情などに注意している」について、録音から「おおむね満足できる」と評価した。

【意見文の作成】
◆Hさんの意見文
　Dさんの「延命治療をされている人が私にとって大事な人だったら、少しでも長く生きて欲しいと思うでしょう。きれいごとで『楽にしてください』など私には言えません。〈中略〉私は医療技術の発達を心から望んでいます」という評価表を見たHさんは、「医療の発達が重要であると立論の冒頭部に書いたが、それが他者に充分伝わっていない」と考え、結論部にも再度、医療の発達が大切であることを書いて強調する必要性を感じた。そして、立論の最後の部分に次の文章を書き足した意見文を提出した。

　『少しでも長く生きる』という願いは患者にも、家族にもかわりのないものである。この願いを実現するうえで、医学の進歩は決して否定することはできない。しかし、医学の進歩が患者の尊厳を無視して、一人歩きすることだけはあってはならない。患者あっての医療だということを決して忘れてはならないのである。

〔Hさんの学びについての感想〕——自己評価

> 私は今回のパネルディスカッションで、いろいろな分野で自分の考えを深めることができたと思います。今回自分の書いた医療以外のところで他の人の意見を聞いて、新しい考え方を見つけることができました。〈中略〉私はパネルディスカッションが苦手だと思っていましたが、やってみると下手ながらも自分の意見を述べることができて楽しかったです。自分の意見をもつもとは大事なことだと思いました。

エ③「伝え合うことによって、問題を解決している」について、上に示した自己評価に「今回パネルディスカッションで、いろいろな分野で自分の考えを深めることができたと思います。今回自分の書いた医療以外のところで他の人の意見を聞いて、新しい考え方を見つけることができました」と記している。伝え合いが成立し、考えが深められたり、新しい考え方を見つけることができている。このことから「十分満足できる」と評価した。

【Hさんの評価】

エ ③
A

◆Kさんの意見文

　Kさんは、これまでの議論やO君の評価表の内容をふまえて、脱近代を生きるうえで大切なことを具体的に書くことにした。そして、西欧化をすべて否定することが重要ではないことも述べる必要があると感じた。そこで、立論の結論部に次のような文章を書き足して意見文とした。

> 　アメリカにあこがれ、西欧化をめざすことから、日本独自の対策をすることが日本の今の問題を解決する方法だ。具体的には社会保障の充実、技能重視の教育、将来を見据えた法律の改正などである。
> 　これらは一見すると西欧化と見られものもあるかもしれない。しかし、すべての西欧化をさける必要はない。近代がもたらした弊害を乗り越えるための西欧の技術や考え方は使ってもかまわない。それをいかに上手く融合させるかを考えることが重要なのである。

〔Kさんの学びについての感想〕——自己評価

> ほとんどの人が、昔の日本人の考え方を参考にポストモダンを生きていかなければならない、と感じているように思われた。昔と同じ生活様式に戻れ、という訳ではなく、近代が私たちにもたらした技術を使ったうえでの生き方が大切なんだと考えさせられた。近代の良いところと前近代の良いところを上手く融合させていくことがポストモダンでの生き方だと思う。

上に示した自己評価に、「近代が私たちにもたらした技術を使ったうえでの生き方が大切なんだと考えさせられた」と記していることに注目した。パネルディスカッションを行うまでは、西欧化・近代化を悪と考えていたKさんに変化が見られる。このことからエ③「伝え合うことによって、問題を解決している」については、「十分満足できる」と評価した。

【Kさんの評価】

エ	③
A	

これまでの学習活動の各場面におけるHさんとKさんの評価をまとめると資料4-14、4-15のようになった。各評価はポートフォリオ（プリント、ノート、相互評価表、自己評価表）、学習活動の録音、定期考査、観察によって行っている。そして、ア～オ各領域ごとの観点別評価を出し、それをもとに評定を出した。

資料4－14　Hさんの絶対評価

	学習場面ごとの評価	観点
（ア　関心・意欲・態度） ①自分の考えを明確にし、進んで話そうとしたり書こうとしたりしている。 ②授業で与えられたものの他に、必要な情報を集めようとしている。 ③他の人の文章や意見を参考にして、自分の言葉を磨こうとしている。	A B A	A
（イ　読む能力） ①文章の展開を正確に捉え、内容を理解している。 ②様々な種類の文章から必要な情報を集めるための読み方を身につけている。	A A	A
（ウ　書く能力） ①相手意識、目的意識を明確にして、客観性・妥当性のある材料を選んでいる。 ②立場や伝えたいことを明確にして、根拠を示しながら説得力のある文章を書いている。	A A	A
（エ　話し・聞く能力） ①「何のために、何について話し合っているのか」を的確に捉え、自分の考えをまとめている。 ②聞き手に正確に伝わるように話の組み立てを工夫している。 ③伝え合うことによって、問題を解決している。	A 　　A 　　　A	A
（オ　知識・理解・技能） ①分かりやすく伝えるために、速度やプロミネンス、間、身振り、表情などに注意している。	A	A
評定		5

資料4-15　Kさんの絶対評価

	学習場面ごとの評価				観点
（ア　関心・意欲・態度） ①自分の考えを明確にし、進んで話そうとしたり書こうとしたりしている。 ②授業で与えられたものの他に、必要な情報を集めようとしている。 ③他の人の文章や意見を参考にして、自分の言葉を磨こうとしている。		B B	A		B
（イ　読む能力） ①文章の展開を正確に捉え、内容を理解している。 ②様々な種類の文章から必要な情報を集めるための読み方を身につけている。	C	A			B
（ウ　書く能力） ①相手意識、目的意識を明確にして、客観性・妥当性のある材料を選んでいる。 ②立場や伝えたいことを明確にして、根拠を示しながら説得力のある文章を書いている。		C C			C
（エ　話し・聞く能力） ①「何のために、何について話し合っているのか」を的確に捉え、自分の考えをまとめている。 ②聞き手に正確に伝わるように話の組み立てを工夫している。 ③伝え合うことによって、問題を解決している。			B B	A	B
（オ　知識・理解・技能） ①分かりやすく伝えるために、速度やプロミネンス、間、身振り、表情などに注意している。			B		B
				評定	3

3　学びの過程を重視した複眼的評価

この学習指導では、次のように様々な形で評価が行われた。
１、立論の相互批評と推敲

　グループにおいて立論を相互批評しながら、誰がパネリストとしてふさわしいのかを考えていく。自分の意見と他者の意見とを関係づけて伝え合う、必然性をもった場である。「他者評価」「自己評価」の場という意味をもつ。
２、グループ代表パネリストの選考

　自分の考える人がパネリストとしてふさわしいことを、他者と伝え合い、説得しなければならない。「他者評価」を行いながらも、「自己」が評価される場でもある。ここですでにパネルディスカッションは始まっている。
３、グループ代表に対する想定質問

　代表となったパネリストが、自分の意見・考えをそのままパネルディスカッションで発言するのではない。グループの構成員みんなで想定質問を考えていく。ここでもまた、必然性のある伝え合いが行われる。もちろん、パネリストが、グループの構成員によって「評価」されることになる。
４、パネルディスカッション
〈代表と他のパネリストとの質疑応答〉

　話す端から消えてしまう話し言葉を録音しておき、それをもとに、パネルディスカッションの在り方を吟味していく。「教師による評価」である。
〈代表に寄せられる評価表〉

　パネリストへはパネルディスカッション終了後に評価表が届けられる。学習者同士の「相互評価」である。パネリストは「自己の言葉の在り方についての評価」〈メタ認知〉をすることになる。
５、意見文の作成

　意見文を書いた後、単元全体を通して「自己評価」を行う。伝え合いが成立して、新しい考え方に出会い、自分の中に取り入れることができたか

どうか、「自己の言葉の在り方についての評価」〈メタ認知〉がここでもなされる。

　このようにパネルディスカッションという学習活動を中心に据えた実践であるが、パネルディスカッションだけではなく、そこに行き着くまでの過程、そして、その後の振り返りを重視している。時間の推移の中で自分がどのように成長したのかを振り返り、評価する場が用意されているのである（時間のつながり）。また、その過程において、教師や学習者が互いに関わり、伝え合うことによって（教師や友人とのつながり）、自分たちがどのように言葉を使っているのかを、互いの言葉によって評価〈メタ認知〉している。このように、時間のつながりや他者との関わりを意識した評価ができてこそ、学習者は言葉を磨き、自立した言葉の使い手となっていくのであろう。
　こうして導き出されたHさんの評定「5」、Kさんの評定「3」は、ペーパーテストを足して割ったものと結果的には変わらないかもしれない。しかし、この評定は教師による評価だけではない。学習者同士が互いの意見や思いを伝え合う相互評価、教師評価、そして自己評価といった「複眼的」な評価が生かされている。
　さらに、学習成果の総括的な「評定」を出すために、「ＡＡＡＡＡ」「ＢＢＣＢＢ」など観点別にきめ細かな「評価」を行っていることに留意すべきである。こうすることによって、必要があれば「評定」の内容について説明することができる。つまり、「説明責任（アカウンタビリティー）」を果たすことが可能になるのである。

第5節　3年間のカリキュラム評価
――文学の学習指導を中心に

　本節では、高等学校教科書に用いられている文学教材の特性を考察し（教材論）、学習者がそれら文学教材をどのように享受したのか、また、この享受をもたらした学習指導がどのような特色をもつのかを明らかにする（指導過程論）。そこから、3年間の文学の学習指導（計画されたカリキュラム・実践されたカリキュラム）を評価したい。

1　文学の学習指導の要件

　浜本純逸は「文学教育では、読者は作品という虚構の世界に生きる他者と出会うのであり、そこに存在する他者の生を、ことばを媒介にして生きることによって自己認識を深め、他者や社会と自己との関係の認識を豊かにしていくのである」[14]と述べる。すぐれた文学は読者を作品世界に引き込み、多くの登場人物と生をともにさせてくれる。そして登場人物に共感したり、反発したりするなかで、心情を豊かにする力を備えている。このような文学作品を学習者に与えることによって、自己の在り方生き方を見つめさせ、他者ならびに社会との関わりについて深く考えさせることが文学教育の一つの役割だと言えよう。

　また、田近洵一も文学を通して人間的な関係性を構築していくことの重要性を指摘する。鶴田清司はそれを受けて次のように述べている。「中教審や教課審の言う『心の教育』とか『生きる力』というのは非常にスローガン的であいまいな言葉ではあるんですが、実はそういうことなんじゃないか。つまり他者の考え、他者の読みとったものの中に込められている他者の感性とか生活とか、そういうものを聞きとっていく。それを文学を媒体として聞きとっていく力を育てるという意味で、文学の教育を重視しなくてはいけない」[15]。

浜本が指摘するように、文学教育は作品中の他者（作品内他者）とともに生き、対話することによって、他者や社会に対する認識を深め、自己発見につなげていくものであろう〈図4－1〉。さらに、教室で文学を読むことを考え合わせれば、鶴田が言うように、机をならべ、ともに学ぶ学習者（教室内他者）も同時に他者となりうるのである。教室の中には作品内他者を鏡として映し出した生がいくつも存在している。教室で文学を学ぶということは、その重層的な個々の生の存在を知り、自己との比較を通して、自己理解を深めることでもある〈図4－2〉。これは、学びとは学び手が対象を意味づけ、互いの経験を共有することによって、アイデンティティを確立していくプロセスだとする社会的構成主義の学習観にも通じる。

図4－1　作品内他者との対話
（対話）
学習者 ⇔ 文学
他者理解、自己発見

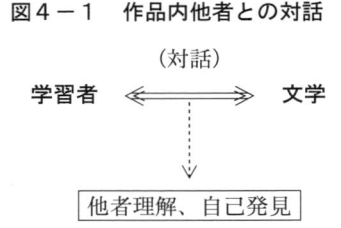

図4－2　教室内他者との対話
（文学を媒介とする交流）
学習者 ⇐ 文　学 ⇒ 学習者
他者理解、自己発見

　このように考えると、文学の学習指導においては、作品内の他者性を発見し、そこに込められた考え方や生き方を知り、自己の生と切り結んでいく、そして、それを教室内他者と交流することによって自己発見につなげることが求められよう。つまり、文学の学習指導が実りあるものとなるためには、次の2点が重要になる。

1、学習者を作品世界に引き込み、既存の価値観をゆさぶり、自己発見、他者理解へとつながるような対話喚起力を備えた教材を用意すること（教材論）
2、文学を媒介として考えや読みを交流して、他の学習者の多様な生の存在に気づき、自己の生を相対化できるような学習指導過程を構想すること（指導過程論）

2 新しい文学教材を求める声

　高等学校の教科書に採録されている文学教材は、上記1を満足するものとなりえているのだろうか。まず、教科書にはどのような文学教材が用いられているのかを探ってみたい。
　阿武泉は、戦後初の検定教科書から1995（平成7）年までの高等学校の国語教科書を調べ、そこに取り上げられた作品をデータベースとしてまとめている[16]。それによると、作品別の小説掲載数は上位から次のようであった。

山月記（105）	羅生門（102）	舞姫（96）	こころ（78）
一葉の日記（70）	城の崎にて（48）	夕鶴（45）	三四郎（44）

　また、2000（平成12）年度用教科書に限った場合、7種類以上の教科書に掲載されている小説とその掲載数は以下のとおりである（新課程教科書においても上位は大きく変わらない）[17]。

こころ（38）	山月記（35）	羅生門（24）	舞姫（19）
富岳百景（10）	檸檬（8）	城の崎にて（7）	赤い繭（7）
ナイン（7）			

　この結果を見ると、教科書に採録されている小説は、戦後から一貫して「こころ」「山月記」「羅生門」「舞姫」といった近代小説であり、しかも明治から昭和初期に書かれた作品が中心となっていることがわかる。
　高等学校への進学率が96％を超え、中高生全体の47.62％が1年間に読む本の冊数が0～3冊[18]という状況のなかで、戦後50年以上にわたって用いられてきたこれらいわば定番教材とも呼べる近代小説が、学習者の対話を喚起するものとなりえているのか、教材と学習者との時間的、感覚的

な開きが大きくなりすぎているのではないか、という声がある。現に、口語訳を配布して行われている「舞姫」の授業実践を目にすることもある。

このような状況を受けて、教科書編集部（第一学習社）は、「文学教育の今後のためには、新しい教材を見つけ出して定着させることが何より必要であろう。教科書定番と言われる作品は、明治から昭和初期のものばかりだし、新しい作品を発掘・教材化してもなかなか評価されず、短命のうちに教科書から消えていく。現代を生きる子供たちの生活感情に即した内容で、且つ、読後に何かを残し得る作品。そういう作品が望まれている」[19]という認識を示し、学習者と距離のない作品を教材に選ぶ必要性を感じている。

3　定番教材（近代小説）を支持する指導者の実践知

新しい文学教材を求める声はこれまでにもあった。それにも関わらず、現場の教師に新しい作品が評価されず、定番教材と呼ばれる近代小説が支持され続けているのはなぜだろうか。その理由は、高等学校の国語教師の多くが、評価の定まった教材を用いたいという気持ちがあるからであろう。しかし、それだけではなく、定番と言われる作品が学習者の対話を喚起する力をもっていることを実践知として知っているからではないか。

高等学校で教鞭を執る高橋広満は、定番教材が現場の教師に好まれる理由を、次のように考察している。「生徒の前に立ち続けることが仕事と言っていい教師にとって、生徒の反応ほど心強いものはない。教場が多少でも活気のある言葉の市場であることを求めるかぎり、たとえ素朴なもの（二項対立：筆者注）であれ、たんなる好悪を越えた、少しまとまった言説を生み出す基盤を供えた教材を大事にするのはむしろ自然なことである。」[20]つまり、定番教材は二項対立の作品構造をもっており、それが教室を活気づかせることを教師は無意識のうちに理解していると言うのである。

では、二項対立の作品構造がなぜ教室を活性化するのであろう。イギリスを代表する気鋭の批評家T・イーグルトン（Terry Eagleton）は、「すぐ

れた文学作品は、私たちの所与の認識を強化して終わることなく、むしろ、規範的なものの見方を打ち破り侵害して、新しい了解コードを私たちに教えてくれる」[21]と述べている。すぐれた文学作品は、読み手に新たな認識世界を提示し、自己内対話を喚起し、認識世界に変革をもたらす特性をもつ。このロシア・フォルマニズムの「異化（Defamiliarizatoin）」、イーザー（Wolfgang Iser）の「否定（Negation）」にあたる概念は、読者の所与の認識と作品の提示する新たな認識とが、鮮明に対峙される形で示される方がより効果的である。それは足立悦男の言葉を借りれば「認識の亀裂」[22]を大きくするからである。とすれば、二項対立の作品構造は、対話を導き、新しい了解コードを学習者に与えることに有効に機能すると言えよう。

　国文学者の秋山公男は「極言すれば、日本の近代文学は、人間存在の脆弱性への洞察ないし発見にはじまるともいえる」[23]と述べ、数多くの近代小説を「弱性」というキーワードによって読み解いている。秋山が指摘する「脆弱性」は、様々な葛藤の中に露呈されることを考えれば、近代小説は二つの極の間でゆれる主人公がモチーフとなっていると考えてよかろう。

　例えば「舞姫」の場合、「まことの我」と「我ならぬ我」との葛藤であり、エリスへの愛や自由な生き方への羨望に対し、それを押さえつけようとする家や国家との対立という様相を呈している。同様に「こころ」においては、愛と友情、家や情に縛られる「古い時代の生き方」と、自分の思うままに生きる「新しい生き方」との対立が描かれている。また、「山月記」は、望み通りに詩人になるか、一官吏として生きるかの葛藤であり、それは家族の生活を犠牲にするか、自尊心を傷つけられながら生きるかという選択でもある。「羅生門」においても、悪を身につけ盗人になるのか、善を押し通し飢え死にするかの選択であり、大人の世界へのイニシエーションをくぐり抜けるのかどうかの選択を迫られる物語であると言えよう。

　このように、定番教材（近代小説）は個を縛ろうとする様々な圧力とそれからの解放という二項対立のモチーフによって描かれているものが多い。つまり、個の確立、自我の目覚めとそれを遮ろうとする国家、家、道徳との間に引き裂かれ、葛藤する若い主人公を描いた作品である。学習者は、

これまでの人生において、このような青春期特有の選択を強いられたことがない。まもなく彼らに厳然として立ちはだかるこの問いに答えを出すことを定番教材（近代小説）は求める。学習者は二つの間で揺れ動く同世代の主人公の生き様を自己に重ね合わせて、やがて決断を迫られる問いに悩み、葛藤する。しかも、その二つの価値は、鮮明に対峙する形で示されるがゆえに、対話を喚起し、授業は活性化するのである。

4　定番教材（近代小説）の教材価値

(1) 学習者の近代小説に対する印象

　そうは言っても、学習者と時間的、感覚的な開きが大きい定番教材（近代小説）に、教師が考えているような効果が期待できるのかという疑問が生じよう。では、学習者は近代小説をどのようにを捉えているのであろうか。3年生1学期の単元「人と文学」（表4－2網掛け部）終了後に、「これまで読んだことのある現代小説（戦後からの作品）と近代小説（明治から戦中までの作品）との印象の違いを書きなさい」という課題を与えた[25]。次はその代表的な意見の抜粋である。

【近代小説との距離】
　ア、現代小説の方が、近代小説と比べて親しみやすいような気がする。それは用いられている言葉が私たちのものに近かったり、また時代的にもそうなので、抱いている思い、思想、悩みなどにも似通ったところが多いからであると思う。
　イ、近代小説は、共感できる部分はあるが、主人公になりきって作品を読むことができない。それは時代背景のせいなのか何なのかわからないけど、どこかでギャップを感じる。現代小説はまさに今私が思っているような事が書かれていたりして、主人公になりきって読むことができる。すんなりとストーリーの中に入っていける。そういうところが違うと思う。

【近代小説の重苦しさと堅さ】
　　ウ、近代小説には一括して暗いイメージがあります。〈中略〉きっとそれは近代小説が人間の内面について書かれたものが多いからだと思います。悩みに悩み抜いて行動をおこしても尚、まだ悩んでいる。
　　エ、「死」の描き方を見ても、近代小説に見られるような「死」というものの重苦しさが現代小説からは感じられない。
　　オ、近代小説には私たちが受け入れるか受け入れないかは別として、私たちに対する教訓めいたものがあると思うが、現代小説は作者の独特な感覚や想像力から生まれる文章が堅さをおおい隠しているような気がする。

【人間の根本を見つめさせる近代小説】
　　カ、近代小説は概して「束縛からの脱出」を求めている気がする。明治〜戦中は思想が厳しく画一化されたためだろうかと思う。〈中略〉人間の欲を自嘲的に書いている印象を受けた。それに対して現代小説は自由を含んでいる時代背景の影響であろう。しかし良い面にばかり目を向けることで醜い面を隠しているという印象は消えない。
　　キ、現代小説は話の内容のおもしろさに魅力を感じるけど、自分の根本について立ち止まって考えさせられてしまうような話にはあまり出会ったことがない。その分、私は近代小説より現代小説の方が薄っぺらい感じがする。現代小説は、内容が他愛なさすぎて面白くないというか、あまり読みごたえがない。

　ア・イのように、用語の問題、そして描かれている時代背景を理由に近代小説の受け入れ難さを挙げる者がいた。また、ウは「人間の内面」を追究している近代小説は「暗い」と述べている。さらに、エ・オでは、現代小説は「死」というような重い題材についても、作者の感覚的な文章によって、さらりと流すように描かれており、口当たりがよく、受け入れやすいと記している。
　しかし、カの「現代小説は〈中略〉良い面にばかり目を向けることで醜い面を隠している」という言葉に表されるように、近代小説こそ人の悩み、人間関係の苦しみ、社会との関わりなど人間の真実を真っ正面から取り上げる奥深さがあると感じている者もいる。また、キのように現代小説を「薄っ

表4-2　3年間の文学の学習指導(24)

【1年生】

学期	主題	教　材	音声言語による伝え合い	文字言語による伝え合い
1学期 4月～6月	基本の学習	小説「羅生門」 詩「靴下」「小諸なる古城のほとり」「三十億年の孤独」	バズセッション 簡易ディベート → 朗読 バズセッション	初読感想・読後感想の交流 課題の読みの交流・続編の交流
2学期 10月	人と自然	小説「なめとこ山の熊」〈補〉「注文の多い料理店」〈補〉「よだかの星」	バズセッション	初読感想・読後感想の交流 課題の読みの交流 「なめとこ山新聞」の交流
3学期 1月～3月	生と死	短歌・俳句「その子二十」「こころの帆」〈補〉「サラダ記念日」 小説「城の崎にて」 ★全校読書会	バズセッション プレゼンテーション ディベート	初読感想・読後感想の交流

228

【2・3年生】

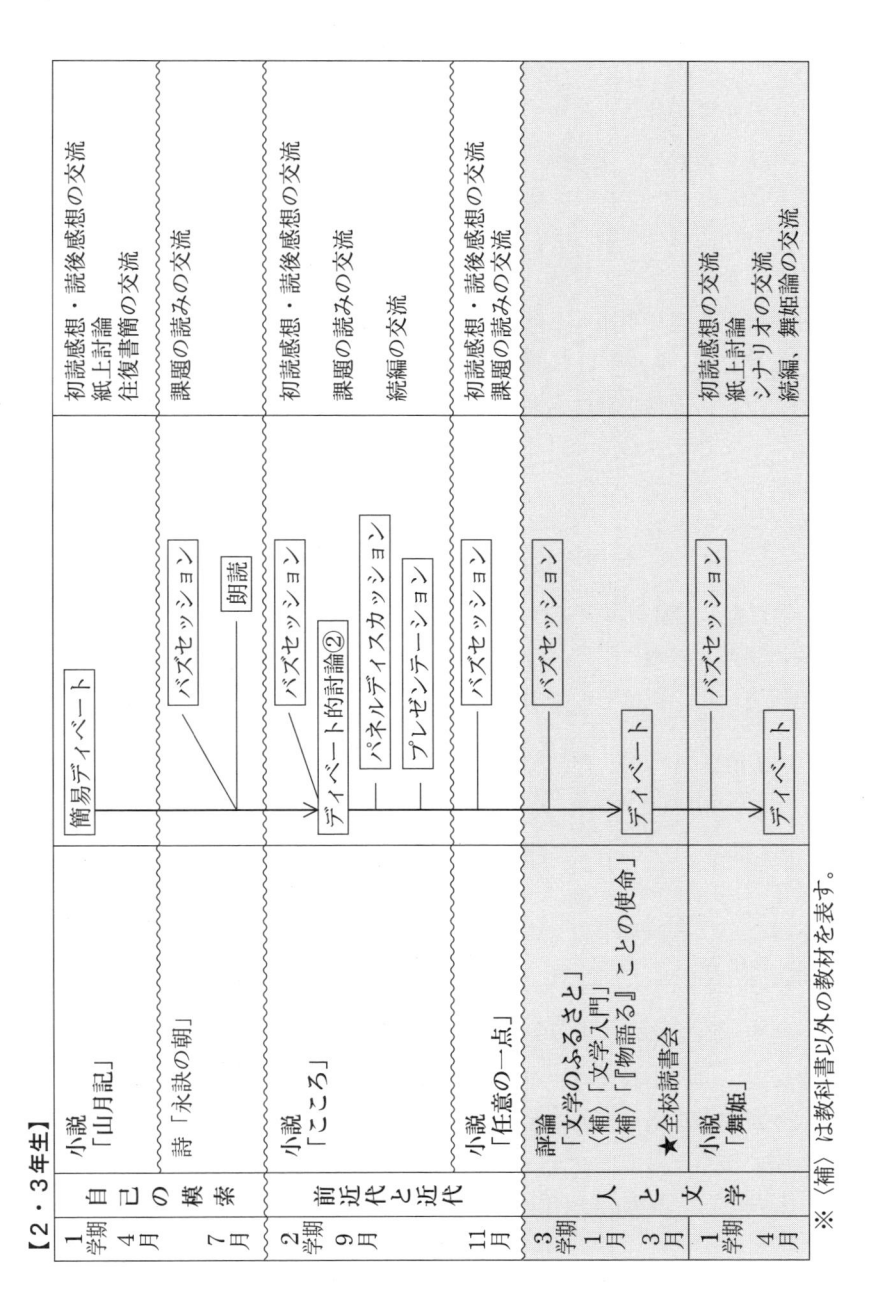

期間	単元	教材	学習活動	交流活動
1学期 4月	自己の模索	小説「山月記」	簡易ディベート	初読感想・読後感想の交流 紙上討論 往復書簡の交流
7月		詩「永訣の朝」	バズセッション／朗読	課題の読みの交流
2学期 9月	前近代と近代	小説「こころ」	ディベート的討論②／パネルディスカッション／プレゼンテーション	初読感想・読後感想の交流 課題の読みの交流 続編の交流
11月		小説「任意の一点」	バズセッション	初読感想・読後感想の交流 課題の読みの交流
3学期 1月〜3月	人と文学	評論「文学のふるさと」〈補〉「文学入門」〈補〉「『物語る』ことの使命」★全校読書会	バズセッション／ディベート	
1学期 4月		小説「舞姫」	バズセッション／ディベート	初読感想の交流 紙上討論 シナリオの交流 続編、舞姫論の交流

※〈補〉は教科書以外の教材を表す。

第4章　伝え合う力を高める高校2・3年生の学習指導の実際　229

ぺらい」と感じ、「自分の根本」を相対化してくれ、自己理解を深める力をもつ近代小説を評価する者もいるのである。

　読書する機会が少ない現代の高校生は、国語の授業において初めて近代小説を読んだというものがほとんどである。このような現代の高校生にとって、近代小説は「堅苦しく、難しいもの」と感じ、現代小説は「口当たりが良く、理解しやすく」感じるのは当然であろう。だからといって教材を近代小説から現代小説へと移行して良いのであろうか。授業で近代小説を扱わなければ、高校生自ら近代小説に触れることはないのではないか。カ、キのように、近代小説は人間の暗く醜い部分を正面から見つめ、人間の根本について考えさせてくれるという指摘は重要である。時代や現状に安易に迎合することなく、これらも近代小説を定番教材として残していく価値はあるはずである。

(2) 学習者の定番教材（近代小説）の受容

　先の課題と同時に、「3年間に学んだ文学作品の中で一番印象深いもの」を選択させた。次はその結果である。

1年生	「羅生門」	13％	※未記入等　2％
	「なめとこ山の熊」	4％	※文系生徒 141人対象
	「城の崎にて」	1％	
2年生	「山月記」	11％	
	「こころ」	☆25％	
	「任意の一点」	16％	
3年生	「舞姫」	★28％	

　授業実施時期や担当者などの要因が絡むため[26]、同列に論じることはできないが、近代小説に対する評価が高いことがうかがえる。なかでも、読み取りが困難な擬古文で書かれ、最も時代設定に隔たりのある「舞姫」を印象深い作品としてあげている学習者が一番多い。それはなぜだろう。次に示したのは「舞姫」を印象深い作品として選んだ理由である。

【作品内他者との対話】

　　A　最も自分とか人間というものについて考えた作品だと思う。豊太郎を通して自分の中にある弱さとか醜い部分を意識できたし、人間そのものについても、弱さ、はかなさ、醜さをもっていながらも、それを隠したがる愚かな存在だなあと感じた。それによってまた、自分や人間を大切にしたいと思ったから。　　　　　　　　　　　　　　　　　　　　（Sさん）

　Sさんは豊太郎に人間存在の普遍的な姿を見出し、それとの対話を通して、自己の考え方や生き様を問い直している。このように、作品内他者と対話し、他者理解・自己発見に到ったと記す学習者が多くいた。定番教材（近代小説）の力は大きい。

【教室内他者との対話】

　　B　最後にみんなが述べた意見「人はみんな舞姫である」ということについて、私は心の底から同感できなかった。それは、今までの自分が一気に覆された気がして悔しかったからである。つまり、今まで人の助けを多く借りつつも、自分の意志をはっきりと持ち、自分の意志で行動してきたつもりだったからである。しかし、本当は自分でも納得したり、そうかもしれないと思う自分がいて、それが悔しい。　　　　　　　（Kさん）

　Kさんは、クラスメートの意見によって、自己認識が揺さぶられた。そして、それを「悔しい」と表現している。教室における対話が自己認識を変えるきっかけとなっていることがわかる。伝え合いを重視した学習指導[27]の重要性を示唆している意見である。

【自己との対話】

　　C　私にとって大変興味深い疑問を心の中に残したものだった。その疑問の一例は、豊太郎は恋愛を生かすことのなかに、彼の生涯そのものを生かすという新しい道を選ぶことはできなかったが、その新しい道を歩むことは可能なのだろうか？可能とするならば、その道を歩むためには何が必要なのだろうか？そもそも本当の愛とは？というようなものだ。　　（Aさん）

文学の授業を終えても、なお解決しきれない疑問を自分の中に抱えるAさんの姿が見て取れる。作品内他者との対話、教室内他者との対話を重ねても解決できない疑問を、この後も自分に向かって問い続けていくのであろう。

　このように、定番教材を用いた授業において、学習者は作品内に他者性を発見し、自己の生と切り結んだ〈図4－1〉。そして、これを教室内他者と交流して自己発見の端緒をつかんだ〈図4－2〉。さらに、自己との対話を通して、それを求め続けようとしている。

(3) 学習者の考える文学の機能
　学習者は、「文学の力」をどのように捉えたのであろう。同じく先の課題と同時に、「文学はわれわれに何を与えるのか。文学の力とは何か」というテーマを与え、文章を書かせた。先に示した3人の学習者が記したものを掲げる。

> A　文学は、自分を見つめる機会を与えてくれるものだと思う。〈中略〉自分ならきっとこうするだろうとか、今の自分は一体どうなんだろうとか、いろいろな視点から自分について考えることができる。そして、そこから新しい自分を発見できたり、または自分に絶望したり、反省したりすることもあるだろう。普段の生活からは考えたり、気づいたりできない自分について、文学はそのチャンスを与えてくれるのだと思う。　　　（Sさん）

　文学は登場人物に同化したり異化したりして、自己を見つめる機会を与えてくれると指摘している。そして、日常では気づけない新しい自分を発見させてくれる。それが文学の力であると捉えている。

> B　私たちは、文学を学ぶことによって、生き方や考え方を学ぶことができる。文学作品は「人間の生き方の例」を私たちに示しているのかもしれない。私たちはその例を見ながら、自分の考えや生き方を決めているんだと思う。私に限って言えば、文学の力は非常に大きく、よく私を惑わせる。最近、私は文学から生きる力をもらうというより惑わされている方が多い。いやそれは私が明らかにされているのかもしれない。〈後略〉　　　（Kさん）

文学は人間の典型を示すものだと述べている。読者はその典型に共感や反発して自己の生きる指針を得る。しかし、それは絶対的なものではなく、絶えずゆらぎ、惑わすものだと指摘している。

> [C]　文学が私達に与えるもの。それは人によって答えは異なるだろう。〈中略〉文学を読むことにより、私達は何かしらの「人間らしさ」を感じ、それについて考える。なによりその私達にとって考えることが必要なモノについて考える機会を与えてくれるのだろう。機会は与えられても、決して答えは与えてくれない。ただある方向性は示してくれる。そうして、様々に模索していくこともまた「人間らしい」かもしれない。文学によって心豊かに、人間的にすることが明日につながる力となり得ると考えることもできる。
> 　　　　　　　　　　　　　　　　　　　　　　　　　　　　（Aさん）

　文学は人間について思索を深める機会を与えてくれる。しかし、それに対する明確な答えを示してくれるわけではない。文学は我々に難解な課題を与え、悩ませる。そして、悩み葛藤するのが人間なのかもしれないと記している。
　このように学習者は文学の力を的確に捉えている。1年生から多くの文学作品を読み、文学と自己との関わりについて考えてきた成果であろう。3年間で学んだ文学教材は、多くが定番と呼ばれる近代小説であった。これらが学習者に文学の機能をしっかりと実感させたことを示している。

5　文学的認識を深める学習指導過程

　3年間の最後の授業に、「現代文」の授業の感想を学習者に求めた。次に挙げたのは、同じく先の3人の学習者が記したものである。

> [A]　何だかんだいいながら、結構楽しんで授業ができたように思う。時にはめんどくさいと感じることもあったけど、いろいろなテーマについてクラスの友達の意見を聞いたり、自分の意見を述べたりしていると、どんどん考えが深くなっていくのが感じられた。〈後略〉　　　　　（Sさん）

B　まず自分で考え、それから班で考え、そしてクラスで考え、その後で自分なりの結論を出すという形の授業はかなり私にとって良かった。ディベートはクラスのみんながかなりいろんな意見を持っていて刺激されたので良かった。自分のことについて一番の疑問を持ち、生死や人の感情とか、社会環境についてとにかくいろんな疑問を持つ私にとって、いろんな分野のものをたくさん、そして深く読めたので「私」というものの幅を広げ、多くの疑問を残しながらも解決していってくれたよいものだったと思う。〈後略〉
　　　　　　　　　　　　　　　　　　　　　　　　　　　　（Kさん）

C　〈前略〉生意気ながらも「自分はきっと正しい」と思っていた自分を変えることができたのは、やはりクラスメートとの対話だった。堂々と自分を表現し、考えたこともないことを次々に言ってくれ、人の考え方のあまりに数多いことを痛切に感じ、またその多様性を楽しいと思えるようになった。「自分が真ん中」にいた頭の中が、相手を知りたいと思うようになった。決して個性を失うのではなく、他の人との対話を今後も大切にしたい。
　　　　　　　　　　　　　　　　　　　　　　　　　　　　（Aさん）

　表4－2のように、3年間の文学の授業は、音声言語や文字言語による伝え合いを重視したものであった。学習者は伝え合いを重視した学習指導を通して、他者理解を深めるとともに、新たなる自己を発見している。そして、人間的成長を実感しているのである。堀江祐爾は「『精読』だけで終わらず、多くの作品に出会う読み、つまり『多読』をもおこない、さらに、その成果をもとに、話し言葉によって、多くの〈他者〉と〈伝え合い〉をおこなう場を持つ、そのような学習指導はおこなえないものであろうか」[28]と述べている。この指摘のように、学習者は精読だけに終わらず、文学を媒介として多くの他者と読みや考えを交流し、伝え合った。だからこそ、他の学習者の多様な生の存在に気づき、自己認識を深めることができたと言えよう。

　本節では、3年間の文学の学習指導に対する学習者の実感にもとにして、文学教材と指導過程(計画されたカリキュラム・実践されたカリキュラム)の妥当性に関して考察を行った。その結果、そこで用いられた定番教材と

言われる近代小説は、学習者を作品世界に引き込み、既存の価値観をゆさぶる対話喚起力をもつことが確認できた。学習者の実態に合わせるという理由で、安易に新しい文学教材を求めることは、文学の学習指導の形骸化を招きかねないことを知る必要がある。

　また、伝え合いを重視した文学の学習指導を通して、学習者は他者理解を深め、新たな自己認識を形成していた。これまで高等学校の文学の授業は、教師主導の一斉授業によって行われる傾向があった。しかし、文学の学習指導を、作品を媒介にして多様な読みを知り、自己理解を深めることができる場にするためには、伝え合いが重要な鍵を握ることを確認しなければなるまい。

注
(1) 本実践は1997（平成9）年度のものである。
(2) 佐藤学「学びの対話的実践へ」佐伯胖、藤田英典、佐藤学編『学びへの誘い』東京大学出版会、1995年、pp. 74-75
(3) 田近洵一『創造の〈読み〉――読書行為をひらく文学の授業――』東洋館出版社、1996年、p. 128
(4) 上谷順三郎『読者論で国語の授業を見直す』明治図書、1997年、p. 115
(5) 府川源一郎「『〈読む〉こと』の教育の改革へ」『日本語学』第十七巻第三号、明治書院、1998年1月臨時増刊号、p. 90
(6) この分類は、兵庫県立武庫荘総合高等学校　山川庸吉のものを参考にした。
(7) 登場人物の言動や心情への共感、反発といった読みを「作品の中に入り込む型」として分類することにする。代表的な例を次に挙げる。
　◆豊太郎批判型（ひどい型）・エリス共感型（かわいそう型）
　　豊太郎を責めるといっても価値観の違いだから何ともいえない。でも、いくら自分の道を見つけ、それに向かって進めたとしても、人を傷つけていいわけがない。豊太郎はエリスの危機を救った。しかし、彼女は気が狂った。そしてそんな彼女をおいて帰国。私は許せないと思った。〈中略〉エリスの心をボロボロにしてまでつかむ地位や名誉はそんなに大切なのか。わからない。（Gさん）
　◆豊太郎共感型（仕方ない型）・エリス批判型（ダメ女型）
　　やっぱり今まで自分が築き上げてきた地位・名誉これくらいなら捨てられるでしょうけど、それよりも自分の家族は捨てがたいですよ。エリスにして

みちゃ解りたくないことでしょうけど。かといってエリスともども日本へってことも時代的にはほぼ不可能でしょうしね。だいたい私にとってはエリスもたいがいなんですよ。困りきったり寂しいときにやさしくされるとその人がカッコ良く見えるじゃない。つまりエリスは本当に豊太郎が好きだったのかってことが不明なように思うんですよ。(Nさん)

◆相沢着目型（良友、悪友等）

彼は失敗したと思う。結果としてエリスを捨てたからでなく、自分で歩かなかったからだ。また、彼は相沢を責めることができない、他から責められることがあっても。<u>相沢は彼を助けようとし、それによって＜彼だけ＞は生きていけるのだから</u>。(Kさん)

(8) 登場人物をめぐる時代、環境などの評価、批評や、登場人物に典型を見いだす読みなどを「作品の外から捉える型」として分類することにする。代表的な例を以下に挙げる。

◆人間批評型（典型発見型批評）

愛と現実とはうまくいかないという象徴的な話だと思う。<u>組織のため、名誉のために、ついついといいながら結構「心」や「愛」というものを疎かにしているものだ</u>。また豊太郎のように何でもよく考えずに、すぐ承諾してしまうこともよくあることだ。やはり愛と現実の両方というのは本当に難しいと思う。豊太郎が一番責任があることは分かっていても明言を避けたい気持ちになるのも、この難しさを我々が知っているからだろう（S君）

◆時代・環境批評型（状況認識型批評）

身分の低い女性との恋愛も重なり地位を失う。その地位や祖国のため、心ならずも愛する人を裏切る。そしてそのことに思い悩み愛する人と別れる。よくある話しだと思うが、僕なりの解釈では<u>急激な近代化の波がおしよせる明治という時代</u>において、自己を確立するが、多くのデメリットに耐えられない。結局は自己を通すことも不十分、そして元には戻れない苦悩と恋愛とが相乗効果となって、主人公をして「恨み」に悩ませしむ状況になっているのだろう。(M君)

(9) 大槻和夫「『問題解決学習』の今後の問題」『現代教育科学』（明治図書、1993年3月、p.47）に、「学習者の内面に鋭い矛盾が立ち現れてきたとき、それは学習の推進力となる。いま問われている問題解決学習とは、本質的に、そのような矛盾の顕在化とその克服の過程としていかに授業を組織展開するかであろう」とある。学習者が疑問や矛盾を感じるようにし向ける学習課題の選択と配列が求められるという指摘であろう。

(10) 本堂寛「子供が学ぶことと創ることと」『教育科学国語教育』（明治図書、1994年4月、p.16）に、問題解決的な学習における「学習形態としては、個別、グループ、一斉の組み合わせの工夫が必要になり、学習展開の流れとしては、自

由な思考に基づく拡散的な学習、思考の集中を重視する収斂的な学習などのそれぞれの位置付けも考えなければならない」という指摘がある。これは、学習形態の工夫が必要だとも読み替えられる。
(11) 本実践は1996（平成8）年度のものである。
(12) 小森陽一「『こころ』を生成する心臓」（改稿）『こころ』解説（ちくま文庫、1985年）
(13) 秋田喜代美「理解・表現に子どもの発達をみとる評価」若き認知心理学者の会『認知心理学者　教育評価を語る』北大路書房、1996年、p.140
(14) 浜本純逸『戦後文学教育方法論史』明治図書、1978年、p.396
(15) 須貝千里、田中実編著『〈新しい作品論〉へ、〈新しい教材論〉へ　5』右文書院、1999年、p.264
(16) 阿武泉「戦後における高等学校国語科教科書教材の変遷について」第89回全国大学国語教育学会発表資料、1995年
(17) 中河督裕、吉村裕美『高等学校の国語教科書は何を扱っているのか。』京都書房、2000年、pp.6-12
(18) 月刊国語教育編集室「現在中高生の生活と意識」『月刊国語教育』東京法令出版、1996年3月、p.47
(19) 松浦淳「文学教材と教科書編集」『月刊国語教育』東京法令出版、2000年5月、p.40
(20) 髙橋広満「定番を求める心」『漱石研究』第6号、翰林書房、1996年、p.104
(21) T・イーグルトン『文学とは何か』岩波書店、1985年、p.123
(22) 足立悦男『国語教育実践理論全集1　新しい詩教育の理論』明治図書、1983年、p.50
(23) 秋山公男『弱性の形象』翰林書房、1999年、p.357
(24) 論者が1998（平成10）年度〜2000（平成12）年度に実践した「伝え合う力を高める高校3年間の学習指導」（第2章第3節）の文学の学習指導の部分を抜粋したものである。
(25) 近代小説と現代小説の時代区分については諸説あるが、文学研究者が研究する場合、第二次世界大戦後を境にするのが一般的である。学習者は、近代小説というと「舞姫」「羅生門」といった定番教材を、現代小説というと山田詠美、吉本ばなな、鷺沢萌、開高健などの作品を想定していた。なお、現代小説を読んだことがない学習者は、その旨を明記するように指示した。
(26) 学習者は、指導者は違っても3年間すべて同じ年間指導計画にもとづき、同じ指導方法によって授業を受けた。
(27) この詳細は、本章第2節を参照。
(28) 堀江祐爾「精読から多読、そして、話し言葉による〈伝え合い（ブックトーク学習活動）〉へ」『実践国語研究』明治図書、2001年4−5月号、p.125

第5章　国語科と「総合的な学習の時間」との連携

　1999（平成11）年告示高等学校学習指導要領に、新たに「総合的な学習の時間」が創設された。この「総合的な学習の時間」は、学習者を知的欲求に満ちた能動的な存在と見なし、学習者の課題追究の道筋にそって必然的な学びをデザインしていこうとするものである。そして、その学びの過程に「生きる力」が育まれることをねらいとしている。「総合的な学習の時間」を「はいまわる」経験に終わらせることなく、実りある学びの場とするためには、「総合的な学習の時間」を支える力を洗い出し、それを各教科がどのようにして育てるのかを真剣に考えなければならない。それは同時に、各教科の今後の姿を模索することにもなるはずである。

　本章では、高等学校において国語科と「総合的な学習の時間」とがどのように連携を図っていくのかを以下の2点より考察し、実践上の課題を明らかにする。

　1、「総合的な学習の時間」を支える国語科の言語技能を洗い出し、それらがどのようなカリキュラムによって育成できるのかを探る。
　2、国語科や総合的な学習を横断しつつ、ある学習者が3年間にわたって、どのような学びの道筋をたどったのかを明らかにし、「総合的な学習の時間」に生きる国語科カリキュラムの在り方を探る。

第1節 「総合的な学習の時間」を支える言語技能の育成

1 「総合的な学習の時間」を支える力

「総合的な学習の時間」を支える力とはどのようなものなのであろうか。表5-1は、実践先進校や研究者が、「総合的な学習（の時間）」の成立に必要な力として挙げているものを管見の限りにおいて調べ、まとめたものである[1]。「総合的な学習（の時間）」は、いわゆる技能から能力、資質に

表5-1

	言語の基本技能	コミュニケーション能力	表現力	情報処理・情報活用力	メディアの活用力	論理的・多面的思考力	企画力	実践力	自己コントロール力	自己評価力	問題解決能力
筑波大附小		○	○	○		○	○	○	○		○
苦楽園小				○			○		○	○	○
学芸大附大泉小	○	○	○	○		○	○				○
宇都宮附中	○	○	○	○	○						
神戸大附住吉中		○		○	○						
名古屋大附高		○	○	○		○		○			○
有園格		○	○	○		○			○		○
日台利夫		○	○	○							○
菅原道生		○	○	○		○					○
相澤秀夫		○	○	○		○					○
イギリスナショナルカリキュラム		○	○	○	○		○		○		○

至るまで幅広い力によって支えられていると言えよう。

　この中で言語教科である国語科が中心となって担当すべきは網掛け部にあたる力である。「総合的な学習の時間」が有効に機能するためには、国語科が重要な役割を担っていることが理解できよう。これらを整理し、その具体例を示すと、次のように「a、言語の基本技能」「b、コミュニケーション能力」「c、情報処理、活用能力」「d、メディアの活用能力」の四つとなる[2]。

　　a、言語の基本技能
　　　〇図書・文献についての読解活用能力
　　　〇様々な文章（レポート、レジュメ、小論文、手紙等）の記述活用能力
　　b、コミュニケーション能力[3]
　　　〇対話、話し合い、プレゼンテーション、ディベート、パネルディスカッション、討論の形態理解と能力
　　c、情報処理、活用能力
　　　〇図書館の利用、メモ、聞き書き、インタビュー能力
　　　〇ブレインストーミング、ＫＪ法の理解と能力
　　d、メディアの活用能力[4]
　　　〇コンピュータや様々なメディアを利用する能力

　わかりやすいレジュメの作成技能や議論の能力、図書館の利用能力、調べた内容を整理して構造化するＫＪ法の理解と能力など、国語科において担当すべき内容は多種多様である。しかし、これまで高等学校においては教師主導の一斉授業が行わることが多く、これら実用的な言語能力の育成は疎かにされてきたと言ってよい。では、どのような学習指導を展開すればこれらの幅広い言語能力を身につけさせることができるのであろうか。

2 「総合的な学習の時間」を支える力と3年間の国語科学習指導計画

　表5－2は、第2章にも示した「伝え合う力を高める」ことを意図した3年間の国語科学習指導計画である。①「生み出す力」②「文字言語で伝え合う力」③「音声言語で伝え合う力」④「補い、整理する力」の四つの柱によって構成されている。これら①～④の力と「総合的な学習の時間」を支えるa～dの言語能力とは、次のように関連している。

　　a、言語の基本技能
　　　「生み出す力（読む力）」「文字言語で伝え合う力」を育てることによって身につく。
　　b、コミュニケーション能力
　　　「音声言語で伝え合う力」「文字言語で伝え合う力」を育てることによって身につく。
　　c、情報処理、活用能力
　　　「補い、整理する力」を育てることによって身につく。
　　d、メディアの活用能力
　　　「生み出す力（読む力）」「文字言語で伝え合う力」を育てることによって身につく。

　このことから、表5－2の学習指導計画にしたがって授業を展開することにより、「総合的な学習の時間」を支えるa～dの言語能力を身につけさせることが可能になるはずである。
　表5－2の学習指導計画が、「総合的な学習の時間」を支える言語能力を育むのに有効なのは、①～④の力を系統的に育成しようとしている点にある。
　例えば①「生み出す力」においては、教材の内容を正確に理解するための段階、つまり情報の「受容」から始まる。2学期には情報を無批判に「受容」するにとどまらず、多くの教材を読み比べて内容を「吟味」する段階

へと進む。さらに３学期には教材の内容から誘発されて情報を新たに生成する「意味生成」の段階へと系統化している。

また、③「音声言語で伝え合う力」においても、バズセッション、ペア対談、簡易ディベート、群読といった比較的負担の少ない活動を数多く行うことによって、「話し合いに慣れる」段階から始める。２学期には３人で行う小さなディベート（マイクロディベート）へと進み、「立場を変えて話し合」い、伝え合うことの意義を知るのである。さらに３学期には本格的なディベートに備えて、質問を予測し、伝わり方を考えて「効果的に話す」力をつけるためにプレゼンテーション、スピーチを行うというように系統性を重視している。

このようにして、①～④の四つの力を系統的、段階的に育むことによって、「総合的な学習の時間」を支える「ａ、言語の基本技能」「ｂ、コミュニケーション能力」「ｃ、情報処理、活用能力」「ｄ、メディアの活用能力」を無理なく養うことができると思われる。

では、この学習指導計画にもとづいて学んだ学習者が、実際に四つの「技能」を身につけたのか、さらにそれらを「総合的な学習（の時間）」に生かしていったのかについて、具体的な実践例をもとに考察していく。

３　「総合的な学習の時間」（全校読書会）で活用された言語技能

第４章に記したように、筆者の前勤務校においては、図書部主催のもと、「ディベート形式での全校読書会」を2001（平成13）年度まで実施していた。全校生徒が提示された論題及び課題図書の中から一つを選び、６～８人のグループを作ってディベート学習活動を行うのである。12月の「課題図書のあらすじ・要旨の掲示」から始まり、３月の読書会当日まで、約３ヶ月の準備期間を経て実施され、教師は全員がそれを支援、補佐する[5]。

2000（平成12）年度から「総合的な学習の時間」の開設を視野に入れて、資料５－１のように論題と課題図書を大きく変更した。「在り方生き方」を考えさせる文学作品についてのディベート学習活動を１年生に配し、２年

表5-2　3年間の学習指導計画（一部抜粋）

系統性

テーマ	①生み出す力	②文字言語で伝え合う力	③音声言語で伝え合う力	④補い、整理する力
1年1学期 基本の習得	受容 ・小説の読みの技法 ・評論の読み方（対比） ・詩の多様性	文章表現の基本 ・原稿用紙の使い方 ・文の長さ ・常体と敬体 ・文章構成の型 自己の力を試す ・懸賞論文への応募	話し合いに慣れる ・バズセッション ・ペア対談 ・簡易ディベート ・群読	情報収集の習慣づけ ・読書カード 情報収集の方法理解 ・図書館利用ガイダンス 学校図書館への誘い ・読書指導 情報収集の実践 ・懸賞論文への応募
2学期 人と自然	吟味 ・読み比べ	見文の基本 ・主張を支える例と論拠 ・キーワード ・キーセンテンス 様々な文章形態を知る ・新聞作り 基本の復習 ・意見文	立場を変えて話し合う ・マイクロディベート 「環境問題は科学技術の力で解決できるか」	情報収集と整理の方法理解 ・ブレインストーミング ・ＫＪ法

学期	テーマ	意味生成	表現・復習	話し合い・討論	情報・実践
2学期	近代と脱近代	吟味と意味生成 ・書き込み ・複数教材の対話読み ・課題解決型学習	音声と文字とをつなぐ工夫 ・発表用レジュメ	目的に応じた話し合い形態の理解 ・バズセッション ・ディベート的討論 ・プレゼンテーション ・パネルディスカッション	目的に応じた話し合い№2 近隣の図書館への誘い ・図書館報 情報収集と整理の実践 ・研究レポート
3学期	意味生成	・複数教材の対話読み	基本の復習 ・意見文 レポートの書き方の復習 ・引用、出典、小見出し	問題解決のために話し合う ・パネルディスカッション 「ポストモダンをいかに生きるか」 **全校読書会** ・ディベート	情報収集、整理の復習と実践 ・ブレインストーミング ・KJ法
3年1学期	人と文学	意味生成 ・複数教材の対話読み	他者理解と自己照射のための表現 ・紙上討論 ・続編 ・レポート「文学とは何か」	発見のための話し合い ・バズセッション ・ディベート ・プレゼンテーション	・シナリオ ・舞姫論
1学期	言葉とともに	意味生成 ・複数教材の対話読み		言葉の機能を知り、伝え合う ・バズセッション ・スピーチ 「言葉とわたし」	情報収集、整理の復習と実践 ・ブレインストーミング ・KJ法

総合性・知識の主体的形成 →

第5章　国語科と「総合的な学習の時間」との連携　245

生においては「環境」「科学技術」「医療」などの現代的な課題を扱うディベート学習活動を設定した。さらに、1・2年生におけるディベート学習活動を踏まえ、3年生においては、自分の興味ある学問・職業分野を選び、レポートをまとめ、発表会を開く「学問研究」や「職業研究」へとつながるように構成した。つまり、全校読書会や教科・領域の学びを通して学習者に芽生えた学問的な興味・関心を、大学や学部の選択に生かし、自己の将来像を模索するような「総合的な学習の時間」を展開しようとしたのである。この「ディベート形式での全校読書会」は、2002（平成14）年度より「総合的な学習の時間」に発展的に取り入れられ、その核となっている。

　表5－2の「伝え合う力を高める」ことを意図した3年間の学習指導計画にもとづき、様々な言語活動（例えばディベート、群読、パネルディスカッションなど）を通して言葉の力を育んだ生徒（A学習者群381名、1999年度2年生）と、従来の教師主導の一斉授業において学んだ生徒（B学習者群388名、1998年度2年生）とに、「全校読書会」に関するアンケートを実施した。実施時期はA学習者群が1999（平成11）年度末、B学習者群が1998（平成10）年度末であった。次はその結果である。

◆「言語の基本技能」に関するアンケート結果
　Q1、ディベートをする時に、課題図書や資料から引用しましたか。
　　　▽引用した………72％（A学習者群）　　53％（B学習者群）
　Q2、ディベートをしたり、意見文を書く時に、資料の一部を引用するのはなぜか知っていますか。
　　　▽知っている……52％（A学習者群）　　26％（B学習者群）
　Q3、情報を手に入れようとする時、本の目次読みや索引読みをしますか。
　　　▽する　………　82％（A学習者群）　　63％（B学習者群）

　表5－2の3年間の学習指導計画には「レポートの作成」が含まれており、A学習者群はそこで学んだ「引用・出典」という「技能」を全校読書

資料５−１　「全校読書会」を核に据えた「総合的な学習の時間」の構想

▼在り方生き方を考える　　　　▼ディベートに慣れる

──【１年　全校読書会】──
- 『注文の多い料理店』　論題「山猫は自然の化身である」
- 『山椒魚』　　　　　　論題「作品改稿前が改稿後よりも良い」
- 『李陵』　　　　　　　論題「李陵は強い人間である」
- 『夕鶴』　　　　　　　論題「つうと与ひょうは別れて当然である」
- 『伊豆の踊り子』　　　論題「わたしと踊り子の関係は恋愛関係である」

（教　科）　　　　　　　（他領域）

▼現代的な課題

──【２年　全校読書会】──
- 【環　境】『生命観を問いなおす』　論題「環境保護と産業開発の両立は可能である」
- 【科学技術】『クローン羊の衝撃』　論題「クローン人間を作るのは正しい」
- 【医　療】『検証脳死・臓器移植』　論題「脳死移植を進めるべきである」
- 【法　律】『陪審制度を考える』　　論題「日本へ陪審制度を導入すべきである」
- 【法　律】『法の中の子どもたち』　論題「少年法の適用年齢を引き下げるべきである」
- 【歴　史】『新ゴーマニズム宣言 ―戦争論―』　論題「著者の主張は是である」

──【３年生】──
「学問研究」　「職業研究」

第５章　国語科と「総合的な学習の時間」との連携　　247

会に生かしたことが、Q1、2〈引用技能の活用〉に関する結果からわかる。
　また、Q3〈目次読み・索引読み〉についての結果は、A学習者群が「レポートの作成」や「懸賞論文への応募」といった言語活動を通して、多様な資料を活用するための言語技能を身につけ、実際の場においてもそれを活用できるようになったことを物語っている。

◆「情報処理、活用能力」に関するアンケート結果
　Q1、課題図書以外に全校読書会の資料を図書館で探しましたか。
　　▽探した　………　65％（A学習者群）　　44％（B学習者群）
　Q2、カード法（KJ法）の仕方を理解していますか。
　　▽理解している……77％（A学習者群）　　39％（B学習者群）

　A学習者群は、学期ごとにある一つのテーマに関して「課題探求型の学習」を行っている。そのなかで、考えをまとめるには多くの資料を読まなければならないことを実感しており、それがQ1〈資料検索の技能〉の結果になって現れたと考えられる。
　Q2〈カード法による情報整理能力〉の結果からは、「全校読書会」において初めてKJ法を知ったB学習者群と、ふだんの国語の授業においてもKJ法を学んでいるA学習者群とで大きな差があることがうかがえる。A学習者群の生徒は「今回ディベートを終えて、昨年に比べて自分でも満足できたと思います。〈中略〉こんなにしっかりみんなで準備ができたときは、『これは後はディベートを精一杯頑張るだけだな』と思っていました」と述べている。このように、2年生になって1年前よりカード法（KJ法）への理解を深め、周到な準備ができているのである。これは国語科における学習成果の現れだと言えるであろう。

◆「コミュニケーション能力」
　A学習者群は、「全校読書会」において資料5－2のようなディベートマッチを行った。

資料５−２　論題「少年法の適用年齢を引き下げるべきである」

【肯定側反対尋問】	※筆者が担当した教室で行われたディベートの記録	
〈逐語録〉	〈発言の要点〉	〈技　能〉
(肯)少年にすべて責任を押しつけないとおっしゃいましたが、それでは誰が責任を負えばよいのですか？	①責任の所在は？	
(肯)犯罪を犯したのはその子自身であって、その子自身の責任を親がとるというのは、これからの人生においても、責任をとるということにずっと甘えをもたせる ことになって 子どもの人格形成という面でも、子ども自身が自分で責任をとるということは 大切だと思います がいかがですか？	②自己責任が大切だと考えるがどう思うか？	主張と根拠
(否) 未成年者は法的に無能力です 。責任はとれません。無能力を示す のは 、民法第４条、第98条、第120条 です 。	③子どもに責任能力なし	頭括型の主張 主張と根拠
(肯)法律とは関係なく、人間として責任をとれるかとれないかを決めるのは、法律ではないのではないでしょうか？	④人間としての責任は？	
(否)日本は法律がすべてです。法律がだめだというのなら、魔女狩りのようになってしまいます。	⑤法律以外に責任はとれない	
(否) 言い直します 。誰が責任を取るのかとおっしゃいましたが、その少年はまだ、年が小さくてその責任能力がないということな ので 、社会全体が責任をとっていくべきこと です 。	⑥社会が責任を取る	話し合いの軌道修正 主張と根拠
(肯)社会全体が責任をとるということの具体性をもう 少し聞きたい です。	⑦具体的に	疑問点の追及
(否)それはしつけをどうするのかというような事を考えていったりとか、学校での教育をするようなことです。	⑧学校教育	
(肯)子どものしつけをする のは 、基本的に家庭内の ことだと思うのですが 、その	⑨家庭内のこと	論理性の判断 （矛盾点の指摘）

	点についてどう思われますか。	
（否）	家庭内でもこのようにしようとか、政府とかそういうものが啓発していったりして、考え直して生かせるべきだと思います。	⑩政府などの啓発が大切	前言の補足
（肯）	その考え直した子ども自身の責任はどこへ行ってしまうのでしょうか。	⑪自己責任の所在は？	弱点の追及
（否）	少年が犯罪を犯したというのは、その環境に多く原因があると思うから、子どもだけの責任を問うのではなく、社会全体の責任を考えていってはどうですか。	⑫環境に要因がある。子どもだけで責任は問えない	根拠と主張
【否定側反対尋問】		
（否）	まず最初に、可塑性ということを、「外圧を受けたときに、その外圧が無くなっても、その影響が残ることである」と定義していいですか？いいですか？ではいいと判断します。	①可塑性の定義	説得的定義
（否）	少年法の適応年齢を引き下げることによって、少年犯罪に対して厳しい態度でのぞむことになると思うのですがどう思いますか。	②厳罰主義でのぞむのか？	自説への誘導
（肯）	少年法の年齢を引き下げることについては、厳しい対応と言うことではなくて自己責任を問うという形で私たちは考えています。	③自己責任を問うこと	誘導へのかわし
（否）	後藤さんが示しているように、アメリカでは、非行少年に対して厳罰主義で対応してきましたが、少年犯罪はいっこうに減少していません。つまり、厳罰化により犯罪を抑制できるとは言えません。	④厳罰主義では犯罪の抑制にならない	引用
（肯）	厳罰というわけではなくて、日本では保護処分という形で、保護観察などそういう処置を取っているので、そうい	⑤厳罰ではない。治療的な処置であ	言い直し

うことをして、子どもの立ち直りを早くするには、早い年齢からそのような法的な処置をとるということが、大切だと私たちは考えています。	り、早期の治療が効果的

　右段に示したように、「主張と根拠」「頭括型の主張」「話し合いの軌道修正」「疑問点の追及」「論理性の判断」といった話し合いの技能を駆使しながら、絡み合った、互角の議論を展開していることがわかる。
　次に掲げたのは、A学習者群のディベート後の感想である。

> ○ディベートの相手の班との考え方、観点の違いに驚き、感動しました。相手の人たちの言葉遣いのきれいなことに驚きました。〈中略〉相手の意見に聞きほれすぎる部分もあった気がします。でも、深くまで考えられて、よいディベートだったと思います。（Hさん）
> ○今年の読書会では内容の濃い、よい討論ができたように思う。（Fさん）

　このように、自他共に充実した討論ができたと感じている者や、昨年より討論力の向上を自覚している者がいる。
　これまで考察してきたように、国語科において様々な言語活動を通して身につけた言葉の力が、「総合的な学習（の時間）」をしっかりと支えている。このように、「総合的な学習の時間」が豊かな学びの場となるためには、先に示したa～dの実用的かつ総合的な言語能力が必要であり、その育成は国語科が中心になって担わなければならない。従来、高等学校で行われがちであった文字言語偏重の授業、教師が話す内容や板書したものを、ただノートに写すだけの授業では、「総合的な学習の時間」が求める実用的で総合的な言語能力を育てることはできない。高等学校の国語教師はこれまでの授業イメージを根本から改める必要があろう。それが可能になるかどうかに、「総合的な学習の時間」の成否はかかっていると言っても過言ではない。
　また、「総合的な学習（の時間）」が、国語科において身につけた言語「技能」を様々な場面で実際に活用する場となっている。つまり、国語科にお

ける学習と「総合的な学習（の時間）」における学習とは、相互に〈補完〉し合い、相互に〈強化し合〉っているのである[6]。

第2節　「総合的な学習の時間」と国語科主題単元

　表5－2の学習指導計画は、教科の論理（「系統性、学問構造」）にもとづきながらも、「総合性、知識の主体的形成」をも重視し、これら二つの止揚を図っている点に特徴がある。決して学びの文脈を無視して、「How To」的にスキルを教え込むような学習指導にはなっていない。学期ごとに「人と自然」「近代と脱近代」「人と文学」といったテーマを設定し、テーマに関連する数多くの文章を読んで、互いの考えを伝え合い、深め合う、課題探究型の総合的な学習指導を意図している[7]。

　この課題（テーマ）探究型の国語科単元は、探究したテーマが他教科や学校行事と絡み合い、「総合的な学習の時間」に統合していくような形の連携を可能にする。国語科において、様々な言語活動を通して深めた認識そのものが、教科の枠を越えて「総合的な学習の時間」に統合して、豊かな学びを育むのである。

　本節では、このような国語科と「総合的な学習の時間」とが絡み合いつつ、実現されるであろう学びの一例を示す。ある学習者が高校3年間を通して、国語科、他教科、他領域を横断・総合して学びながら、「環境」というテーマをどのように深めていったのかを明らかにするのである。そして、それをもとにして高等学校における国語科と「総合的な学習の時間」との連携の在り方について考察を行う。

1　N子の高校入学後の学習経験

　事例研究の対象とする学習者は、後述する西澤潤一の講演会において、自ら西澤に質問を投げかけたN子である。積極的だとは言えないN子が、

全校生徒の前で挙手をして質問をするに至るには、強い知的欲求に支えられた、彼女固有の学びの文脈があると考えたのである。

　N子は、これまで示した「伝え合う力を高める」ことを意図した高校3年間の学習指導計画のもとに学んだ。あるテーマに関わる多くの文章を読み、課題意識を喚起し、互いの考えや読みを伝え合い、高め合った。この課題探究の過程に様々な言語活動を行い、四つの言語能力（伝え合う内容を「生み出す力」、「文字言語で伝え合う力」、「音声言語で伝え合う力」、伝え合う内容を「補い、整理する力」）を育んだ。この3年にわたるノート・プリントの記述とビデオの記録、3時間に及ぶN子へのインタビュー、学級担任への聞き取りをもとにして、N子の学びの道筋をたどっていく。

　N子は2年生3学期の「ディベート形式の全校読書会」において、「環境」に関する論題「環境保護と産業開発の両立は可能である」について、ディベートを行った。「環境」に関連する学習活動は、表5－3のように、教科・科目、領域を横断し、「ディベート形式の全校読書会」に総合されるように展開された。

表5－3

	国　語　科	現代社会	領　　域
1年1学期		環境問題	
2学期	単元「人と自然」		
3学期			文系、理系選択
2年1学期			西沢潤一氏講演
2学期	単元「近代と脱近代」		
3学期			総合的な学習
			（全校読書会）
3年1学期			

2　N子の学びの足跡

▼高校に入学するまでのN子

　N子は酒米で有名な山田錦の産地、兵庫県加東郡（現加東市）東条町で

生まれた。星がきれいに見えるのどかな田園地帯である。小学校から星や自然に関心があったＮ子は、中学校においては理科を得意科目とした。理解できないことは納得がいくまで教師に質問に行き、時には教師を悩ませることもあった。中学３年生の終わり頃、理科の授業で環境モルモンを取り上げたビデオを見たＮ子は、自分の周りの自然が脅かされていることに危機感を抱き、環境問題について興味をもち始めたと言う。

漠然と理科系に進学しようと考えていたＮ子は「理数コース」を受験する。面接時に、将来何をしたいかと質問を受けたとき、「環境、生物か、エネルギーについて勉強をしたい」と答えている。結果は不合格。普通科に入学することになった。

▼「現代社会」の学び〈１年１学期〉

高校１年生１学期の「現代社会」の授業において、環境問題について調べ学習を行った。各グループは温暖化、環境ホルモン、化学兵器、原子力事故等がどのような問題を引き起こし、自分たちの生活にどのような影響を与えているのかを調べ、発表した。

Ｎ子のグループは「砂漠化」について調べた。しかし、Ｎ子は小学校の時にもそれを学んでおり、また身近な出来事だとも思えず、「あまり深入りしようとは思わなかった」と当時を振り返る。「砂漠化」という事象は、グループに割り当てられた課題であり、Ｎ子自身が主体的に選択したものではなかったため、切実な問題意識を喚起しなかった。ただ、他のグループの発表は、Ｎ子に「地球上で起こるいろいろな環境問題が、人類にとって切実な問題となっている」という現実を感じ取らせたと言う。

▼国語科主題単元「人と自然」の学び〈１年２学期〉

理科系へ進もうとしていたＮ子を揺さぶったのは、国語科主題単元「人と自然」における学びであった。この単元は対立する主旨の教材（「環境問題はアニミズム的な発想によって解決すべきだ」と「環境問題は科学技術の力によって解決すべきだ」）を数多く読み、最後に論題「環境問題は科学

技術の力によって解決できる」をめぐってマイクロディベートを行うという展開である。様々な言語活動を組織して、言語能力の向上を図るとともに、「環境」に関する認識を深めさせることをねらいとした。

マイクロディベートは３人ディベートとも呼ばれ、１人の学習者が肯定側、否定側、審判と３つの立場を経験する。Ｎ子は肯定側と否定側の両方の立場から立論を考えた。次はＮ子が考えた肯定側立論の論拠である。

◇環境問題は科学技術の力で解決できる
①科学技術の発達によって作り出された物に、私たちの日常生活は支えられている。
②科学はその時々の価値観に惑わされず、冷静に世界を分析し、次々と新しい発見をしていくことができた。
③科学の力によって環境問題の元を探ることが可能である。

現代社会は科学技術の力なくしてはやっていけない状況にあり、科学技術の及ぼした害も科学の力によって解決の方向を探ることができるという考えである。また、Ｎ子は否定側立論の論拠として、次の３つを挙げた。

◇環境問題は科学技術の力では解決できない
④科学技術自体が環境を脅かしている。
⑤どういったものが本当によい環境であるのか、もう一度すべての人間が考えるべきである。
⑥<u>科学者が描いているものと現実は必ずしも同じではなく、かみ合うとは限らない。</u>

科学技術や科学者への猜疑心を根底にしている。そのうえで、本当によい環境とはどのようなものかを再考しない限り、環境問題の解決はないと考えた。

この立論の中に、国語科の教材には含まれていない「沈黙の春」におけるレイチェル・カーソン（Rachel Carson）の主張、乱化学物質（環境ホルモン）の害、クローンの問題、核兵器や化学兵器等を具体例として取り上

げた。1学期の「現代社会」の学びが、環境問題を考えるための基礎的な知識として役立っており、国語科との横断的な学びが成立したのである。

ここで注目すべきなのは論拠⑥「科学者が描いているものと現実は必ずしも同じではなく、かみ合うとは限らない」である。①〜⑤が与えられた教材から抜き出した論拠なのに対し、論拠⑥はN子自身が考えたものであった。つまり、論拠⑥はN子の内面に芽生えた大きな命題（疑問）だったと言えよう。

論拠⑥に関連した立論の一部を次に示す。N子が科学者への疑念を抱き始めていることがはっきりと読み取れる。

---◇論拠⑥に関わる立論の一部---

科学者はいったい何のためにこういった物をつくるのかというようなことを考えているでしょうか。また、みさかいなく自分の未知な世界への興味だけで実験をしたり、何かを作り出したりしていないでしょうか。クローンが最近話題になっていましたが、〈中略〉私はあわてて作るべきではないと思います。⑥科学者が描いているものと現実は、必ずしも同じではなく、かみ合うとは限らないのです。

肯定、否定双方の立場から論題を見つめることを強いられたN子は、科学者の二面性に気づき始めた。〈自己内自己〉との対話を重ねることによって、これまでの科学者に対する見方が揺らいだのである。

この後、N子はディベートマッチを行う。そして〈学級内他者〉との伝え合いを通して、自分の立論には無かった、次のような考えを知る。

---◇ディベートマッチで出会った新たな論拠---

○環境問題というのは科学のせいではなく、人間のせいだと思っている。人間の少しの間違いが、科学のコントロールを失い、そして大きな環境問題が残る。（Ｔさん）
○政治においても、企業においても目先の利益を優先させ、面倒なことは後回しにすることが多い。この考え方が、環境に最も影響を及ぼしている。（Ｔさん）
○どのようにすれば科学をコントロールできるのか。それは、経済中心の

> 思考を変えることだ。(Oさん)
> ○科学技術をもっと発展のためではなくて人間のために使っていけばいいと思う。(Oさん)

　N子は〈教室内他者〉との伝え合いを通して、環境問題の解決には人間の考え方を変える必要があるという多くの意見に出会う。そして、単元の最後に次のような意見文「環境問題を考える」を綴った。

意見文「環境問題を考える」
> 自分だけのことを考えず、地球全体の環境を悪化させないように心がけることが大切だと思います。〈中略〉開発ばかりに目がくらむ前に、一歩留まって、この開発は本当に必要なのであろうか、人間あるいは地球全体を脅かすものではないだろうかと冷静に考えることが必要だと思うし、科学者だけの勝手な考えで、自分の視点からだけで判断してはならないと思います。〈中略〉人々はさまざまな知識と正しい判断力を身につけるように心がけるべきです。

　環境問題の解決は科学技術の是非ではなく、それを用いる人間にかかっており、同時に、科学者のスタンスが問われると記している。つまり、より便利で楽な暮らしがしたいとか、自分の研究を成功させて名を上げたいとかいった人間のエゴイズムを捨てることが大切だと考えるようになったのである。

　これまで科学や科学者の力に希望を抱いていたN子は、この「人と自然」の主題単元において、〈自己内自己〉との対話、〈教室内他者〉との伝え合いを重ねることによって、大きく揺さぶられた。そして、科学技術、科学者、人間を多面的に見つめるようになったのである。折しもこの時、N子は文科系、理科系進学の選択時期に差しかかっていた。

▼文理選択〈1年3学期〉
　文理選択に際し、N子は科学者の備えるべき資質に考えを及ぼし、「自分が科学者、技術者として科学技術を使う立場になれるかを迷った」と言う。

これまでN子は勉強さえできればよいと考え、自分の殻に閉じこもり、あまり人と関わろうとしなかった。その自己中心性や協調性の無さを、両親や周りの人たちに常々指摘されていた。N子は理科系に進み、研究者として生きていくためには、これまでの自分では不適格なのではないかと考えたのである。

　しかし同時に、この頃の彼女を取り巻く様々な出来事のなかで、N子は自分の生き方が「何か違う」と感じ始めていたと言う。これまでの自分を見つめ直し、新たな自己を発見し、内面的に大きく脱皮しようともしていたのである。

　最終的にN子は理科系へ進むことを決める。それは、自分の研究を社会に役立てたいという思いと、「科学技術者は何のために、どのようなことを考えて物をつくり、開発するのかを自分自身で確かめてみたかったから」だと振り返る。つまり、科学者は多くの人を殺し、苦しめると知りながら、なぜ原子爆弾や化学兵器を作ってしまうのか、なぜ反対を押し切ってまでクローン人間を作ろうとするのか、功名心やお金のためなのか、それとも他に何かがあるのか、それを自分で確かめてみたかったと言う。

　国語科主題単元「人と自然」の学びは、N子自身の精神的成長の過程と交差し、自己の進路について真剣に考える契機となったのである。

▼西澤潤一講演会〈2年1学期〉
　迷いながらも理科系に進んだN子は、2年生の夏休みを迎えるにあたり、当時岩手県立大学の学長であった西澤潤一の講演を聞く機会に恵まれる（1999年7月23日）。西澤の講演は「二十一世紀を生き抜くには―本当の学問とは」と題され、西澤の科学に関する幅広い知識と経験をもとに、人間のもつ可能性やこれからの時代に求められるものは何か、どのような生き方をすべきかといった内容であった。

　講演が終わり、質問を受け付けたとき、N子は挙手をして「科学技術の長所についてたくさんお話をうかがわせていただきましたが、短所についてはどのようにお考えですか？」という質問を投げかけた。

N子は西澤の講演について、「科学技術の良い面ばかりを述べられてましたよね。でも、歴史では原爆とか公害といった科学技術によってもたらされる弊害も多くあるのにというふうに思うと、はっきり言ってついていけない感じでした。何のために科学技術を開発するのかとか、こんな急激な科学技術の発達が良いのかという疑問を持ちながら聞いてたんです」と振りかえる。
　西澤はN子の質問に次のように答えた。

> 「エンゲルスが言うように人間の困ったことを解決するのに提供するのが科学技術です。ところがたまに悪いやつがいる。早くお金を儲けたくてしようがない人が、使ってみるととんでもないことが起こるやつを売る奴がいる。」
> 「技術が悪いのではなく、技術を使っている人が悪い。」
> 「思い上がりですよ。心がけの悪い奴が一人でもいると、そういうことが起こる。みんながそういう気持ちで心を引き締めてやらなければならない。そういうことをやらずに『偏差値の高い大学を出た。高い計算機を使ってやった。だから文句を言うな』というような、きわめて間違った、人間としてふとどきな考え方をもった人間がいますと、確かに高度の科学技術は間違って使うと事故が大きい。」

　西澤の回答に対して、N子は「西澤先生と同じように、人の気持ちをなくしては科学の発達もないと考えてて、その点では納得できたんですが、具体的にどうしたら良いのかとか、人の気持ちと科学技術とを別のものと考えて良いのかとか、一部の悪い人だけが科学技術を悪用していると判断して良いのかなど、西澤先生みたいな方でも具体的に答えてくれてないように思えた」と言う。
　N子は教室の学びから生まれた疑問を〈学級外他者〉に投げかけ、それを解決しようとした。西澤の考えが、これまで自分自身が考えていたものとほぼ同様のものであったことに納得はしたものの、世界的な科学者でさえ、自分と同じような答えであったことに満足ができなかったのである。この〈学級外他者〉との伝え合いがN子の疑問をさらに深めていくことになる。科学者という同質の者との伝え合いでないがゆえに、N子の疑問はより深まり、次の学びの欲求へと発展していったと言えよう。

第5章　国語科と「総合的な学習の時間」との連携　259

▼国語科主題単元「近代と脱近代」の学び〈２年２学期〉

　Ｎ子の疑問に広い視野から答えたのは、２年生２学期の国語科主題単元「近代と脱近代」であった。この単元は「前近代」から「近代」へ、そして「脱近代」へという精神の流れを追い、近代が我々にもたらしたものは何か、近代がもたらした問題をいかに克服するのかを考えさせようとするものである。

　Ｎ子はこれらの教材から多くのことを学び、意見文「近代は我々に何をもたらしたか。我々はポストモダンをいかに生きるか」を、次のように記した。

> 意見文
> 　近代は、私たちに<u>理性や人間中心主義や合理主義</u>など社会生活に論理的な考え方をもたらしました。その反面、効率を求めるため、自然や人との触れ合いという人間の内面に影響する事柄が軽視されるということもでてきました。経済的な豊かさを求めるために、働き過ぎたりし、生活の質が悪くなってきたりしています。私たちは、ポストモダンで、<u>人間の感性を重視し、共存、共生といった和の心をもって生きるべきです。</u>〈中略〉自分のことだけしか見ていないのではなく、<u>自分以外の周りの人や、環境のことも考えて</u>、物理的な考え方では見られないような、<u>人間的意味の問題</u>などについても大切に考えていくべきだと思います。

　近代社会が環境問題を始めとする様々な弊害を引き起こした原因は、あまりにも人間の理性を信じ、効率や経済的な豊かさを求めすぎたことにあると考えている。さらに、「共存、共生といった和の心をもって生きるべきです」と指摘して、これからの時代は、周りのものに目を向けられる「人間の感性」を重視し、人間の生きる意味を考えていく必要があると記している。

　個々のこのような意見文をグループで持ち寄り、代表を選んで、パネルディスカッションを行った。パネリストは、近代社会の弊害として「物質的な豊かさ追究による人間性の欠如」「環境問題」「科学万能主義」「個の浮遊」などを挙げ、テーマ「ポストモダンをいかに生きるか」について、以下のような提言をした。

- 【M　君】「後退という進歩」が必要である。人間らしく自由に10年前の生活に戻る。
- 【Oさん】人間の感情だとか自然の価値といった単一のものさしで計れないものを、独自のものさしではかることが大切。
- 【Yさん】あらゆるものとの「つながり」を重視し、より広い視野、価値観をもつことが必要。
- 【Y　君】前近代で信じられていた神のような価値観が必要。それはバラバラになった個をまとめる心のよりどころとしての「宗教」と呼べるものである。
- 【I　君】合理的ではないものを認める。回り道が無だと考えない価値観をもつ。
- 【O　君】個と集団とのバランスを取る。個の多様性、独創性や合理的ではないことも認める世の中を作る。
- 【Iさん】近代をすべて否定するのではなく、今ある可能性を追求する。

　この提言をもとに「多様性を認めると、これ以上に個がバラバラになるのではないか」といった根元的な議論が展開された。パネルディスカッションを聞いたN子は、次のような感想を記した。

パネルディスカッションを聞いた感想

　前近代から近代に入って、人は個人の自由を求めてきたのだと思います。個人の自由を求めるということは、一方では良い事であり、もう一方では周りの物に被害を与える面があると思いました。ポストモダンでは、周りの人や物との調和を考えて、ただ、一点を見るのではなく、広い視野で物事を見られる人にならなければいけないと思います。〈後略〉

　近代社会がもたらした個の尊重、自我を通すことは良い事であるが、反面それが行きすぎると様々な弊害を起こす。これからは、「広い視野で物事を見られる人」が求められるのであり、周りと調和を保つ力が必要だという考えにたどりついている。

　N子はこれまで、科学技術がどのような精神的背景によって生み出され、発達してきたのかなど意識したことがなかった。しかし、この単元を通して、我々が「なぜ科学技術を信じ、重視しようとするのかが理解できた」

と言う。国語科主題単元「近代と脱近代」は、N子のこれまでの思考の枠組みを押し広げ、「前近代→近代→脱近代」という歴史の流れの中で、人間と自然との関わり、科学技術の発展、人間のもつ自我の問題を捉え直しさせた。〈学級外他者〉との伝え合いによって解決できなかった課題を、〈教材〉との対話や〈学級内他者〉との伝え合いを通して、広い視野から見つめ、探究したのである。

▼全校読書会〈２年生３学期〉

全校読書会において、N子は論題「環境保護と産業開発の両立は可能である」についてのディベートに、肯定（両立は可能である）派として参加した。次は立論における両派の論拠と、ディベートマッチにおける発言である。

【「両立は可能である」派の論拠】
○両立している国の存在
○人間の堕落からの出発
　※坂口安吾は「堕落論」で「人間は墜ちる道を墜ちきることによって、自分を発見し、救わなければならない」と言っている。その通り、現に人間は墜ちきって、その結果、環境問題に対する意識が高まってきている。例えば、〈後略〉
○新しいテクノロジーの開発
【「両立は可能である」派の論拠】
○現代人の意識の低さ
○リサイクル社会の難しさ
○産業開発の危険性

◇ディベートマッチにおける発言（一部）とその要点[8]
【自然エネルギーの効率的な使用】
（肯定）水力、地熱、風力などを指します。特に水力エネルギーは西澤先生も言われていたようにまだまだ日本において可能性があります。
【エネルギーの効果的な配分】
（肯定）冷暖房など電気器具による節約によって二酸化炭素は軽減されるし、そ

の分の電気をエコカーにもまわすなどしてはどうですか。
【自然浄化力への期待】
（肯定）公害が問題になったときのことを考えると、川などはきれいになりました。自然の浄化力があるので大丈夫です。長い目でみることが大切だと思います。
【日本における取り組みの現状】
（肯定）日本でも活発に運動が起こっています。例えば、ナショナルトラスト運動が挙げられます。
【発展途上国の発展の現状】
（肯定）アジア（ASEAN）など、第三世界と言われるように北に匹敵する力も持ってきているので可能です。
【リサイクル社会の可能性】
（否定）ドイツのリサイクル社会を例に出していましたが、それを日本に置き換えてできると思いますか。
（肯定）日本でも国民や企業で意識が高まっているから大丈夫です。

　この立論とディベートマッチにおける発言を見ると、１年生のときにＮ子が行ったマイクロディベート（論題「環境問題は科学技術の力によって解決できる」）よりも、専門的な知識を用いたディベートになっていることがわかる。図書館へ通い、多くの文献から資料を収集した成果が現れている。
　Ｎ子の属する肯定側は、「自然エネルギーの効率的な使用」「エネルギーの効果的な配分」「自然浄化力への期待」「日本における取り組みの現状」などを挙げて、環境保護と産業開発の両立の可能性を模索した。このディベートを終えてＮ子は次のように感想を記している。

感想「ディベートを終えて」

　科学技術の急激な発達はもう必要ありません。急激な進歩ではなく、普通の生活を大切にすればよいのです。効率を重視した急激な発達はバランスに欠け、狭い見方しかできなくさせます。<u>これからの科学技術は環境保護や地球全体の幸福を実現するために使用されるべきで、人間にはそれが可能です。</u>このようにしてもたらされるものを緩やかな産業開発と呼びたい。

第５章　国語科と「総合的な学習の時間」との連携　263

国語科主題単元「近代と反近代」において、人間の「和の心」「広い視野」の重要性に気づいたＮ子は、全校読書会において様々な環境問題に対する取り組みを知るうちに、人間の可能性と向かうべき方向を発見した。立論の論拠に坂口安吾の「堕落論」を引用し、「人間はこれ以上墜ちることはない。今の状態から必ず這い上がる可能性をもった存在だ」と述べたＮ子は、それを実感し始めているのである。

▼〈３年生１学期〉
　高校３年生になったＮ子は、友達の「倫理」の教科書を見ていて「『哲学』がおもしろいと感じるようになった。自分の考えていることと一致するものがあったときには、思わずうれしくなる」と言う。科学や科学者に対する興味にとどまらず、人が何を考え、どのように生きるのかといった人間全般に対する興味へと、Ｎ子の知的好奇心は広がりつつある[9]。

３　国語科と「総合的な学習の時間」との連携の在り方

　Ｎ子の事例から、国語科が言語能力の育成だけではなく、学習内容（テーマ）においても「総合的な学習の時間」と連携を深めていく可能性が見えた。Ｎ子の学びの道筋をたどると、彼女の「環境」に対する問題意識が、国語科、「現代社会」、講演会、そして総合的な学習（全校読書会）における課題と有機的に結びついたことがわかる。この時、Ｎ子の学びは広がりと深まりを増し、彼女自身の生き方を考えさせるまでに及んだ。

(1) 学びの協同的なデザイン
　Ｎ子の事例は、学習者の生育環境や体験に根ざした問題意識が、教科や領域の枠を越えて学びを統合し、構造化して、学習者の中に豊かな文脈を生み出していく過程を具体的に示している。このことから、「総合的な学習の時間」を意味あるものとするためには、学習者の問題意識を重視して、教科・領域の枠を越えた連携を図ることがいかに重要であるかに気づかさ

れる。

　筆者は前勤務校において、国語科の教師であるとともに全校読書会を主催する図書部の担当であった。さらに学年会議に出された教科・領域の年間指導計画にも目を通していた。それが年度当初の国語科年間指導計画に変更を加え、「環境」というテーマの関連を生み出した。他教科・領域へのまなざしを大切にしたこのような学びのデザインを、一教師だけではなく組織的に行うことができたなら、多くの学習者が教科・領域を横断して学びを育み、豊かな成長を遂げていくはずである。これからは、「総合的な学習の時間」と各教科・領域の学習指導計画をつき合わせ、多くの教師が協同して、学びをデザインすることが重要になる。どこで、どの教科・領域の、どんな内容や経験を、どのように関連させれば、学習者の興味・関心に応じた学びを保障できるのかを検討するカリキュラムマネジメントの発想が必要であろう。

　「総合的な学習の時間」は、教科の枠にとらわれた教師のスタンスの変更を求めるとともに、教科・領域の核として働き、互いの綿密な連携（役割、内容、関連）を期待しているのである。

(2) 「総合的な学習の時間」と連携を図る国語科主題単元

　完全週五日制の実施と「総合的な学習の時間」の創設に伴い、各教科の授業時間数は削減されることになった。そこで、教科の学習は「系統性、学問構造」を重視して、知識の教え込みやドリル的な技能訓練に力を入れ、「総合的な学習の時間」は意欲や情緒、活動やプロセスを重視して、「総合性、知識の主体的形成」を目指すという対立的な捉え方をする向きもある[10]。しかし、このような考え方は、教科においても本来追求されるべき「総合性、知識の主体的形成」という課題に目をつぶり、教科の学習を学習者の興味・関心からかけ離れた無味乾燥なものへと陥れる危険性がある。例えば国語科の場合、言語技能だけを扱うやせ細ったものになりかねない。

　国語科教育の二重性（言葉を学びながら、言葉を通して学ぶ）[11]から、国語科は言語技能を身につけさせる（言葉を学ぶ）だけにとどまってはな

らない。学習者の興味・関心を大切にして、幅広いものの見方を養い、「総合性、知識の主体的形成」を担うという側面（言葉を通して学ぶ）を忘れてはなるまい。

　N子の学びを豊かなものとするうえで大きな役割を果たしたのは、1年生2学期の国語科主題単元「人と自然」、2年生2学期の国語科主題単元「近代と脱近代」であった。国語科において掲げたテーマが、他教科や領域と関連して、N子の学びを豊かなものにしたのである。国語科において、あるテーマをもとに調べたり、討論したり、報告したりして生み出した協同的な学びの成果が、他の教科・領域の学習内容と絡み合い、豊かな学びの文脈を構成した。このことは「総合的な学習の時間」と連携を図り、豊かな学びを保障する国語科単元の在り方を示唆している。それは単元を言語技能を中心に配列するのではなく、表5-2のように「人と自然」「近代と脱近代」といった主題（テーマ）にもとづいて構想するのが望ましいということである。そして、主題（テーマ）探究の過程に、ディベート、プレゼンテーション、レポート作成といった必然性のある言語活動を系統的に配置し、「伝え合う力」を中核とした言語能力の育成を図るのである。

(3) 二面（言語能力と学習内容）からの相補的連携

　「総合的な学習の時間」は、調べたことを話し合ったり、報告したりする実践的な言語活動が基盤となる。したがって、国語科は言葉を有効に使用する能力を身につけさせ、「総合的な学習の時間」をしっかりと支えることが求められる。また、「総合的な学習の時間」は国語科において身につけた言語能力を実践的に活用する場となり、それを強化する役割を負う。言語能力における両者の相補的な連携に支えられ、N子の学びは豊かになったと考えられる。

　しかし、それだけではない。国語科で扱った主題（テーマ）が他教科・領域の学習内容と関連し、統合されて、「総合的な学習の時間」を豊かなものにしていく。さらに、「総合的な学習の時間」における学びが国語科の主題（テーマ）に関連づけられ、国語科の学びを必然性をもった真剣なもの

へと深化する。N子の事例は、このような学習内容における相補的な連携が、学びに広がりと深まりを与え、自己の生き方を考えさせるに至ることを示唆している。

　高等学校の国語科は、言語能力と学習内容の両面から「総合的な学習の時間」と連携を図り、豊かな学びを保障していくべきであろう[12]。

注
(1) 以下の文献を参考にした。
・田中力「総合的な学びを支える」『現代教育科学』No515、1999年、p.22
・兵庫県西宮市立苦楽園小学校「自己教育力を育てる授業改善・開発をめざした『教科クロス単元学習』」『総合教育技術』小学館、1998年2月号増刊、p.86
・千葉昇「三つの知で見る『総合』と『教科』」『授業研究21』507号、明治図書、1999年、p.23
・柴田義松「国語能力は総合的学習の基礎・基本である」『教育科学国語教育』No585、明治図書、2000年、p.10
・浜本純逸「指導内容の重点」『教育科学国語教育』No581、明治図書、1999年、p.117
・文部省『特色ある教育活動の展開のための実践事例集―「総合的な学習の時間」の学習活動の展開―(中学校・高等学校編)』、大日本図書、2000年、p.138
・有園格・小島宏『「総合的な学習」の理論と実際』ぎょうせい、1999年、pp.27-32
・日台利夫『総合的学習の進めかた　基礎・基本』東洋館出版社、1999年、p.175
・菅原道生「第2回実践国語フォーラム宝塚大会」発表資料、2000年
・相澤秀夫「『国語の力』は『総合的な学習』を支えうるか」『教育科学国語教育』No585、明治図書、2000年、p.26
・田中博之「イギリスの総合学習」総合学習研究開発プロジェクト『学校運営研究別冊』明治図書、1997年、p.187
・明治図書『現代教育科学』No499、1998年5月号、目次
(2) この四つの柱は、宇都宮大学教育学部附属中学校の『総合的な学習の時間』において実践されている「学習スキル」と重なっている。
(3) このコミュニケーション能力は、一方向からの「伝達」ではなく、双方向からの「通じ合い」としての音声言語能力を指す。
(4) 高等学校においては、「情報科」が必修教科として新設されたため、「ｄ、メ

ディアの活用能力」は主としてそこで養うべき力だと考えてよい。ただし、「新聞」などの文字を中心としたマスメディアについては、国語科においてもその能力の育成を担当することもあろう。

(5) 高等学校学習指導要領の文言を、【学習内容】と【学習活動の特性】に分けて整理して、以下の手続きによって「総合的な学習の時間」の要件を筆者が導き出した。なお、工藤文三「『総合的な学習の時間』のとらえ方と進め方」(『月刊高校教育』学事出版、1999年9月号、p.17) も参考にした。

【学習内容】

・現代的課題（国際理解、情報、環境など）	ア 国際理解、情報、環境、福祉・健康などの横断的・総合的な課題についての学習活動
・生徒の興味・関心に応じた課題	イ 生徒が興味・関心、進路等に応じて設定した課題について、知識や技能の深化、総合化を図る学習活動
・生徒自身の在り方生き方や進路に関わる課題	ウ 自己の在り方生き方や進路について考察する学習活動

【学習活動の特性】

〈課題性〉●

〈主体性〉●

〈探究性〉●

〈活動性〉●

〈表現性〉●

(1) 自ら課題を見付け、自ら、学び、自ら考え、主体的に判断し、よりよく問題を解決する資質や能力を育てること。

(2) 学び方やものの考え方を身に付け、問題の解決や探究活動に主体的、創造的に取り組む態度を育て、自己の在り方生き方を考えることができるようにすること。

(1) 自然体験やボランティア活動、就業体験などの社会体験、観察・実験・実習、調査・研究、発表や討論、ものづくりや生産活動など体験的な学習、問題解決的な学習を積極的に取り入れること。

(2) グループ学習や個人研究などの多様な学習形態、地域の人々の協力も得つつ全教師が一体となって指導に当たるなどの指導体制、地域の教材や学習環境の積極的な活用などについて工夫すること。

◆「総合的な学習の時間」の要件

> 【学習内容】
>   ○現代的課題
>   ○生徒の興味・関心に応じた課題
>   ○生徒自身の在り方生き方や進路に関わる課題
> 【学習活動の特性】
>   〈課題性〉課題によって学習内容を編成する。
>   〈主体性〉生徒自身による主体的な学習活動を行う。
>   〈探究性〉課題について探究的に学ぶ。
>   〈活動性〉観察や実験、調査や制作等を行う。
>   〈表現性〉共に学習し、発表や討論等の中で自分を表現する。

　また、次は有園格、小島宏『「総合的な学習」の理論と実際』(ぎょうせい、1999年、p. 24)の資料に筆者が手を加えたものである。小学校の「総合的な学習」では〈活動性〉を重視するが、高等学校においては〈課題性〉〈探究性〉を強く求めるということになろう。

◆発達段階に応じた「学習活動の特性」の変化

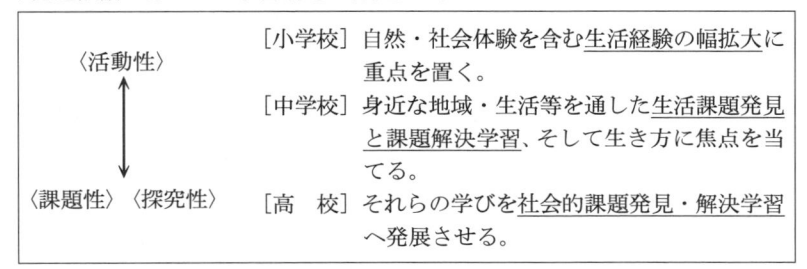

〈活動性〉 ↕ 〈課題性〉〈探究性〉	［小学校］	自然・社会体験を含む<u>生活経験の幅拡大</u>に重点を置く。
	［中学校］	身近な地域・生活等を通した<u>生活課題発見と課題解決学習</u>、そして生き方に焦点を当てる。
	［高　校］	それらの学びを<u>社会的課題発見・解決学習</u>へ発展させる。

　以上のことから、筆者の前勤務校で行っていた「ディベート形式の全校読書会」は、これら「総合的な学習の時間」の要件と発達段階に応じた「学習活動の特性」をほぼ満足するものだと言える。

(6) アメリカの教科外活動の研究者であるフレッツェル(Fretwell, Elbert, K)は、70数年前に『Extra-curricular Activities in Secandary Schools (中等学校における教科外活動)』(Houghton Mifflin Co. 1931, p. 2)において、「どこでも、可能なところで、教科外活動は教科課程の学習から生まれ出て、そしてまた教科の学習に戻ってそれを豊かにする必要がある」という「フレッツェルの

第5章　国語科と「総合的な学習の時間」との連携　269

テーゼ」を明らかにした。このテーゼは教科の学習と教科外の活動が有機的に関連することが必要であることを述べたものである。
(7) 寺西和子「豊かな学びと確かな力を育てる評価」(日本教育方法学会編『新しい学びと知の創造』図書文化、2003年、p.102)に、「今日、学力として『問題解決力、情報活用力、コミュニケーション力、表現力、企画力、協同する力等』の自らの身体に基づいて人々や自然や社会に働きかけ、自らの学びを創り出していく『活動的な知性』や機能的学力を育てることが要請されている。しかも、これらの力はバラバラに習得されるのではなく、その子の具体的で豊かな学びに統合されながら、意味ある文脈に即して育てていくことが課題となっているのである」という指摘がある。このようにテーマに即した意味のある文脈の中で、国語科の機能的な言語技能が身に付くようにした。ただし、1年生1学期の導入段階は、話す・聞く・書く・読むの「基本の習得」を目的とする単元と位置づけ、テーマは設定していない。
(8) ディベートの詳細は以下のとおり。

【肯定側反対尋問】	【論　　点】
(肯) JOCの事故については、人身事故であって、科学技術そのものが悪いのではないと思うのですが、どう思いますか。	JOCの臨界事故の原因
(否) プルトニウムの開発を行っている国が世界でも数少なくなったように、核エネルギーそのものが危険で、問題があります。	プルトニウム開発の現状
(肯) 環境問題解決まで時間がかかると言いましたが、それは両立が可能だということを認めていることになりませんか。	
(否) そうではなくて、環境問題解決に時間がかかっているうちに他の部分でますます状況が悪くなるということです。	環境問題の現状認識

【否定側尋問】	
(否) ドイツのリサイクル社会を例に出していましたが、それを日本に置き換えてできると思いますか。	リサイクル社会の可能性
(肯) 日本でも国民や企業で意識が高まっているから大丈夫です。	
(否) 商業的循環になるリサイクル社会の建設は可能ですか？	商業的循環

(肯) スーパーの回収箱などが実際にあるので可能です。　　　　　　　　　　　　　　　　　　　「リサイクル→大量消費」の構図
(否) リサイクルの発展状況よりもゴミ問題の深刻化の方が大きいと思いますが、どう考えますか。

【論戦】
(否) 新しいテクノロジーと言いましたが、新しいテクノロジーとは、どのようなものですか。
(肯) 自然エネルギーを効率的につかうような技術です。
(否) 自然エネルギーとはどのようなものですか。
(肯) 水力、地熱、風力などを指します。特に水力エネルギーは西澤先生も言われていたようにまだまだ日本において可能性があります。　　　　　　　自然エネルギーの可能性
(否) ダムを作っては、また環境破壊ということになるのではないですか。
(肯) 生きていくうえでの、最低限度の開発はやむえないと考えます。少なくとも原子力よりクリーンなエネルギーのはずです。また、エコカーのようにクリーンな技術開発もあります。　　　　生きるうえで最低限度の開発
(否) 電気自動車は100％電気ではなく、排ガスもあるし、電気を作るにも火力発電が主流である以上問題があるのではないですか。
(肯) 冷暖房など電気器具による節約によって二酸化炭素は軽減されるし、その分の電気をエコカーにもまわすなどしてはどうですか。　　　　　　エネルギーの効率的な配分
(否) 「堕落論」を論拠に出していましたが、実際に堕落してしまうということは、地球環境が悪化してしまって手がつけられない状態になったことですから、そこから立ち上げることは無理ではないでしょうか。
(肯) 現実を考えれば、そこまで悪くならないうちに手がつけられると考えます。
(否) 環境問題は改善されることで元の状態に戻ると思いますか？吉野川の可動堰などのように、作ってしまったらもうおしまいということに　　　　吉野川可動堰の問題

（肯）公害が問題になったときのことを考えると、川などはきれいになりました。自然の浄化力があるので大丈夫です。長い目でみることが大切だと思います。	自然の自浄能力への期待
（否）意識の低い日本人をどう思います。	
（肯）ドイツを例に取ると、日本でもできないはずはないです。	ドイツの取り組み例
（否）特に今の日本の状況を見ていたら無理のような気がしますが、どうですか。	
（肯）日本でも活発に運動が起こっています。例えば、ナショナルトラスト運動などが挙げられます。逆に無理なら、どうするのですか？それを聞かせてください。昔のような何もない生活にもどるのですか。	環境問題への日本の取り組み
（否）現段階では環境保護が先決であり、産業開発は必要はないと言っているのです。	産業開発以外の方法
（否）発展途上国では自国を守るために産業開発をします。先進国だけで話していても問題解決は不可能ではないですか。	発展途上国の影響
（肯）アジア（ASEAN）など、第三世界と言われるように北に匹敵する力も持てきているので可能です。	発展途上国の発展の現状
（否）途上国の近代化はまだ日本の60年代程度と言われ、経済開発が第一で、環境整備に手が回らない状態です。	

(9) 3年生になって筆者はN子のクラスの授業を担当しなかった。N子はこの後文科系に転向して、大学進学を目指した。

(10) 日本学術会議教科教育学研究連絡委員会編集『新しい「学びの様式」と教科の役割』（東洋館出版社、2001年、p.5）において、寺崎昌男が「この活動（総合的な学習の時間：筆者）は、「教科指導」との間に一見越えがたい溝を持っている。なぜなら、一定の知の体系を前提として成立し、その教授展開の中で到達目標を持ち、指導の手順が組み立てられているのが、教科教育だからである。「総合的な学習の時間」は時間配当や指導計画の点で教科指導と角逐（あるいは対立）しているだけではない。知の生産の様式そのものにおいて、両者は異なる構造を持っており、様式の異なる知の創造・生産が、両者並行して学校に押

し及ぶことを意味するものと言ってよい」と述べている。このことからも、総合的な学習の時間と教科指導を対立的に捉える傾向があることがわかる。しかし、佐藤学『教育方法学』(岩波書店、1996年、p.115)に「一般に『教科』の学習を『系統性』で特徴づけ、『主題（課題）』を中心とする学習を『総合性』で特徴づける意見が流布しているが、この二つの関係は、それほど単純ではない」という指摘があるように、国語科の場合、この主題単元学習学習を設定することによって、主題を中心とした学習と、言語技能の系統的な育成とを目的とした学習との両面からの育成が可能になる。

(11) 国語教育の二重性については、首藤久義が「二重カリキュラム(dual curriculum)とはことばの学習と、ことばを通して伝えられる内容の学習とが同時的に行われるという二重性、融合性を一体的に捉える見方である。言いかえると、さまざまな文書を読んだり書いたりすることを通してその内容の学習がなされ、同時にそうする中で読む力や書く力が伸び、さまざまなことを聞いたり話したりする中で、その内容の学習と、聞く力や話す力を伸ばす学習が成立する、というように、一つの学習場面の中で、内容の学習と読み・書き・聞き・話す力を伸ばす学習とが同時的・相補的に行われると見るカリキュラム観である」と『書くことの学習指導』(1994年、有限会社編集室なるにあ)の中で説明している。

(12) 21世紀の認知心理学を創る会『認知心理学者　新しい学びを語る』(北大路書房、2002年、p.97)に「いま最も重要なことは、学校を『意味ある学び』のなされる場所として蘇らせることでしょう。そしてそのためには、『いかに生きるべきか』という個性化のテーマと、『そのためにいま何を身につけるべきか』という知性化のテーマをつなげることが重要になります。そもそも学びは、これら二つのテーマがつながったときに初めて『意味が見える』のであり、そのとき学びは、自己実現をめざして自己を向上させ成長させようとする自己形成（自分づくり）の営みになるのです」という指摘がある。

第6章　学習者の視点に立つカリキュラムデザイン
──生活背景と学びとの関連から

　本章では、ある学習者の国語科の学びが、どのような生活背景や生活の文脈[1]に支えられ、関連しているのかを明らかにする。この事例が示す言葉の学びの様相をもとに、学習者の視点に立つ高等学校国語科カリキュラムをデザインするための示唆を得る。

第1節　学びと生活背景の関連把握のための手続き

　これまでの授業研究は、決められた内容を全体的な計画をもとにして、いかに効率的に定着させたかに重きが置かれ、学習者の学びの文脈や意味は捨象され、置き去りにされる傾向にあった。
　学習者には個々の学びの文脈や意味がある以上、それを無視しては切実な問題意識に根ざした授業をデザインすることは難しい。しかも、学習者が授業内だけで学び、生きているわけではないことを勘案すると、学びの文脈や意味は授業内だけに限定して把握できるものではないだろう。授業の外に存在する両親、友人、教科担当外の教師など、学習者を取り巻く様々な生活背景や生活の文脈との関連を捉えなければなるまい。このように考えると、学習者の視点に立つ国語科カリキュラムをデザインするためには、学習者の生活状況全般を視野に入れ、個々の学びの様相を把握することが重要な課題となる[2]。
　そこでまず、個別的な事例を抽出してその生活背景をつかみ、生活が学びに影響を与えているのかいないのか、与えているとすればどのように影響しているのかを把握しようとした。その時、生活と学びとが密接に関連

していればいるほど、学習者は切実な問題意識をもって授業に臨み、授業を自己の生活の文脈に近づけ、意味あるものとして捉えたと言える。このような事例を一つ一つ集積し、その授業の特色を明らかにしていくことによって、学習者の視点に立つ授業をデザインするための方途を探ることができると考えるのである。

　ある学習者の1年半にわたる学びと生活背景との関連を明らかにするために、次の手続きを取った[3]。

［対象者の抽出］
　筆者（分析者）が担当した80名の学習者の中から、以下の理由でA子を抽出した。
- 蓄積されたA子の学習成果物（感想文等）には、何らかの文脈のようなものが感じられた。
- 分析者とA子との間には信頼関係が築かれており、彼女が授業以外に経験した様々な出来事について相談を受ける機会が多くあった。
- 高校生の典型的事例（プロトタイプ）となりそうなA子の事例をまず抽出し、理解することによって、他の事例をそのバリエーションや例外として位置づけて理解できると考えた。

［生活背景の理解］
◇第1次インタビュー[4]（2000年5月、50分）
　……高校卒業後約2年が経過し、教育実習の依頼に来たときに実施した。
- A子が高校時代に誰とどのような出来事を経験したのかを聞き取り、年表を作成した。

［学びの文脈の把握］
◇第2次インタビュー（2001年6月、2時間10分）
　……高校卒業後約3年が経過し、教育実習に戻ってきたときに実施した。
①A子がそれぞれの出来事を経験した時に何を思い、感じたのかを聞き

取った。
②A子に国語科の学習成果物の蓄積を提示した。
③国語科の学習成果物にA子の生活状況が反映されているか否か、反映されているならどのように反映されているのかを聞き取った。

［妥当性の検討］（2001年9月、30分）
　分析者が第1・2次インタビューを通して解釈し記述したA子の学びと生活の関連を、A子と共に検討し、その相互主観的な妥当性を高めた。

第2節　A子の言葉の学びと生活背景との関連

　本節においては、前述の手続きから明らかになったA子の国語科における学びと生活背景との関連を、記述し解釈する。

【自信】
　中学時代のA子は、リーダー性のある、成績優秀な生徒であった。高校に入学したA子の担任（B教諭）は、行動力のある30代前半の教師であり、学業、学校行事など、すべてにおいて1番になることを目標に学級経営を行った。B教諭から副委員長に任命されたA子は、「私が頑張らなければ…」と思い、精一杯努力をした。A子のクラスは、多くの学校行事に勝ち抜き、学業成績もビリからトップに躍り出た。当時のA子は「自分はやったらできるんだという自信をもっていた」と振り返る。2年生もB教諭が担任になり、副委員長に選ばれたA子は、新しいクラスで今年も「私が頑張る。失敗したら自分のせい」と肝に銘じ、やり抜く決心をした。

【挫折】
　5月初めの文化祭で最優秀賞を獲得するために、A子はクラスをまとめようとした。しかし、B教諭の考えることを実現しようするけれどうまく

第6章　学習者の視点に立つカリキュラムデザイン　277

いかず、クラスにとけ込まない自分を少しずつ感じるようになった。B教諭から、ああしろこうしろと言われ、クラスをなんとかしなければならないと思いながらも、事態は好転しなかった。この頃、B教諭に職員室に呼び出され涙を流すA子の姿を、たびたび見かけるようになった。A子はその頃を振り返って、「つらかった記憶があります。もっと楽に生きたいと思っていた」と語る。

　A子は「山月記」の読後感想に、李徴は自分の力を信じることが大切だと記している（①）。しかし、人は「まわりの人に支えられて、見守られて」こそ立派な人間になることができる（②）と考え、「まわりの人との交わり」（③）が大切だとも書いている。このようにA子が他者との関わりを意識した背景には、クラスの仲間に「支えられ、見守られ」なければ自分が消えてしまうという気持ちが心のどこかにあったと振り返る。

---「山月記」読後感想〈2年生5月〉---
①李徴には才能があったのだから、もっと自分を信じてやればよかった。私のはじめの考えは変わっていません。どうして「山月記」なのだろうという疑問。これは月の描写による李徴の虎への変化に目を向けた点からきているのでしょう。月は太陽に照らされてはじめて白く光ります。②人もやはりまわりの人に支えられて、見守られて、競ってはじめて立派な人となり得ます。だからやはり太陽の光をうけている月がうすらいだということは、人としての李徴は消えていくのだろうと思われます。③まわりの人との交わりということの大切さを感じました。

【自我の芽生え】
　A子は副委員長という役職を背負って振る舞うことが、しだいに重荷になりつつあった。そんなA子の精神的な支えとなったのが、春からつき合い始めたC男であった。C男はサッカー部に所属するスポーツマンで、物事をちょっとひねって考える、どちらかというと先生に怒られるタイプの生徒であった。A子は自分と対照的なC男とつき合っていくうちに、「親や先生に言われたことを守っていても仕方がない。もっと楽しい人生がある

んでは…」と考えが変わっていったと言う。

　丸山真男の評論「『である』ことと『する』こと」を学んだ後に記した創作文「私の『である』ことと『する』こと」に、これまで自分は「キャプテン」とか「副委員長」といった役職にすがってきたと述べる（④）。そして、「みんながありのままで触れ合えたらきっと世界が変わるでしょう」（⑤）と、この時の理想とも思える記述をしている。創作文の作成は、A子に教材の内容を自己の生活に引きつけ、自己を振り返る契機を与えたのではなかろうか。

創作文「私の『である』ことと『する』こと」〈2年生6月〉

　いつも私は自分に何か「役」がついているとき心強いのです。例えば、④「キャプテン」とか、「副委員長」とか。そういう役職がないと自分の意見を主張したり、積極的に出られないということがあります。これは自分の「〜である」という権利にすがっているからだと思います。私は「である」であってはじめて「〜する」という行動に移ってしまうのであって、何もなければどうなるのかと思います。〈中略〉⑤「である」をとっぱらって、みんながありのままで触れ合えたらきっと世界が変わるでしょう。

　さらに、「永訣の朝」の読後感想に至っては、「私はまず自分の為に生きる。それが何より一番だから」（⑦）と強い決意が述べられている。みんなのために、副委員長にふさわしい生き方をすることは、見方を変えれば、本当の自分を抑えて生きているのであって、A子にはとても窮屈なものであった。「人のために生きるという賢治の生き方はきれいで純粋であるが、今の自分にはできないと思った」と言う。

　A子は、一般的な「永訣の朝」の反応とは異なり、「"人の為は偽りだ"という。なるほどその通り」（⑥）と、自己の生活の文脈に強く影響された感想を書いている。これまで両親や教師に引かれたレールの上を歩んできたA子に自我が芽生え、それが反映されたと思われる。

―――――――― 「永訣の朝」読後感想〈2年生7月〉 ――――――――

　この兄弟のモットーは"人のために生きる"のようだけれど、私にはとてもそんな風には生きられないし、"人のため"という辺りが何か偽善的で納得いかない。よく⑥"人の為は偽りだ"という。なるほどその通り。私には誰かのためにつくすことは必ずしも相手の為にならないと思う。自己満足かもしれない。だから、⑦私はまず自分の為に生きる。それが何より一番だから。

　また、A子は「こころ」の初読感想にも、先生とKが自殺したことを非難して「うじうじしているよりもすっぱり言った方が正しい」（⑧）と記した。周りの細々としたことは気にせず、自分の気持ちのままに行動したいというこの頃のA子の思いが表れているのではなかろうか。

―――――――― 「こころ」初読感想〈2年生6月〉 ――――――――

　「行く先の望みがない」という理由で自殺。私にはわからない。望みがないで割り切れる世界ではないように思う。「おれは策略で勝っても人間としては負けたのだ」と「私」は思っているが、恋愛とかでも自分で言わないで、⑧うじうじしているよりもすっぱり言った方が正しいのだと思う。

【孤立】

　ありのままの自分でいたいと考えていたA子であったが、9月末に控えた体育大会が大きな悩みの種であった。B教諭は体育大会で勝利するため、A子にクラスのリーダーであることを厳しく求めた。副委員長など投げ出してしまいたいけれど、それは許されないことであった。かといってクラスの友達ともうまくやっていけない。この状況の中で、A子にとってC男の存在は大きかった。

　しかし、2学期になってC男との交際が両親に知られ、猛反対を受ける。この時、これまで親にも先生にも反抗したことのなかったA子が初めて自分を正面から出してぶつかった。そのぶつかり合いの中に、A子は世間体や大人の論理といった親のエゴを感じることが多々あったと言う。

この時期の人間関係に対する悩みが、「こころ」読後感想に「人のあたたかさを感じて生きているのではないような気がします。人と人との関係が形式的になってしまっているようです」(⑨)と表現されたと考えられないだろうか。「こころ」の授業では、互いがエゴによって孤立し、寂しさを抱えて生きる近代人の姿が浮かび上がった。Ａ子は他者と読みを交流し、テクストと対話する中で、自分の生活と教材を重ね合わせたと思われる。

「こころ」読後感想〈２年生10月〉

　人とかかわらずに生きていくことは今やできない時代です。かといって⑨人のあたたかさを感じて生きているのではないような気がします。人と人との関係が形式的になってしまっているようです。だから、ある意味で、Ｋが先生とのつながりを求め、先生がお嬢さんや「私」を求めたように、真に人を欲していることはうらやましいと思いました。

【葛藤１】
　両親との対立は繰り返し起こり、途切れることはなかった。しかし、Ａ子にとって親のエゴを感じることは同時に、自分のエゴを感じることでもあった。両親と対立しながらも、自分のことを心配してくれる親の気持ちが少しは理解できたと言う。親を立ててもＣ男を立てても、どちらかが傷つく。この葛藤にＡ子はたえず悩み続けた。
　２学期主題単元「生きる」は、自己と自己を取り巻くものとの関係について考えさせる意図があった。この単元のまとめであるスピーチ「人が生きるとは」の原稿において、Ａ子は人間の意志や欲望、願いは多くの犠牲の上に成り立っており、それが相手を傷つけ、さらには自分を傷つけることにもなる(⑩⑪)と述べている。そして、意志や欲望に傷つけられた人間は他者の「あたたかさ」や「ぬくもり」を知るものだ(⑫⑬)とも記している。これは、まさにＣ男をめぐるＡ子と両親との関係に置き換えることができるだろう。

───── スピーチ「人が生きるとは」〈2年生12月〉─────

　私達は「生まれる」ということを大変喜びます。たとえ生まれ出ることが本人の意思ではないにしろ、その生命に吹き込まれた愛は、必ず生まれ出た生命の生きる意志になり得ると思います。⑩<u>生まれた私達は、自分の意志で生きていくのです。しかし、その意志は、現在の地球を見てもわかるように、多くの犠牲を払っています</u>。海を汚し、木を切り、地球を破壊し続けています。また、⑪<u>人間どうしでも、自分の欲や願い、利益の為に相手を傷つけてしまうことがあります</u>。そして、人は相手を傷つけることによって自分さえも傷つけてしまうのです。環境からもしっぺ返しが来るのも同じ事です。⑫<u>自分が傷ついたとき、私達ははじめて、他を大切にする気持ち、お互いの間に「あたたかさ」や「ぬくもり」といったものを求めるのでしょう</u>。〈中略〉このように⑬<u>人が生きていくのには、必ず人のぬくもりが必要であると思います</u>。

【葛藤２】

　Ａ子は一つ一つ問題をクリアーしていった。帰宅時間が遅くなり叱られることが続くと、Ｃ男といることがいくら楽しくても７時までには帰宅するようにした。また、成績が下がることをＣ男のせいにされたくはないと考え、勉強にも精を出した。しかし、このような自分は、所詮失敗を恐れる優等生でしかなく、世渡りをしていく強さはあっても、どん底からはい上がる強さのない人間ではないかと感じていた。そんなときＡ子は授業で坂口安吾の文章に出会う。

　「坂口安吾のものの見方、考え方に迫る」という課題を与えられたＡ子は「坂口安吾の生き方が本当にうらやましく感じた」（⑭）と言う。

───── 坂口安吾のものの見方、考え方に迫る〈2年生2月〉─────

　理想だけを描き、その理想に向かって突き進んだとしても、それは偽善であり、うわべだけのことにすぎない。そのようなむなしい努力を空回りさせるのではなく、自分自身にふりかかる運命の厳しさ、現実を見すえ、自分の存在の寂しさ、最低のレベルを知った上で向上をめざしていくべきものだ。⑭<u>「どん底を知ったものは強い」そう言う。近ごろ坂口安吾の考え方にどっぷりはまっています</u>。私は本当に彼の考え方に感動しました。

【大人への脱皮】

　３年生になったＡ子に大きな出来事が起こる。Ｂ教諭が異動になったのである。Ｃ男の継続的な影響と、Ｂ教諭がいなくなったことで、Ａ子の考え方はかなり柔軟に変化した。また、家庭におけるＣ男をめぐる対立も半年以上続くと、以前のように激しくはなくなっていった。というより、お互いが「与えられた枠のなかでうまくやっていく、調整するすべを覚えていった」とＡ子は述べる。

　「舞姫」の初読段階において、Ａ子は豊太郎も敷かれたレールをまっすぐに歩んできたかわいそうな人なのだ（⑮）と考える。そんな豊太郎が帰国を選択したのは、彼自身の「本当の気持ち」（⑰）であり、本当の姿を発見できたことは、彼にとって「幸せ」（⑯）であると記している。

「舞姫」初読感想〈３年生４月〉

⑮豊太郎という人物は人格形成の上で不完全な部分が多いので、自分で判断する力もなかったのでしょう。一本敷かれたレールの上を走ってきた彼が自分の道に目覚めたのは、ほんの少し前だからです。その点においてはかわいそうな人物だと思います。ある意味で、⑯本当の姿を発見できたことは幸せであると思います。何が正しいのかという判断は本当につけにくいものです。名誉をとるか愛をとるか、それぞれの立場で大切にしているものは違います。エリスはエリスで相沢は相沢で豊太郎に判断を迫ったけど、⑰最後は彼の本当の気持ちだったと思います。

　Ａ子は「舞姫」を読み進めていくうちに、なぜ豊太郎はこんなに不器用なのか、「エリスとの関係がこのような悲劇的なものとなる以前になんとかならなかったのかと思った」と言う。

　Ａ子は３年生になった頃から、家族や担任という関係を全く無視して、自由になることはできないと感じていた。以前のように何かを壊してでも自分の意志を貫き通そうとする気負いはなくなっていった。そして、自分を取り巻く人や環境を大切にしながら、互いの主張を取りまとめ、自分の居場所（アイデンティティ）を見つけて生きていくのが最善だという考え

に至っていた。

　それは「舞姫論」に記された「人は家に縛られ、社会に縛られ、自己を縛る。私の手や足は〜実は目に見えない糸で支配されている。」「人が動けばその動きによってまた他の人が動かざるを得なくなる」(⑱)、「そんな中で自由になろうとすることは、多くの犠牲を払うことに他ならない」(⑲)という認識に通じている。

舞姫論〈3年生5月〉

　人には本当の自由などない。自由を得ることは、限りなく自己を破滅に導く以外の何物でもないと考える。⑱人は家に縛られ、社会に縛られ、自己を縛る。私の手や足は大脳からの指令で動いているようで、実は目に見えない糸で支配されている。人と人が、人と物が。だれの支配によってという訳ではない。人が動けばその動きによってまた他の人が動かざるを得なくなる。この状態はまさしく操り人形の如く、こっけいな動きを生む。「舞姫」。これは社会や人の中に生きる人間の姿なのではないかと思う。自分の意志で動いているときもあれば、自分以外の何かの変化に引っ張られている場合もあるのだ。しかし、つながっていることで一つの秩序が保たれているのだと思う。互いに影響を及ぼし合い、一つの塊となって生きているのだ。⑲そんな中で自由になろうとすることは、多くの犠牲を払うことに他ならない。〈中略〉束縛とは考え方を変えれば人の愛ではないかと思う。

　このように、A子の生活背景に光を当てることによって、国語科の学びがこれまでとは違った姿となって立ち現れてきた。A子の言葉の学びには、表6−1 [5] のように幾重にも重なる生活背景（家庭、担任、友人）や生活の文脈が影響を及ぼしていたのである。また、A子が「作品を読むときには、自分に引きつけて読んだ」と言うように、国語科の授業が、言葉を通して自己の生活を振り返り、意味づける場となったことも確かである。この相互作用の中でA子は自己の生き方を模索し、アイデンティティを形成していったのではないか。

第3節　A子の学びを生成した国語科授業の特色

　このようにA子の学びと生活とを密接に関連づけた国語科授業は、どのような特色をもっていたのであろうか。表6－2はA子が1年半にわたって学んだ授業の概要である。

1　主題単元の設定
　単元は主題（テーマ）をもとに構成しており、主題は次のように、自己から自己を取り巻くもの、そして社会へと視野が広がるように配列した。
　　〇2年生1学期「自己の模索」
　　　　……自分の中に潜む自我の存在を意識させる。
　　〇2年生2学期「生きる」
　　　　……自己と自己を取り巻くものとの関係について考えさせる。
　　〇2年生3学期〜3年生1学期「人と文学」
　　　　……自己を取り囲むものと、どのように折り合いをつけて生きるの
　　　　　　かを考えた先人の思索の典型である文学について考えさせる。

2　対話を重視した授業
　また、次の3点も大きな特色として挙げられる。

>　〇「他者との対話」を活性化する授業
>　　　音声言語と文字言語との調和のとれた交流の場を設定した授業。
>　〇「書き手との対話」を喚起する授業
>　　　反筆者の立場で討論したり、書き込みをしたりする、書き手との
>　　　対話を喚起する授業。
>　〇「複数の書き手との対話」を喚起する授業
>　　　「往復書簡」を読んだり、複数の教材を併せ読みしたりして、複数
>　　　の書き手との対話を喚起する授業。

表6−1 A子の学びの軌跡と生活史チャート

	国語科における「学び」の軌跡	家庭	担任	クラスメート	C男
高校1年		素直 純粋	自信 リーダー 優等生	挫折 プレッシャー 人間関係の不 と焦り 和（文化祭）	出会い **自我の芽生** 反抗 対立 プレッシャー 人間関係の不 と焦り 和（体育祭） **孤立**
高校2年					
4月上旬	「山月記」初読感想 自分の力を信用しなかったためだと思います。				
5月中旬	「山月記」読後感想 人もやはりまわりの人に支えられて、見守られて、競っ てはじめて立派な人となり得ます。〈中略〉まわりの人 との交わりということの大切さを感じました。				
6月下旬	私の「できることと」する」こと 「できる」をとっぱらって、みんながありのままで触れ 合えたらきっと世界が変わるでしょう。				
7月中旬	「永訣の朝」読後感想 "人の為は偽りだ"という。なるほどその通り。〈中略〉 私はまず自分の為に生きる。それが何より一番だから。				
10月中旬	「こころ」読後感想 人のあたたかさを感じて生きているのではないような気 がします。人と人との関係が形式的になってしまってい るようです。				

286

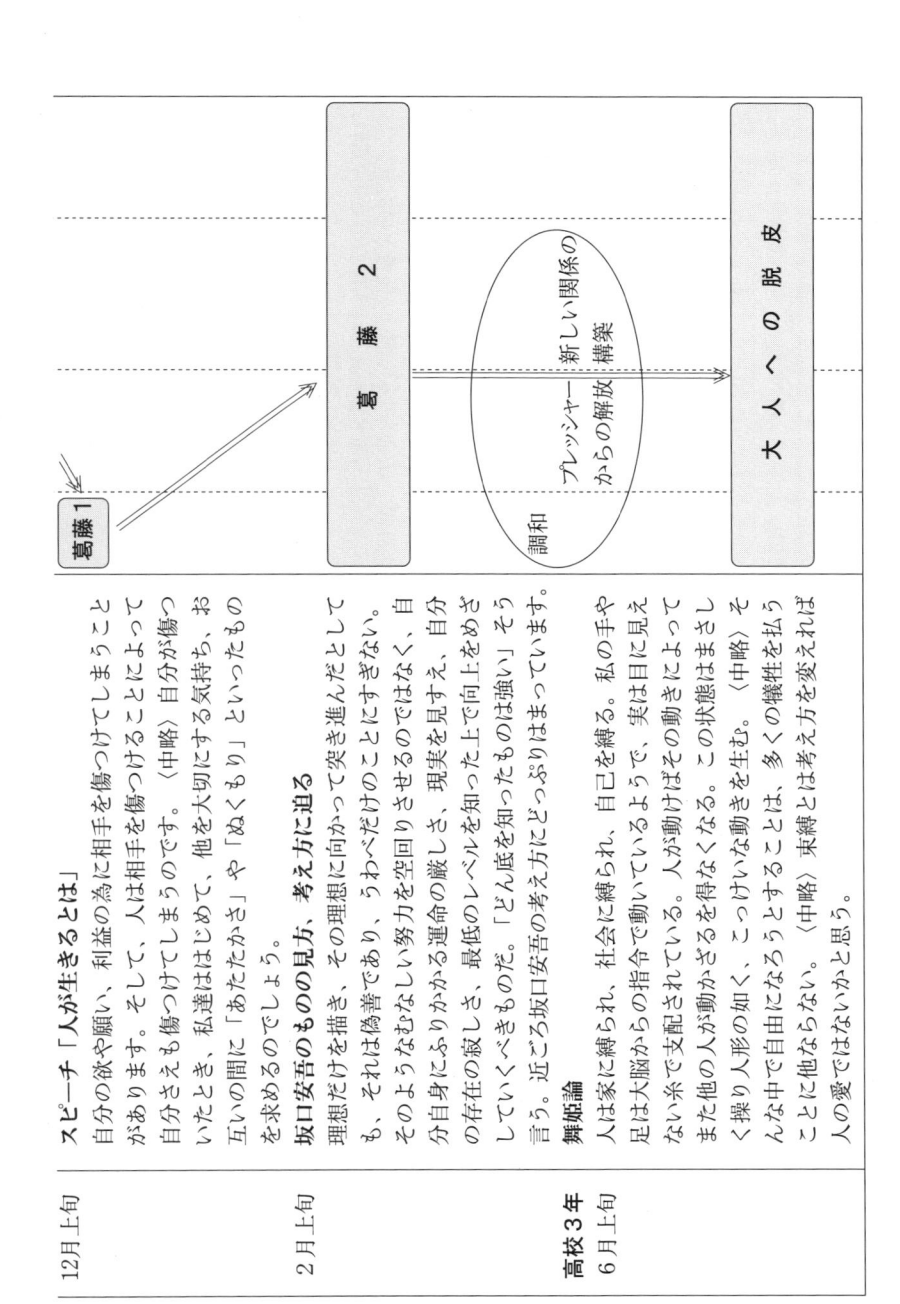

```
                                            ┌─────────┐                          ┌─────────┐
                                            │         │     調和                 │         │
                                            │         │  ╱─────────╲            │ 大       │
                                            │ 葛      │ ╱ プレッシャー ╲          │         │
                   葛藤1 ←╲                 │         ││ からの解放    │⟶        │ 人       │
                          ╲                 │ 藤      ││ 新しい関係の  │         │         │
                           ╲                │         │╲ 構築        ╱          │ へ       │
                            ╲               │ 2       │ ╲─────────╱            │         │
                             ⟶              │         │                          │ の       │
                                            │         │                          │         │
                                            │         │                          │ 脱       │
                                            │         │                          │         │
                                            │         │                          │ 皮       │
                                            └─────────┘                          └─────────┘
```

12月上旬	スピーチ「人が生きるとは」 自分の欲や願い、利益の為に相手を傷つけてしまうことがあります。そして、人は相手を傷つけることによって自分さえも傷つけてしまうのです。〈中略〉自分が傷ついたとき、私達ははじめて、他を大切にする気持ちや、お互いの間に「あたたかさ」や「ぬくもり」といったものを求めるのでしょう。
2月上旬	坂口安吾のものの見方、考え方に迫る 理想だけを描き、その理想に向かって突き進んだとしても、それは偽善であり、うわべだけのことにすぎない。そのようなきれいごとの努力を空回りさせるのではなく、自分自身にふりかかる運命の厳しさ、現実を見つめ、自分の存在の寂しさ、最低のレベルを知った上で向上を目指していくべきものだ。「どん底を知ったものはどっぷりはまっています。近ごろ坂口安吾の考え方にどっぷりはまっています。
高校3年 6月上旬	舞姫論 人は家に縛られ、社会に縛られ、自己を縛る。私の手や足は大脳からの指令で動いているようで、実は目に見えない糸で支配されている。人が動けばその動きによってまた他の人が動かざるを得なくなる。こっけいな動きをさせる〈操り人形の如く、こっけいな動きを生む。〈中略〉そんな中で自由になろうとすることは、多くの犠牲を払うことに他ならない。〈中略〉束縛とは考え方を変えれば人の愛ではないかと思う。

第6章　学習者の視点に立つカリキュラムデザイン　287

表6-2　国語科学習指導の実際

(1996年4月～1997年6月)

学期	主題	単元	伝え合う力（音声言語）	（文字言語）	生み出す力	認め合う力
1学期 4月	自己の模索	小説「山月記」	簡易ディベート → バズセッション ディベート的討論①	初読、読後感想 本質の独白創作 虎になった理由 「人虎伝」改変意図	【学ぶ段階】 ・題名、対比、比喩、象徴、文字表記、人称、呼称、語り口	【他者との対話】 ・文字言語を中心とした交流
5月 6月 7月		評論「『である』ことと『する』こと」 詩「永訣の朝」	バズセッション ディベート的討論① バズセッション 朗読	創作文「私の『である』ことと『する』こと」 初読、読後感想	・対比的な読み方	【書き手との対話】 ・筆者対反筆者の討論 【他者との対話】 ・群読のための話し合い
2学期 9月 10月	生	小説「こころ」	バズセッション ディベート的討論② パネルディスカッション プレゼンテーション	初読、読後感想 続編	【定着させる段階】 ・題名、対比、比喩、象徴、色彩語 等 【使う段階】 ・課題の解決を目指し、矛盾のない読みを築く	【他者との対話】 ・様々な話し合いの形態により、異なる視点から読みを突き合わせる

時期	教材	活動	成果物	学習のポイント	対話の視点
11月（きる）	往復書簡抄「生命をめぐって」／評論「自然と共生」「いのちの文化人類学」／詩「I was born」	バズセッション／話し合い／朗読	二人の筆者への手紙／初読、読後感想	・見解の相違に気づき、自己の認識と照らし合わせて読む ・様々な読みの技法を用いて一貫した詩の読みを構築する	【複数の書き手との対話】・「往復書簡」を用いて筆者の見解の相違に気づく 【他者との対話】・詩の多様な読みを話し合いにより磨き合う
12月	スピーチ「人が生きるとは」	バズセッション／スピーチ	スピーチ原稿	・複数の作品を一つのテーマ（切り口）で読み、意味を産出す	【複数の書き手との対話】・あるテーマに関して複数教材を併せ読みする
3学期 1月・2月・3月（人と文学）	評論「文学のふるさと」「堕落論」「坂口安吾」／★全校読書会	バズセッション／ディベート	安吾に関する意見文／立論原稿	・書き込みをし、吟味しながら読む ・自分の力で読みを築き上げる	【書き手との対話】・筆者独特の発想を知る 【他者との対話】・対話的対論
1学期 4月・6月	小説「舞姫」	バズセッション／ディベート	初読感想／紙上討論／シナリオ／立論原稿／続編／舞姫論	・自分の力で読みを豊かにする	【他者との対話】・様々な交流

第6章　学習者の視点に立つカリキュラムデザイン

このように、読みや考えについて他者と対話し（伝え合い）、テクストと対話し、さらに自己と対話する、対話と葛藤のある授業をA子は長期にわたって受けてきたのである。
　次に、具体的にA子が他者、テクスト、自己と対話し、葛藤を繰り返して、学びを深めていく様相を、「こころ」の授業から垣間見ることにする。
　「こころ」では課題探究型の授業を展開した。五つの課題[6]を、各班がプレゼンテーション、ディベート的討論、パネルディスカッションなどによって深めていった。
　[課題１：Kはどうして先生だけに告白したのか]の担当班（１班）は、次のような結論を出してプレゼンテーションを締めくくった。

> Kの告白はa先生への信頼感や友情といったものが根底にあった。

　[課題２：先生の奥さんへの告白は間違っていたのか]の担当班（２・３班）は、次の論拠をもとにしてディベート的討論を行った。

──────【間違っている派】──────
○Kは先生を無二の親友だと考えているのに、b先生はKを真の友人だと考えていない。
○あせりからきたc思慮不足であり、優柔不断である。〈他の論拠略〉

──────【間違っていない派】──────
○b先生はKのことを親友であるとは考えていないため、このような告白は当然のことである。〈他の論拠略〉

　これらの発表を聞いたA子は、[課題１]について、次のように１班の結論（a）に同意しつつも、２班３班の発表（b）に触発されて、「でも～もう一つ思いつきました」と、新しい考えを生み出している。

> 【課題1のA子の考え】
>
> 　Kは先生を信用していたというのが1班の結論でした。私もそのとおりだと思います。でも、2班3班の発表で「先生は友人だとは思っていない」という所が出てきて、もう一つ思いつきました。〈後略〉

　また、[課題2]についても、次に示したように、【間違っている派】が論拠として掲げた「思慮不足」（c）を、「確かに〜思いますが」と認めつつも、そうかと言って「間違っていたとは言いきれない」と反論をしている。さらに、自分達の班が担当する［課題3：Kの自殺の原因は何か］の結論を勘案して、意見の補強を試みている。

> 【課題2のA子の考え】
>
> 　確かに告白は思慮の欠落した利己的な行動であったとは思いますが、そのことがKを死に追いやったとしても、Kを自殺におとしいれたから間違っていたとは言いきれないと思います。その場合、先生自身のお嬢さんへの気持ちを殺すことになるのですから。〈中略〉更に私が間違っていなかったとするのは、今私達の班でKの自殺の原因をさぐっているのですが、その原因（先生に裏切られた）と合致しな部分があるからかもしれません。

　これは「こころ」の授業の一断面である。しかし、これと同様に、A子は1年半にわたって他者、テクスト、さらに自己と対話し、葛藤を繰り返しつつ、学びを育んだのである。

第4節　学習者の視点に立つ国語科カリキュラムデザインの在り方

　本研究はあくまでもA子の事例研究である。しかも、A子のインタビューと学習成果物をもとにして記述・解釈したため、学びと生活とをダイレクトに結びつけすぎる傾向があるかもしれない。しかし、どの学習者の学びにも、その背景には生活と生活の文脈があり、A子の事例と響き合う可能性をもっているのではないだろうか。このような個別的な事例を一つ一つ

明らかにしていくことによって、切実な問題意識にもとづく学びへと学習者を導き、アイデンティティの形成[7]へと結実していくようなカリキュラムデザインの在り方が見えてくるであろう。以下、Ａ子の事例が示唆することを４点にまとめた。

1　授業デザイン

　国語科の学びとＡ子の生活背景が、密接に関連し合ったのはなぜであろうか。それは第３節「２　対話を重視した授業」に示したように、授業において他者やテクスト、自己と対話する場面が多くあり、Ａ子の内面に葛藤が起こったからだと考えられる。様々な葛藤場面において、Ａ子は教材を鏡として自己の生活を見つめ、その生活経験をもとにして考え、教材を意味づけたのであろう。つまり、教材の内容と生活経験との往還があったのではないか。これまで高等学校において行われがちであった教師主導の講義式授業では、Ａ子は教師の解釈や説明をそのまま受け入れるだけで、自己の生活を振り返り、教材の内容を我が事として考えることは少なかったと思われる。

　様々な対話が導く内的葛藤のある授業をデザインすることによって、学習者は言葉を通して自己を振り返り、生活や生活の文脈を反映した切実な学びを育むことができるのである[8]。

2　単元のデザイン

　Ａ子のアイデンティティ形成に大きな影響を与えたのは２年生の２学期であった。７月には「自分の為に生きる」といった強い自我を感じさせる記述をしていたＡ子が、２学期末には自我を通すことの裏にある孤独や寂しさに目を向け、他者と関わりつつ生きる意味を考えるようになった。これはＡ子の生活の文脈の影響だけではなく、第３節（1）に示した主題単元の影響も見逃せないだろう。

　２学期主題単元「生きる」は、以下のような価値目標にもとづいて教材を配列して、生きることが内包する自我やエゴイズムの問題を、多くのテ

クストを通して多面的に考えさせようとした。A子は多くの筆者（作者）と対話を重ねることによって、自己の生き方を深く見つめた。

主題単元「生きる」の教材と価値目標

○小説「こころ」
　……登場人物の自我を浮き彫りにし、互いを傷つけ「寂しさ」を抱えながら生きている近代人の姿を読む。
○往復書簡抄「生命をめぐって」、評論「自然と共生」、評論「いのちの文化人類学」
　……環境問題と人間のエゴイズムとの関係に気づく。
○詩「I was born」
　……命が他者の死の上に成り立っている切なさに気づき、生きることの意味を考える。

このように、複数の教材を主題単元化することによって、A子を取り巻く生活の文脈と国語科の学びを近づけ、成長を促すことができたと考えられる。これはまた、一教科だけではなく、横断的な学習、そして総合的な学習へと学びを広げていくことによって、学習者の学びと生活の文脈とを結びつけ、学びをより切実なものへと深化させる可能性を示唆している[9]。

3　長期にわたる学びのデザイン

　A子の事例は、主題単元のテーマを長期にわたりどのように配列していくのかについても示唆を与えてくれる。2年生1学期の主題単元「自己の模索」は、A子に自分の中にある強い自我を意識させる契機となった。2学期「生きる」は、自己と自己を取り囲むものとの関係について認識を深めさせた。さらに主題単元「人と文学」は、自己を取り巻く状況や環境の中で、どのように折り合いをつけていくのかを考えさせたのである。このように、自己を見つめ、そして他者との関わりを考え、そこから社会へと目を向けていくようにテーマを配列していくことによって[10]、成長とともに発生する問題意識を、言葉を通して見つめさせ、アイデンティティの形

成へと向かわせることができるのではないだろうか。

4　学習者の視点に立つ評価の在り方

インタビューを終えてＡ子が最初に言ったのは、「先生、私、頑張ってますね」「おもいっきり背伸びしている感じ」という言葉であった。

人は現在から過去の自分を振り返り、過去との関連の中で現在の自分を位置づけ、評価する。自己の成長は、過去との関係の中ではじめて意識し、自覚できるに違いない。

〈教え〉から〈学び〉重視へと教育の枠組みが転換されるなかで、これまでのような数量的な評価はなじまなくなってきた。これからは、Ａ子の事例研究のように、過去の学びの蓄積をもとに教師が学習者と面談し、学びの軌跡を振り返らせ、語らせる場が必要になってくるだろう[11]。それはＡ子のような年度をまたぐ大がかりなものでなくてもかまわない。一人ひとりの学習者が、自己の学びを語り、意味づけ、評価する。そして、それをもとに教師が自己の授業デザインを見直す。このような評価が、これからは求められるのである。

注

(1) マイケル・コール（Michael Cole）は『文化心理学－発達・認知・活動への文化－歴史的アプローチ』（天野清〈訳〉、新曜社、2002年、pp. 184-188）において、「文脈」という概念を整理している。まずは「取り囲むものとしての文脈」（context as that which surrounds）というものを定位する。例えば、学習＜授業＜学校＜地域コミュニティーのように、「空間」的に小さな単位が大きな単位に包含されるかたちで入れ子構造になっている状態の「文脈」である。小さな単位は大きな単位に影響を受けることになる。しかし、それだけでは「時間」に対する配慮が足りないとして、「時間」と「空間」が交差する「紡ぎ合う文脈」（context as that which weaves together）として「文脈」を説明しようとする。それはロープとそれを構成する繊維に喩えられる。ロープは繊維（空間）とそれを撚る撚り糸（時間）とでできている。普段、繊維は見えないが、撚り糸をほどいたときには繊維が現れる。このように「文脈」とは、ロープではな

く、撚り糸と繊維の「質的関係」であると説明する。コールの示した観点に立つと、ひとりの学習者には「教科・学校の学びとその時間的文脈」があり、その背景には「生活とその時間的文脈」が存在して、それらが紡ぎ合いつつ、相互媒介的に実践は展開されていると考えることができる。
(2) 難波博孝「『ことばの学び』生態史研究に向けて」(『両輪』第33号、両輪の会、2001年、pp. 439-440) に、「これからの国語教育研究は、学習者自身のことばのまなびの変容（発達）を学校内の生活にとどまらず、学校外の生活を視野に入れ、研究していく必要がある」という指摘がある。また、稲垣忠彦『授業研究の歩み　一九六〇——一九九五年』(評論社、1995年、p. 435) に、「授業の事例研究は、実践に集約すると同時に、それを広い背景と文脈においてとらえることが必要である。子ども、教材、教師、学校の基盤である地域、社会、文化、さらには、国家、世界といった背景が、授業のなかにあらわれるのである」と述べられている。つまり、授業研究においては、学びとその生活背景と文脈を視野に入れる必要があると指摘されている。
(3) この手続きは、いわばライフヒストリー・アプローチと言えよう。ライフヒストリーとは「ある個人の生活状況とその歴史的変遷を、口述をもとに聞き手とのやり取りのなかで編集し、記述した生活変遷史」である。その基本概念は〈個人〉〈生活〉〈口述〉〈史〉である。近年、このライフヒストリーを用いた研究が人文・社会科学分野で注目を浴びており、教育学の分野においては教師教育研究などで行われている。
(4) ライフヒストリー・アプローチでは、インタビューが重要な位置を占める。インタビューは社会的な共同行為であり、話し手と聞き手が対等の関係で語り合う中で、その経験の歴史を描き出していく。
(5) 本田時雄「生活史によるパーソナリティ研究の試み (Ⅰ)」(『人間科学研究』第2号、文教大学、1980年) において、生活の流れを従来型の文章による記述ではなく、直感的に理解可能な図やチャートによって表現した生活史チャートが用いられている。
(6) 課題4、5は省略。詳しくは第4章第3節を参照。
(7) 佐藤学「高等学校における授業研究の課題」(『カリキュラムの批評』世織書房、1996年、p. 431) に、「これまでの教育学は、このアイデンティティの問題を授業研究の枠外に置いてきた」「授業が教育の名に値するものとなり、その過程がダイナミックに展開されるときは、必ず、そこに、生徒たちの『自分探し』の欲求と活動が組み込まれているといってよい」という指摘がある。
(8) 内田伸子『ことばと学び――響きあい、通いあう中で』(金子書房、1996年、p. 12) において、内田は「『自分さがし』の旅というものは、子どもにとって学ぶ意味のある教育内容と対話し、やり取りする実践を指している。この実践を

通して、自分自身に向かい、反省的な思考を働かせて自分とは何かについて知るようになる。個人的に行うのではなく、あくまでも教師や仲間との対話的実践を通して社会的関係の中で自己を知ることなのである」と述べている。つまり、対話のある授業を構想することによって、学習者のアイデンティティ形成につなげることができると指摘している。
(9) 第5章参照
(10) 浜本純逸「説明的文章の指導内容」(『教育科学国語教育』NO,381、明治図書、1987年、p.22)には、「子どもたちの自己を中核にして、家族・生活地域・世界・宇宙へと認識の広がりに応じた教材の配列がなされる」ことが望ましいと単元の構成原理が記されている。
(11) 松崎正治「総合学習『「平和」について考えよう』」井上一郎編『国語科の実践構想——授業研究の方法と可能性——』(東洋館出版社、2001年、p.218)に「教師や子ども達が、授業における行為を通していかに『意味生成』を行い、アイデンティティを構築しているのかを探究するためには、社会文化的脈絡を背景にした言語的な資料を物語り(narrative)として構成し、解釈していく研究が注目されている(Connelly&Clandinin 1990′ Cortazzi 1993など)。物語は人間の経験を特徴づける重要な認識方法である。野家(1996)は、次のように言う。『人間が「物語る動物」であるということは、それが無慈悲な時間の流れを「物語る」ことによってせき止め、記憶と歴史(共同体の記憶)の厚みの中で自己確認を行いつつ生きている動物であるということを意味している。』こうして、物語る行為(物語行為)は、記憶によって洗い出された諸々の出来事を一定の文脈の中に再配置し、それらを時間系列に従って再配列することであり、アイデンティティ構築と極めて緊密な関連がある」と、物語ることとアイデンティティの構築との関わりについての指摘がある。多くの中から語るべきことを選択して、筋道立て配列して語る行為の中に自己認識が行われるのである。

終　章

　伝え合いを重視した高等学校国語科カリキュラムについて検討を行ってきた。ここでは、全体をあらためて総括するとともに、これまでの検討において明らかにできなかった点を、今後の課題として記しておきたい。
　第1章において、国語教育の今日的課題として「伝え合う力」の育成が求められていることを明らかにした。それは、心理学における学習観の変遷にも影響を受けていることを述べた。
　そして、カリキュラム開発の主体が行政から学校に委譲されつつある現状において、その研究スタイルは「アクションリサーチ（実践者自らによる研究とコンサルテーション）」という形が効果的であり、本研究はこのスタイルにもとづき10年近く積み上げた研究であることを記した。
　さらに、高等学校国語科カリキュラム開発の先行研究、先行実践として、主題単元学習、表現領域の学習指導について検討して、カリキュラム研究の現状と課題を考察した。その結果、「制度化されたカリキュラム」との関連を明らかにした「計画されたカリキュラム（年間指導計画）」や、「計画されたカリキュラム」に「教材内容」「教科内容」「教育内容」を系統的に配した実践が少ないこと、また、「計画されたカリキュラム」がどのように実践されたのかという「実践されたカリキュラム」や、学習者が「実践されたカリキュラム」をどのように受容したのかといった「経験されたカリキュラム」を通時的に明らかにしたカリキュラム研究もあまり見受けられないことが明らかになった。
　第2章においては、「伝え合い」「伝え合いを重視した国語科学習指導」について定義した。「伝え合い」とは、互いの立場や考えを尊重しながら、文字言語と音声言語を用いて、意見や読みなどを表現し、理解し合おうと

する意識的な行為である。これは人と人との伝え合いだけを指すものではなく、テクストとの伝え合い（対話）、自分の中での伝え合い（対話）を包含する総合的な言語行為である。したがって、伝え合いを重視した国語科授業とは、「人と人との伝え合い」「自己とテクストとの伝え合い」「自己内での伝え合い」の相互関連を生かしつつ、豊かな言葉の力を育み、よりよい人間関係を築きあげることのできる授業だと定義した。

　次に、伝え合う力を高めるための学習指導計画をどのように構想するのかを先行研究をもとに考察した。その結果、伝え合う力を高める国語科学習指導は、以下の四つの学習を関連させて、系統的に組織する必要があることが明らかになった。

　　①補い、整理する学習――【環境との対話】
　　②伝え合う学習　　　　――【学習者との対話】
　　③見つめる学習　　　　――【学習材との対話・学習者との対話】
　　④生み出す学習　　　　――【学習材との対話】

　そして、これら四つの学習を系統的に配した筆者自身の「伝え合う力を高める高校３年間の年間指導計画（計画されたカリキュラム）」を示し、その系統性について概観した。

　第３章においては、高校１年生の学習指導の実際（実践されたカリキュラム）を示した。そして教師・教材の働きかけとそれに対する学習者の反応を分析するとともに、学習者同士の伝え合いの様相を分析して、この学習指導計画のもとに学んだ学習者が、どのような言葉の使い手として成長したのか（経験されたカリキュラム）について考察した。また、学習者の振り返りをもとに１年間の学びの足跡を丁寧に追いつつ、学習者の言語能力の伸長を評価し、指導に活かした（指導と評価の一体化）事例を示した。そこから、一人ひとりの個性を生かした評価を行うための示唆を得た。

　第４章では、高校２・３年生の学習指導の実際（実践されたカリキュラム）を示した。そして、「舞姫」の学習指導を例にして、伝え合いを「複線化」「関連化」「多様化」「複合化」することによって、文学の読みが豊かに

育まれることを明らかにした。また、「こころ」を例にして、文学の課題探求型の学習指導において、学習課題をどのように選択し配列すれば作品を豊かに読めるのかを考察した。つまり、いかにカリキュラムを計画するのか（計画されたカリキュラム）を、学習者の学びの実態（経験されたカリキュラム）をもとにして明らかにしたのである。
　さらに、学習指導要領（制度化されたカリキュラム）と関連づけた評価規準を用いて、学びをどのように評価し、評定へと結びつけるのかについて言及した。伝え合いを重視し、教師による評価、学習者の相互評価、そして自己評価などによって学習者を見つめる眼を複数用意すれば、多面的な評価・評定が可能になることを示した。
　最後に、高校３年間の文学教材と指導過程に関する評価（カリキュラム評価）を行った。その結果、「計画されたカリキュラム」に用いた近代小説は、学習者を作品世界に引き込み、既存の価値観をゆさぶる対話喚起力をもつものであることが確認できた。また、伝え合いを重視した学習指導を通して、学習者は他者理解を深め、新たな自己認識を形成しており、カリキュラムの有効性が看取できた。
　第５章では、国語科と「総合的な学習の時間」とが連携を図るために、国語科はどのような言語技能や言語能力を育てる必要があるのかを考察した。そして、伝え合う力を高める高校３年間の学習指導によって、言語技能や言語能力はもちろんのこと、テーマ（主題）の面においても、国語科と「総合的な学習の時間」との連携が可能であることが明らかになった。
　第６章においては、国語科の学びが、どのような生活背景や生活の文脈に支えられているのかを探究した。クラスメート、友人、家庭、担任といった生活背景や生活の文脈と、学びの文脈とが交差する中で、一人の学習者が自己の学びを意味づけ、アイデンティティーを確立していく様相が明らかになった。この事例より、学習者の視点に立つ国語科カリキュラムをデザインするための示唆を得ることができた。
　最後に今後の課題を４点述べておきたい。
　本著において考察したカリキュラムは高等学校の現代文分野のものであっ

た。高等学校国語科の選択必修科目「国語総合」には現代文分野と古典分野があり総合化が目指されている。また、「古典」という科目もある。このことから今後は、古典を含めた「伝え合いを重視した高等学校国語科カリキュラム」の在り方を検討していく必要があろう。

　次に、本研究は筆者自身の課題意識にもとづき実践上の工夫を行い、その有効性を事例をもとに検証するというスタイルをとっている。それゆえ、この結果が一般化できないのではないかという批判を受ける可能性がある。けれども、そもそも授業は様々な要因が絡みあう個別的な事象である。そうであるなら、その研究も容易に一般化を目指すのは困難を伴う。まして、長期にわたるカリキュラム研究においては、学習者の認知や学びの文脈に配慮して、カリキュラム経験の実相を明らかにするのは容易なことではなく、事例研究という方法に頼らざるを得ない面がある。今後は、より多くの事例を集め、理論命題への一般化を図ることが課題となる。

　さらに、伝え合いを重視したカリキュラム研究を高等学校だけにとどまらず、中学校、小学校へとつなげることが課題となる。母国語は日常生活において鍛えられ、豊かになる面があるものの、その育成は学校教育に負うところが大きい。そして、その中心は小学校、中学校、高等学校の国語科が担わなければなるまい。そう考えると、伝え合いを重視した国語科カリキュラムは高等学校だけで完結するものではなく、子どもの発達段階を考慮しつつ小学校から高等学校まで連結が図られ、構想される必要がある。生涯を通して豊かな言葉の使い手となる基礎を培うカリキュラム開発研究が求められるのである。それは国語科という一教科だけにとどまるものではなく、「総合的な学習の時間」や他教科、そして学習者の生活背景までも視野に入れたカリキュラム開発研究であることは言うまでもない。

　最後に、筆者自身の国語教師としての成長を研究対象にすることである。本書は筆者自身の約20年の高等学校における実践の帰結点である。本書をまとめるにあたり、筆者はこれまでの国語教師としての歩みを感じることがたびたびあった。それは、時間とともに初期の問題意識にずれが生じたり、新たな課題意識が派生したりして、変化や生成を繰り返しているとい

う実感である。そしてその時々に実践上の工夫を凝らし、壁を乗り越えて次のステージへと進んでいった。

この筆者の国語教師としての歩みは、国語教育研究に意識的に関わる以前から始まっている。毎日グラウンドにおいて部活指導に汗を流し、部活こそが教師の生き甲斐だと感じていた頃、学級担任として充実感を感じていた頃、このような部活動や学級経営などで生徒理解に努めていた時期が国語教師としての地盤にある。そして、大学院において堀江祐爾先生と出会い、国語科教育学を本格的に学んだことは教師としての大きな転機となった。その後、現場に戻り実践的研究を重ねる中で国語教師としての力量を徐々に高めていった。また、学年副主任、学年主任となり大所高所から物事を見つめることができるようになって、国語教師としての幅も広がったような気がする。さらに教師としての、また国語教師としての力量形成は学校だけに因ってはいない。結婚、子どもの誕生といった私的な出来事も影響を及ぼしている。

これら実践の背景となる職場での役割変化や生活の変化といった多元的で重層的な文脈を開示して、国語教師としての成長と国語授業の発展との関連をライフヒストリーという形で明らかにしたい。実践主体としての教師が、さまざまな生活背景に支えられて、どのように教材観、生徒観、教師観、授業観を変化させたのか、またそれがカリキュラムの生成にどのような影響を及ぼしたのかを示すことによって、カリキュラム研究や教師教育研究に何らかの示唆が得られるのではないかと考えている。

　　　　　　お　わ　り　に

　一昨年に大学に職を得、18年間勤めた高等学校の現場から去った。その前に4年間中学校の教壇に立った経験があるので、20数年間の実践者としての道に終止符を打ったことになる。
　中学校においては、多様な興味や能力をもった生徒を相手に授業を行い、高等学校においては、学習意欲に欠ける生徒の多い学校や、進学校と呼ばれる能力の高い生徒が多く集まる学校において教鞭を執ってきた。どのような生徒を前にしても、いつも生徒が活発に発言し、主体的に活動して、そこに人間的な成長が期待できる授業を模索していたような気がする。
　それは国語教師としての使命感というよりも、自分自身が学習者として過去に受けてきた国語の授業体験が根底にあったように思う。教室に漂う空虚な雰囲気。突然指名された友人がけだるそうに立ち上がり、「わかりません」「考えてません」とつぶやきに似た声で座っていく。残された時間は教師の甲高い声だけが頭の上を通り過ぎていく。学習者としての自分は「国語の授業なんて意味があるのか？」「教師が自分の解釈を生徒に伝え、それを板書したものを試験の前に覚えて何になるのか？」という疑問をいつも抱いてチャイムが鳴るのを待っていた。
　国語教師になった理由はさておき、自分が教壇に立つ授業は、一人ひとりの生徒が学ぶ意味を見出し、自分の考えや読みを活発に伝え合い、高め合う授業にしたいと願っていた。しかし、初任の頃は、それは理想であって、今から思い起こすと赤面するような授業の繰り返しであった。高校に移っても、なんとかして理想の授業に近づきたいと試行錯誤を繰り返し、毎時間の授業に奮闘していた。そのときに出会ったのがディベートであった。当時は、ディベートという言葉さえ認知されていなかったが、社会人用のディベート啓蒙書を頼りに授業を展開した。するとあまり人前で発言したことのない生徒が活発に自分の意見を述べるのである。「これは使える。」

と思った。

　何の理論的裏付けもないままディベートの実践を繰り返していたが、幸い、大学院に内地留学する機会が与えられ、堀江祐爾先生（兵庫教育大学大学院教授）のご指導を受けることができた。そこで、ディベートを「言い負かし合い」ではなく、「言い認め合い」「伝え合い」のための授業方法として、国語科に導入する方途を探るようにご教示をいただいた。そして、音声言語能力育成のための方法として脚光を浴びていたディベートを文学の学習指導に取り入れることを試みた。修士論文のテーマは「言語による伝え合いを重視した国語科学習指導の研究──文学作品をディベートで〈読む〉場合──」である。

　このときの学習指導要領は1989（平成元）年度版であり、現行の学習指導要領で初めて用いられた「伝え合う力」という文言は未だ流布していなかった。このことからも、修士論文の題目にある「伝え合いを重視した」というのは、時流に乗って取り上げたものではなかったことがおわかりいただけよう。私自身がかねてから思いを寄せ、理想としていた授業が「伝え合い」を重視し、学習者が活発にそして主体的に取り組む授業であったのである。

　また、修士論文の副題「文学作品をディベートで〈読む〉場合」には、伝え合いを重視した学習指導にはディベートで文学を〈読む〉場合だけではないことを含意している。つまり、ディベートで説明的文章を〈読む〉場合も、また、ディベート以外の方法を用いてテクストを〈読む〉場合も含め、伝え合いを重視した学習指導には様々な形があり、次の研究へと発展していく可能性を示唆したものであった。

　大学院修了後、現場に戻ってからも、10数年間「言語による伝え合いを重視した国語科学習指導」の在り方を模索して実践的な研究を重ねてきた。ディベートだけではなく、パネルディスカッション、プレゼンテーションといった様々な活動による伝え合いの組織化、そして伝え合う力を高める年間指導計画の構想、それに学んだ学習者の相互交流の研究、評価研究、さらに、「総合的な学習の時間」との連携、学習者の学びと生活背景との関

連へと研究を進めた。これら研究の概略をまとめると、下図のようになる。

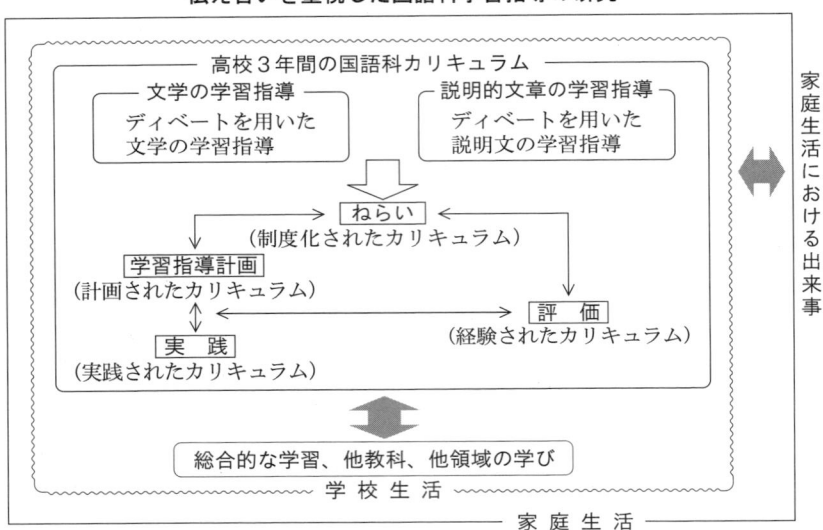

伝え合いを重視した国語科学習指導の研究

```
┌─────────────────────────────────────────────┬──┐
│  ─── 高校3年間の国語科カリキュラム ───      │家│
│  ┌── 文学の学習指導 ──┐┌─ 説明的文章の学習指導 ─┐│庭│
│  │  ディベートを用いた  ││  ディベートを用いた    ││生│
│  │  文学の学習指導      ││  説明文の学習指導      ││活│
│  └──────────┬───────┘└────────┬────────┘│に│
│             └──→ ねらい ←──┘              │お│
│              (制度化されたカリキュラム)     │け│
│      ┌─学習指導計画─┐                      │る│
│      (計画されたカリキュラム)   ┌─評 価─┐  │出│
│          │         (経験されたカリキュラム) │来│
│      ┌─実 践─┐                            │事│
│      (実践されたカリキュラム)                │  │
│                  ⇅                          │  │
│  ┌─総合的な学習、他教科、他領域の学び─┐   │  │
│  └──────────────────────────────┘   │  │
│          ─── 学 校 生 活 ───               │  │
└──────────────── 家 庭 生 活 ────────────────┘
```

　日々、「研究的実践者」としての目で授業を見つめ、改善を重ねるうちに、生徒の反応にも変化が現れ始めた。以前のように、自己嫌悪にかられて教室を後にすることも、その日一日、授業の反省で頭が一杯になることも少なくなった。そして、学期に数回ではあるが、授業を終えたあと教卓に生徒が駆け寄ってきて、授業では語りきれなかった自己の読みや考えを述べ、意見を求めてくるようにもなった。休憩時間では時間が足りず、議論の場を食堂へと移して、食事をともにしながら生徒と語り合う時間は至福の時であり、国語教師としての喜びを感じる時であった。

　そして、卒業式間際の授業において、机上に高く積み上げられた3年間の膨大な国語科ポートフォリオと、1ページずつそれを丁寧に捲り、自己の成長を確かめる生徒の真剣なまなざしを見るとき、国語の学びは1時間で完結するものではなく、一つ一つの授業が効果的に絡み合い、まとまりをもつことによって、実りあるものになることを実感させられた。

このように生徒達とともに学び、ともに歩んで、結実したのが本書「伝え合いを重視した高等学校の国語カリキュラムの実践的研究」である。
　私が国語を教える喜びを味わうことができるようになったのも、自らの実践と研究をこのような形でまとめることができたのも、ひとえに恩師堀江祐爾先生のお陰である。大学院時代には国語科教育学を基礎から教えていただいた。その指導は懇切丁寧であり、時には厳しいものであった。先生が時々言われる「私はあなた方の最後の先生です」というお言葉は、現場に帰れば一生「先生」でありつづける現職の院生にとって、自らの至らなさとあせりを痛感させられるものであった。と同時に、現職教育に打ち込まれる先生の使命感が伝わってきた。先生には大学院在学中のみならず、修了後も十年以上にわたってご指導いただいた。時には深夜まで私の実践に意味づけをし、内在的な理論を引き出してくださった。先生の愛情溢れるご指導がなければ現在の私も本書もない。
　堀江ゼミの修了生や現役の院生、「国語教育の実践と研究をつなぐ会」の会員の方々にも大変お世話になった。大学院修了後もゼミやゼミ合宿、研究会に参加させていただき、小学校から高等学校まであらゆる校種の先生方と交流がもてたことは、日頃、高等学校の現場しか知らない私にとって貴重な体験であった。
　大学院においては主任指導教官として、修了後は「国語論究の会」でお世話になった中洌正堯先生（前兵庫教育大学学長）は、私の研究を静かに見つめ、的確なご助言をくださった。また、研究上で生じた個人的な悩みを優しく受け止め、励ましてくださったことは忘れないだろう。同時にこの研究会のメンバーの方々の様々なご指摘が、私の研究の糧となり自信になったと思っている。
　一人ひとりのお名前を挙げることはしないが、多くの方々に学会や研究会でご指導やご批評をいただいたことが私の大きな財産となっている。この機会にお礼を申し上げたい。
　本書で取り上げた実践は、すべて前任校の兵庫県立小野高等学校におけるものである。小野高等学校の職員ならびに生徒諸君のお陰で本書はある。

職員のみなさんに同僚として助けられ、ご協力いただいたことを数え上げればきりがない。また、素直で何事に対してもまじめに取り組む前向きな生徒諸君がいたから研究を前進させることができたと思っている。実践的研究は現場に根ざしており、その環境が整い、協力がなければ進まない。それに恵まれた私は大変幸運であった。心から感謝したい。

　本書は、2008（平成20）年2月に安田女子大学より授与された文学博士（論文博士）の学位論文の一部に加除を施し、表題を改めたものである。学位論文の原題は、「伝え合いを重視した高等学校国語科学習指導の実践的研究」である。学位論文の審査にあたっては、主査の大槻和夫先生（安田女子大学教授、広島大学名誉教授）に大変お世話になった。国語教育研究の重鎮としてご活躍の先生に主査をしていただいたことは、無上の喜びであり光栄でもある。生涯の誇りとしたい。また、審査委員の斎木泰孝先生（安田女子大学教授）、沼本克明先生（安田女子大学教授、広島大学名誉教授）、吉田裕久先生（広島大学大学院教授）に温かいご指導を賜った。厚くお礼を申し上げる。

　本書は、2007（平成19）年度安田女子大学「研究助成費」の交付を受けて公刊するものである。本学に勤務して2年目の私に、助成金交付の許可をくださった吉野昌明学長、安田裕美事務局長をはじめ、大学関係者の方々に謹んで謝意を表したい。

　最後に、編集出版に関して様々な形でお力添えいただいた溪水社の木村逸司社長に心よりお礼を申し上げる。

　2008（平成20）年　春

井　上　雅　彦

初出（原題・誌名）

　本書の出版にあたって新たに書き下ろした文章もあるが、多くはすでに研究誌に発表した論文をもとにしている。ただ本書に収めるにあたっては、その構成にしたがい、各稿とも大幅に加筆・修正を行った。

第1章　研究の課題と方法
　第1節　（書き下ろし）
　第2節　「学校に基礎を置くカリキュラム開発研究の基礎的考察」
　　　　　　　（『国語国文論集』第38号　安田女子大学日本文学会　2008年）
　第3節　（書き下ろし）
第2章　伝え合う力を高める高校3年間の学習指導計画
　第1節　（書き下ろし）
　第2節　「『伝え合う力を高める』国語科学習指導
　　　　　　──高等学校3年間の学習指導計画」
　　　　　　　（『国語科教育』第四十七集　全国大学国語教育学会　2000年）
　第3節　「『伝え合う力を高める』国語科学習指導
　　　　　　──高等学校3年間の学習指導計画」
　　　　　　　（『国語科教育』第四十七集　全国大学国語教育学会　2000年）
第3章　伝え合う力を高める高校1年生の学習指導の実際
　第1節　「『伝え合う力を高める』国語科学習指導
　　　　　　──高等学校3年間の学習指導計画」
　　　　　　　『国語科教育』第四十七集　全国大学国語教育学会　2000年）
　第2節　「伝え合いを重層的に組織した高等学校国語科における学習指導
　　　　　　──『新聞作り』と『マイクロディベートを核として』」
　　　　　　　（『国語教育攷』第15号　「国語教育攷」の会　2000年）
　第3節　「言葉の学びを振り返る場を充実した高等学校国語科学習指導」
　　　　　　　（『国語科教育』第五十五集　全国大学国語教育学会　2004年）

第4章　伝え合う力を高める高校2・3年生の学習指導の実際
　第1節　「伝え合い、自己を見つめる国語科学習指導
　　　　　——高校二年生・三年生の実践を中心にして」
　　　　　　　　　　　　　『国語教育攷』第16号　「国語教育攷」の会　2001年）
　第2節　「文学の学習指導における交流活動の組織化に関する考察
　　　　　——高等学校『舞姫』の授業をもとに」
　　　　　　　　　　　　　『言語表現研究』第16号　兵庫教育大学言語表現学会　2000年）
　第3節　「文学作品の課題探求型学習指導の展開
　　　　　——『こころ』の実践をとおして」
　　　　　　　　　　　　　『国語教育攷』第13号　「国語教育攷」の会　1998年）
　第4節　（書き下ろし）
　第5節　「高等学校における文学の学習指導に関する実践的考察
　　　　　——近代小説を用い交流を重視した指導過程」
　　　　　　　　　　　　　『言語表現研究』第22号　兵庫教育大学言語表現学会　2006年）
第5章　国語科と「総合的な学習の時間」との連携
　第1節　「総合的な学習を支える言語技能育成」
　　　　　　　　　　　　　『実践国語研究』No219　明治図書　2001年）
　第2節　「国語科と『総合的な学習の時間』との連携の在り方
　　　　　——ある学習者の高校3年間にわたる学びもとに」
　　　　　　　　　　　　　『国語科教育』第四十九集　全国大学国語教育学会　2001年）
第6章　学習者の視点に立つカリキュラムデザイン
　　　　「高等学校国語科における授業デザインに関する一考察」
　　　　　　　　　　　　　『日本教科教育学会誌』27号第2号　日本教科教育学会　2004年）

引用文献一覧

相澤　秀夫　「『国語の力』は『総合的な学習』を支えうるか」『教育科学国語教育』No. 585、明治図書、2000 年、p.26

秋田喜代美　「理解・表現に子どもの発達をみとる評価」若き認知心理学者の会『認知心理学者教育評価を語る』北大路書房、1996 年、p.140、p.142

秋田喜代美　「学校教育における『臨床』研究を問い直す」日本教育方法学会編『新しい学びと知の創造』図書文化、2003 年、p.117

秋山　公男　『弱性の形象』翰林書房、1999 年、p.357

浅田　匡　「実践研究における理論の探究　－実践の改善プロセスにおける研究とは」鹿毛雅治編著『教育心理学の新しいかたち』誠信書房、2005 年、pp.227-228、p.237

足立　悦男　『国語教育実践理論全集 1　新しい詩教育の理論』明治図書、1983 年、p.50

阿武　泉　「戦後における高等学校国語科教科書教材の変遷について」第 89 回全国大学国語教育学会発表資料、1995 年

有園　格・小島　宏　『「総合的な学習」の理論と実際』ぎょうせい、1999 年、p.24、pp.27-32

井関　義久　「声の学習と文字の学習」　日本学術会議教科教育学研究連絡委員会編『新しい「学びの様式」と教科の役割』東洋館出版社、2001 年、p.67

稲垣　忠彦　『授業研究の歩み　一九六〇－一九九五年』評論社、1995 年、pp.418-419、p.435

内田　伸子　『ことばと学び　－響きあい、通いあう中で』金子書房、1996 年、p.12

遠藤　和子　「教材の調査・開発研究　－高等学校国語科の単元構成を求めて－」平成四年度兵庫教育大学修士課程学位論文

大内　善一　『見たこと作文の徹底研究』学事出版、1994 年、p.30、p.163

大槻　和夫　「『問題解決学習』の今後の問題」『現代教育科学』No. 472、明治図書、1993 年、p.47

梶田　叡一　『教育評価』有斐閣双書、1983 年、p.184

加藤　宏文　『高等学校　私の国語教室　主題単元学習の構築－』右文書院、1992

309

　　　　　　　　　年、p.1
上谷順三郎　『読者論で国語の授業を見直す』明治図書、1997年、p.115
工藤　文三　「『総合的な学習の時間』のとらえ方と進め方」『月刊高校教育』学
　　　　　　事出版、1999年9月、p.17
月刊国語教育編集室　「現在中高生の生活と意識」『月刊国語教育』東京法令出版、
　　　　　　1996年3月、p.47
小森　陽一　「『こころ』を生成する心臓」（改稿）『こころ』解説、ちくま文庫、
　　　　　　1985年
斎藤　義光　『高校国語教育史』教育出版センター、1991年、p.170
佐伯　　胖、宮崎　清孝、佐藤　　学、石黒　広昭『心理学と教育実践の間で』
　　　　　　東京大学出版会、1998年、p.12、p.50
佐藤　　学　「学びの対話的実践へ」　佐伯　胖、藤田英典、佐藤　学編『学びへ
　　　　　　の誘い』東京大学出版会、1995年、pp.74-75
佐藤　　学　『カリキュラムの批評』世織書房、1996年、p.48、pp.78-79、p.431
佐藤　　学　『教育方法学』岩波書店、1996年、p.41、p.115
澤本　和子　「教材を研究する力」　藤岡完治・生田考至・浅田匡編著『成長する
　　　　　　教師』金子書房、1998年、p.30
柴田　義松　「国語能力は総合的学習の基礎・基本である」『教育科学国語教育』
　　　　　　No.585、明治図書、2000年、p.10
下山　晴彦　「心理学の新しいかたちを探る」　下山晴彦、子安増生編著『心理学
　　　　　　の新しいかたち』誠進書房、2002年、p.33
首藤　久義　『書くことの学習指導』有限社編集室　なるにあ、1994年
須貝　千里、田中　　実編著『〈新しい作品論〉へ、〈新しい教材論〉へ　5』右文書
　　　　　　院、1999年、p.264
菅原　道生　「第2回実践国語フォーラム宝塚大会」発表資料、2000年
高木　展郎　「『読むこと』における授業改善」　甲斐睦朗、田中孝一監修『高校国
　　　　　　語教育』明治書院、1999年、p.105
高橋　広満　「定番を求める心」『漱石研究』第6号、翰林書房、1996年、p.104
田近　洵一　『創造の〈読み〉―読書行為をひらく文学の授業―』東洋館出版社、
　　　　　　1996年、p.128
田中　統治　「教育研究とカリキュラム研究　―教育意図と学習経験の乖離を中心
　　　　　　に―」　山口満編著『現代カリキュラム研究』学文社、2001年、p.23
田中　宏幸　『発見を導く表現指導』右文書院、1998年

田中　博之　「イギリスの総合学習」総合学習研究開発プロジェクト『学校運営研究別冊』明治図書、1997年、p.187

田中　力　「総合的な学びを支える」『現代教育科学』No.515、明治図書、1999年、p.22

千葉　昇　「三つの知で見る『総合』と『教科』」『授業研究21』507号、明治図書、1999年、p.23

鶴田　清司　「文学の授業で何を教えるか －教材内容・教科内容・教育内容の区別－」『国語科教育』第四十二集、全国大学国語教育学会、1995年3月、pp.83-92

鄭　栄　根　「SBCDによるカリキュラム開発の方法 －日・韓学校教育の状況を踏まえて－」　山口満編著『現代カリキュラム研究』学文社、2001年、p.58

寺西　和子　「豊かな学びと確かな力を育てる評価」　日本教育方法学会編『新しい学びと知の創造』図書文化、2003年、p.102、pp.104-105

T・イーグルトン　『文学とは何か』岩波書店、1985年、p.123

渡海　俊明　「題材を選び主題を焦点化する－『国語Ⅰ』の作文指導」大平浩哉編『新しい授業の工夫20選』大修館書店、1986年、pp.104-111

ドナルド・ショーン　『専門家の知恵』ゆみる出版、2001年

中河　督裕、吉村　裕美　『高等学校の国語教科書は何を扱っているのか。』京都書房、2000年、pp.6-12

中村雄二郎　『術語集』岩波書店、1984年、p.189

難波　博孝　「『ことばの学び』生態史研究に向けて」『両輪』第33号、両輪の会、2001年、pp.439-440

西尾　実　『西尾実国語教育全集　第三巻』教育出版、1975年、p.243

西尾　実　『西尾実国語教育全集　第四巻』教育出版、1975年、pp.51-56、p.301

西尾　実　『西尾実国語教育全集　第六巻』教育出版、1975年、p.104

21世紀の認知心理学を創る会　『認知心理学者　新しい学びを語る』北大路書房、2002年、p.97

日本学術会議教科教育学研究連絡委員会編集　『新しい「学びの様式」と教科の役割』東洋館出版社、2001年、p.5

日本教育評価研究会　『指導と評価』1983年7月　臨時増刊

日本国語教育学会編　『国語単元学習の新展開Ⅰ　理論編』東洋館出版社、1992年、p.55

日本国語教育学会編　『国語単元学習の新展開Ⅵ　高等学校編』東洋館出版社、1992年、pp.47-57
日本国語教育学会編　『国語教育辞典』朝倉書店、2001年、p.276
波多野誼余夫編　『認知心理学5　学習と発達』東京大学出版会、1996年、p.46、p.241
浜本　純逸　『戦後文学教育方法論史』明治図書、1978年、p.396
浜本　純逸　「説明的文章の指導内容」『教育科学国語教育』No.381、明治図書、1987年
浜本　純逸　「指導内容の重点」『教育科学国語教育』No.581、明治図書、1999年、p.117
日台　利夫　『総合的学習の進めかた　基礎・基本』東洋館出版社、1999年、p.175
兵庫県西宮市立苦楽園小学校　「自己教育力を育てる授業改善・開発をめざした『教科クロス単元学習』」『総合教育技術』2月号増刊、小学館、1998年、p.86
平山　満義　『質的研究法による授業研究』北大路書房、1997年、p.5、p16
広島大学附属中・高等学校　『国語科研究紀要』第十一号～第十四号
府川源一郎　「『〈読む〉こと』の教育の改革へ」『日本語学』第十七巻第二号、1998年1月臨時増刊号、明治書院、p.90
Fretwell, Elbert, K　『Extra - curricular Activities in Secandary Schools』Houghton Mifflin Co. 1931、p.2
宝代地まり子　「心のいやしとしての短歌指導を」『月刊国語教育』東京法令出版、1998年5月号別冊
堀江マサ子　『高校作文教育の実際』溪水社、1981年
堀江マサ子　『高校作文教育の探究』溪水社、1995年
堀江マサ子　『高等学校作文教育の創成』溪水社、2001年
堀江　祐爾　「精読から多読、そして、話し言葉による〈伝え合い（ブックトーク学習活動）〉へ」『実践国語研究』4－5月号、明治図書、2001年、p.125
堀江　祐爾　「『学びと評価の一体化』をめざす国語科学習指導」『国語科教育研究』全国大学国語教育学会、2003年、p.186
本田　時雄　「生活史によるパーソナリティ研究の試み（Ⅰ）」『人間科学研究』第2号、文教大学、1980年
本堂　寛　「子供が学ぶことと創ることと」『教育科学国語教育』No.488、明治図書、1994年、p.16

マイケル・コール、天野　清〈訳〉『文化心理学　－発達・認知・活動への文化－歴史的アプローチ』新曜社、2002年、pp.184-188
松浦　　淳　「文学教材と教科書編集」『月刊国語教育』5月号、東京法令出版、2000年、p.40
松崎　正治　「総合学習『「平和」について考えよう』」　井上一郎編『国語科の実践構想　－授業研究の方法と可能性－』東洋館出版社、2001年、p.218
松村　賢一　『対話能力を育む話すこと・聞くことの学習　－理論と実践－』明治図書、2001年、p.25、pp.36-37
明 治 図 書　『現代教育科学』No.499、1998年5月号、目次
文　部　省　『特色ある教育活動の展開のための実践事例集　－「総合的な学習の時間」の学習活動の展開－（中学校・高等学校編）』大日本図書、2000年、p.138
安居　總子　「『伝え合う』をとらえ直し、『学び』を組織する」『教育科学国語教育』No.576、明治図書、1999年、p.16
山口　　満　「カリキュラム開発の今日的課題と方法　－今日の学習指導要領の改訂ち関連させて－」　山口満編著『現代カリキュラム研究』学文社、2001年、p.14
山元　悦子　「コミュニケーション能力を育てる国語科の学習」『月間国語教育研究』No.312、日本国語教育学会、1998年、pp.30-31
山元　隆春　「話し－聞くという関係性の内省と自覚化」『戦後国語教育研究の到達点と改革課題』教育科学国語教育7月号臨時増刊、明治図書、1996年、p.70
山元　隆春　「読みの複数性と読者の応答責任」『教育科学国語教育』No.576、明治図書、1999年、p.70
山本　　力　『心理臨床家のための「事例研究」』北大路書房、2001年、p.9
若き認知心理学者の会　『認知心理学者　教育評価を語る』北大路書房、1996年、pp.247-248

筆 者

井上　雅彦（いのうえ　まさひこ）

安田女子大学准教授（文学部日本文学科）

経　歴　1960年兵庫県生まれ。立命館大学文学部日本文学科卒業後、公立中学校、公立高等学校教諭を9年間勤め、兵庫教育大学大学院修士課程に内地留学。修了後、兵庫県立小野高等学校勤務。2006年安田女子大学助教授。2007年より現職。

著　書　『ディベートを用いて文学を〈読む〉──伝え合いとしてのディベート学習指導──』（明治図書　2001年）

共　著　『新国語科・言語活動例の具体化　第2巻』（明治図書　2000年）
　　　　『表現する高校生──対話をめざす教室から──』（三省堂　2003年）
　　　　『評価規準が授業を変える！──高校国語の評価規準と実践例』
　　　　（明治書院　2004年）

伝え合いを重視した
高等学校国語科カリキュラムの実践的研究

2008（平成20）年3月31日　発行

著　者　井　上　雅　彦
発行所　株式会社　溪水社
　　　　広島市中区小町1-4（〒730-0041）
　　　　電話　（082）246-7909
　　　　ＦＡＸ　（082）246-7876
　　　　E-mail:info@keisui.co.jp

ISBN978-4-86327-011-4 C3081